한국 개신교와 정치

한국 개신교와 정치 개신교 정교 분리 원칙의 변용

초판1쇄발행 2016년 5월 30일
초판2쇄발행 2016년 8월 25일
지은이   김용민
펴낸이   박성모
펴낸곳   소명출판
출판등록   제13-522호
주소   서울시 서초구 서초중앙로6길 15, 1층
전화   02-585-7840
팩스   02-585-7848
전자우편   somyungbooks@daum.net
홈페이지   www.somyong.co.kr

값 16,000원   ⓒ 김용민, 2016
ISBN 979-11-5905-084-8 93230

한국 개신교와 정치

개신교 정교 분리 원칙의 변용

SOUTH KOREAN PROTESTANT AND POLITICS
TRANSFORMATIONAL EFFECTS OF THE SEPARATION OF CHURCH AND STATE
IN THE HISTORY OF SOUTH KOREAN PROTESTANT CHURCHES

김용민

소명출판

이 책은 한국 근현대사 속의 개신교사史를 다룬 것이다. 외견상 타자에 대한 관찰의 기록으로 보이지만 실은 저자, 즉 나의 이야기다. 단 한 번도 개신교회의 지배적 위치에 서 본 적이 없고, 전래 이후 오늘까지를 기록한 권위 있는 사료에 이름이 거론되지 않았지만, 나의 생애에서 이 역사의 서사敍事는 불혹 남짓한 환경과 구조로서 자리했고, 개별적 사건과 인물을 통해 작용했다. 결국 나의 삶의 질곡과 번뇌의 원천이 무엇인지 고민한 기록이기도 하다.

적어도 서른 살까지 내 삶의 범의는 교회학교, 신학대학, 보수 개신교 언론 등 교회의 범주였다. 선택의 여지가 없었던 목사 자녀라는 출신 배경이 크게 작용했다. 주일 성수, 십일조 봉헌, 십계명 준수, 심지어 성서와 무관한 금연, 금주까지, 나는 누군가에게는 율법으로 다가가 숨 막히게 했을 일을 기꺼이 했다. 이는 억압과 지배가 없었던 아버지의 교육관 때문이었을 것이다. 돌이켜보니 인생의 주요 결정은 거의 내가 했다.

내 아버지는 청계천 복개 공사가 한창이던 시기인 1970년대 중반 서울 마장동의 한 교회에 부임해 33년간 근속 목회한 원로 목사다. 특유의 소탈함과 성실함은, 농부이며 도장장이었던 조부에게서 물려받은 성정이겠지만, 무엇보다도 자신이 서 있던 터의 엄중함에서 기인된 것일 터이다. 도시화의 물결 속에 부푼 꿈을 안고 기회의 땅 서울에 몰려들었으나 악취와 오수의 청계천마냥 서울의 '하류下流'로 취급 받던 백성의 빈한貧寒함이 당신이 직면한 목회 현장이었던 것이다. 당시 아버지 책장에는 콕스H. Cox, 본회퍼D. Bonhoeffer, 안병무 등의 책이 꽂혀 있었지만, 이들의 논리가 아버지 설교에 묻어나오는 일은 거의 없었다. 민중의 삶에 더 긴요한 것은 위로, 은혜, 중생, 회복, 구원이었기 때문이다. 나의 어머니도 다르지 않았다. 조신하게 내조하는 목회자 사모로 역할을 한정하기엔 고통 즉 병환과 빈곤에 신음하는 민중의 삶이 너무 절박해, 실존적 응답을 하는 사역자로서의 역할을 자구自求했다. 안수기도로 온갖 질병을 치유하던 권사 현신애를 쫓아다니며 신유의 은사를 터득했고, 늦은 밤과, 오진 곳을 가리지 않고 고단한 이웃을 찾아갔다.

이런 아버지의 교회는 고만고만한 형편을 가진 이웃끼리 위화감을 잊으며 공동체를 형성해 갔다. 아버지가 구축한 신앙 세계에서는 차별과 배제가 흔치 않았다. 당시 상당수 교회는 특정 지역 출신 교역자를 배제하는 문화가 있었는데, 이와 달랐던 아버지 교회는 그 지역 출신 교역자의 편중 현상이 목도될 정도였다. 인근 대학교 운동권 학생인 교인이 1980년대 교회 마당에 시국 대자보를 게시하는 일도 흔치 않았지만 하나의 의견으로서 존중받는 문화가 자리잡혔다. 그뿐 아니라 갈등과 반목이 불거질 상황에서는 유무형의 중재와 화해 시스템을 가동시켰다. 이 모든 것은 교회 주도권을 상식과 원칙에 넘긴 아버지의 탈권위의 자세가 아니면 불가능할 일이었다. 그래서 교회는 다수 교인의 신망을 얻으면 소득 수준이나 사회적 지위, 목사와의 친소 여부와 무관하게 누구나 장로, 권사 등 지도적 위치에 오를 수 있었고, 교인에게 재정을 정기적으로 공개해 투명성이 담보된 민주적 목회를 생동시켰다. 교회학교 교육도 남달랐다. 결연結緣한 시골교회 어린이와 함께 여름성경학교를 하고, 재개발 지역 내 무의탁 노인시설을 달마다 찾아가 할머니들과 정담을 나누는 공동체 체험 활동은 예사였다.

　나는 이런 교회의 모형이라면 한 사회의 표준으로서 현시顯示될 수도 있다고 생각했고, 복음적 사회공동체를 구현한다며 미디어 선교사로서의 삶을 결단하게 됐다. 신학과로 진학한 것도 같은 맥락이었다. 그러나 입학 이후 나는 이른바 '신학생'끼리의 거침없는 음주와 공공연한 흡연에 상당한 문화충격을 받았다. (사실 음주, 끽연은 기독교 복음의 본질과는 무관하다.) 그만큼 온실 속의 화초처럼 자랐던 탓이다. 게다가 예수 부활마저 사실 여부를 가리자고 달려드는 식의 성서비평 연구는 보수신앙으로 내재화된 나에게 극심한 혼란을 안겼다. 모든 것을 열어놓고 무엇이 옳고 그른지를 가릴 안목조차 없었던 나는 숨었고 또 닫았다. 그렇게 4년의 극심한 사상적 혼란기를 거쳤다. 그나마 여기서 버틸 수 있었던 것은 리포트였다. 수업 중 질문과 발제를 통해 진보신학이 복음주의적 한국 개신교회 안에서 호소력을 가질 수 없는 부분을 어쩌다 짚었을 때, 그저 넉넉한 웃음으로 대면해주던 몇몇 교수의 포용력이었다. 나중에 다시 공부한 진보신학은 학문적 체계로서는 탁월하다. 내가 신줏단지처럼 붙들었던, 주관적 관념이 객관적 이성을 압도하는 이른바 보수신학은 신학이 아니라 신앙일 뿐이었다. 그러나 신앙이 배제된 신학은 무슨 의미인가. 기실 신학이 수요되는 현장은 신앙을 펼치는 교회가 아닌가.

졸업을 한 학기 앞둔 시점에 평소 선망했던 한 개신교 방송사에 입사했다. 외환위기 국면에 유일하게 선발된 방송요원으로서 말이다. 그러나 넘쳐야 할 자긍심은 얼마 지나지 않아 봉건성에 짓눌린 회사 문화를 직시하면서 무너졌다. '순수 복음'이 회사의 기치였지만, 이러한 가치는 일터에서는 무력해 보였다. 재직 중 목도한 지도자는 모든 규칙과 범절을 초월한 존재였다. 형사적 범주의 범죄 행위도 그의 안수기도면 죄 사함이 되고, 이해할 수 없는 인사 조치도 그의 명령이면 전범과 선례가 됐다. 물론 이같은 구조와 환경은 참혹한 전쟁과 극심한 가난을 겪으며 부강한 나라를 지향하며 모든 기본권을 지도자 한 사람에게 일임했던 희생적 선대 세대에게는 감수됐을지 모르겠다. 그들의 희생으로 후대 세대가 있음을 부인할 수 없지만 그렇다고 해서 시대를 초월해 강요할 태도는 아니라고 판단했다. 그래서 일개인의 부속품으로 사느니 주체적 인생을 살겠다는 젊은 각오에 나는 사직서를 던졌다. 그러나 비슷한 갈등은 개신교 방송사인 다음 회사에서도 이어졌다.

돌이켜 보면 두 차례의 사직은, 자유 등 세속의 가치가 확산되던 '밖'과, 이를 배타하고 우리만의 도를 좇겠다는 '안'의 갈등이 파열되던 한국 개신교회 문화교차 시점과 지점에 있었다. 오직 한 사람만을 위한 권력이 된 리더십은 비난 내가 속했던 방송사만의 것이 아니었다. 예컨대 도덕적 문제가 야기돼도 거의 대부분의 대형 교회는 책임 추궁 및 구조 혁신이라는 상식적 해법을 도외시한 채 조직 보위保衛를 위한 통제 시스템을 가동한다. 지배 주주가 있는 세속 대기업에서 흔히 볼 수 있는 현상이다. 어째서 세상의 타락을 경계하던 보수 교회가 이토록 세속화됐을까. 두 번의 (비)자발적 사직을 계기로 답을 찾고 싶었다. 자연히 교회사에 눈을 돌렸다. 3·1운동을 주도했다며 민족종교를 자임한 개신교는 그러나 신사참배 배교의 족적이 있었다. 민주화운동을 주도했다던 개신교는 또한 독재 권력의 조력자로서의 이력이 있었다. 사회봉사와 공헌을 선도했다는 개신교는 물량주의의 토대를 단단히 하는 노정에 있다. 이 때문에 포장된 신령함, 내재된 속물화로 요약되는 한국 개신교회의 '흑黑역사'에 주목하게 됐다. 환부는 드러내야 치료가 가능하기에 사실에 기초한 역사적 인식이 교회 안에서 공유된다면 한국 개신교회는 최소한 새 출발선에 설 수 있으리라 믿게 되었다.

그래서 작은 힘이나마 교회 개혁 운동에 보태기로 했다. 방송에서 뉴스 해설을 하는 시사평론가 활동이 주업이었지만, 교회 개혁 운동 단체와 유관 인터넷 신문에서 역할을 담당하며 활동했다. 두 차례에 걸친 사직 과정까지 더해, 나는 기성 주류 개신교회와 대척

되는 반대 진영에서 확고하게 포지셔닝Positioning을 했다. 그리고 세상에 나를 알린 팟캐스트 '나는 꼼수다'(이하 '나꼼수')에 참여했다. 출시 수개월 만에 다운로드 순위 세계 1위를 기록하며 열풍을 이어가던 '나꼼수'는, 이명박 정부 들어 공영방송의 권력 비판 기능이 제약되고 표현의 자유가 심각하게 침해당하는 데 따른 반작용의 소산이었다. 나는 이 큰 '스피커'로 대형 교회 목사의 전근대적 태도를 희화화했다. 큰 역풍을 부를 것이라는 예견을 하지 못한 채. 그간의 교회개혁 캠페인과는 비교가 안 될 정도의 속도와 파급력으로 교회의 부패상은 사회 의제가 됐다. 그러다가 총선 출마를 준비하던 '나꼼수' 일원이 정치적 사건으로 수감되자, 나는 그를 대신해 국회의원 선거 야당 후보로 나섰다. 평소 '나꼼수'의 의제와 확장성이 불편했던 정치 세력과 보수언론 그리고 교회는 나의 낙선을 위해 총공세를 펼쳤다. 8년 전 제한된 청취자를 상대로 했던 발언과 객락과 본질을 비튼 인터뷰를 선거에 악용했던 것이다. 결국 그들은 소기의 목적을 달성했고, 거기에 더해 나를 사회적으로 몹쓸 인격의 소유자로 낙인찍었다. 이로부터 나는 모든 공적公的 무대에서 퇴출됐다. 이런 나에게 분함이 없다면 거짓말일 것이다. 한 인터뷰에서 '나를 낙선시킨 대가를 톡톡히 치르게 하겠다'고 공언하기도 했다.

시간이 흘렀다. '사회적 부조리와 내부의 적폐상을 외면하면서 자본과 권력 등에는 주목하는 태도에서 과연 존엄함을 유지하고 있는가'와 '나의 낙선을 위해 용력을 다하는 과정에서 진리의 산실로서의 품격을 여전히 보유하고 있는가'라는 질문을 기성 교회를 향해 열심히 던졌던 나는, 알 수 없는 동력에 의해 질문을 받는 처지로 옮겨지고 있다. 그리고 '그들을 그렇게 한 구석으로 몰아 방어기제로서 결집하게 만든 책임은 없는지'와 '세속적 가치를 추종하지 않을 수밖에 없던 상처 즉 역사적·구조적 영향은 도외시하지 않았는지'를 추궁받고 있다. 나와 '나꼼수'가 갖는 책임의식은 커야 했다. 그래서 총선이 끝난 후 대안교회를 열었다. 처음에는 교회 목사들의 보수 편향적 정치 설교에 질린 교인들이 줄을 이었고, 모인 이들은 자율적으로 연대해 사회 각처의 어려운 이웃을 돕는 구심체를 형성하며 오늘에까지 이르고 있다. 나는 '존재를 위해 존재하지 않는 교회 즉 하느님의 뜻에 반할 경우 언제든 문 닫을 수 있는 교회'를 표방하며 온갖 형태의 실험을 시도했다. 초대교회 원리에 기초해, 집사, 권사, 장로, 목사 등 교인 간 서열을 형성할 수 있는 직분제를 없애고, 봉헌은 본인이 직접 사회 각처에 필요한 곳에 하도록 하며, 나를 포함해 누구나 설교하고 기도할 수 있도록 했다. 그리고 애초에 마음먹은 '아픈 교회사의 재정립'을 시도했다. 한국 개신교사의 토대 위에, 출마를 통해 구체화된 국가와 종교 간 건강한 관계 설정에 대한 단상을 담고자 했다. 이 고민의 연원은 전 직장에서의 경험이었다. 그 시절에 나와 방송 종사자는 지도자로부터 순수 복음매체의 본령과 배치된다는 이유로 시사비평 기능을 제약당했다. 어느 해인가 5·18 광주민주화운동 기념일에 의례적 추모 발언을 한 진행자가 교체되기도 했다. 나는 의아했다. 그런 지도자 본인은 왜 우리에게, 유력자 특히 전·현직 대통령과의 우의를 시시때때로 자랑했는가. 게다가 주요 정치 일정마다 보수우파의 입장을 방송에 녹이도록 강요했는가. 개선은커녕, 이 문제에 대한 토론조차 불가한 암울했던 과거를 상기하며 그저 수사修辭로만 존재하는 '정교 분리'의 재정립 작업을 모색하게 된 것이다.

그렇게 해서 나는 2009년에 입학한 국민대학교 일반대학원 문화교차협동과정에 다시 문을 두드렸다. 그리고 수료 3년이나 지난 2014년 2학기 종료 시점에 논문을 제출했다. 초고를 접한 논문 심사위원장인 조중빈 교수는 뜻밖에도 전헌 교수의 2015년 1학기 동양철학 수업('몸의 진실')을 수강하도록 했다. 이 강연에서 도출한 교훈이 논문에 보완돼야 한다는 지침이었다. 해당 강의는 훈고학을 딛고 성리학적 가치를 강조하는 근사록近思錄(사서四書의 진수를 요약한 심경부주心經附註, 지행합일知行合一 등을 주장한 양명학의 기록 전습록傳習錄) 강독의 커리큘럼을 예고하고 있었다. 신新유학으로서 역동적 가치, 즉 갇히지 않고 열린 진리체계를 표방하는 지향점이 느껴졌다.

학기를 마친 소회를 밝힐 때 나는 사람의 근본을 형성하는 덕목으로 표징되는 인의仁義에 주목했다고 말했다. '어질고 바른 것'의 인의는 좋은 가치의 나열 같지만 어찌 보면 대립·모순된 관계다. 어짊의 표출은 화해와 용서이고, 바름의 표출은 일도양단一刀兩斷하듯 옳고 그름을 추상같이 가리는 것이다. 이 혼란에 대해 근사록은 인과 의가 충돌할 때 인이 우선하고, 나아가 의는 인에서 출발해야 한다고 가르친다.

徒好仁而不惡不仁, 則智不察, 行不著

어짊을 좋아하며 어질지 않음을 싫어하지 않으면 익혀도 살피지
못하고 행동해도 알지 못하게 된다

—「극기(克己)」

또 인을 느껴야 의의 궁극인 공정함을 느낄 수 있다고도 했다.

公只是仁之理, 不可將公便喚做仁, 公而以人體之 故爲仁

공公은 단지 인의 이치인데 공이 곧 인일 수 없겠지만 사람의 몸이
공을 체험하면 고로 인이 된다

—「위학(爲學)」

이 주장은 신약성서 고린토인들에게 보낸 첫째 편지 13장과 연결
된다. "사랑은 불의를 보고 기뻐하지 아니하고 진리를 보고 기뻐합
니다"(6절)라고 하면서도 "믿음과 희망과 사랑, 이 세 가지는 언제까
지나 남아 있을 것입니다. 이 중에서 가장 위대한 것은 사랑입니
다"(13절)라고 했다. 믿음과 희망이 의의 영역이라면, 이와 대별되는
사랑은 인의 범주다. 인을 우선한 중서양의 가치는, 의를 앞세워 무
참한 살육과 폭력을 낳은 후대의 독선과 만행을 향한 해법 제시로
봐야 한다. 비非전시상태에서도 인이 배제된 의가 부르는 폐해는 이
미 숱한 사회 현상을 통해 목도된 타다. 이른바 법치가 그렇다. 법은
여러 이해가 충돌하는 현실에서 사회구성원 간의 공존을 위한 합의

이자 약속이다. 누군가가 다른 누군가를 공격하기 위한 수단으로 오용되면 또 다른 불공정과 부조리의 원천이 될 것이다.

성찰컨대 초고에서는 인이 배제됐다. 실증의 잣대로 역사를 고찰한다며 의의 잣대만 내세웠던 것이다. 이러다 보니 연구 대상 즉 한국 개신교회는 위선과 기만의 존재로 규정됐고 따라서 행간은 배제와 타도의 대상으로서 그들을 고발하는 데 경도됐다. 그러나 편견과 정죄의 나열로 표류하던 논고는 결코 내가 지향하는 바가 아니었다. 논문을 지도한 정선태 교수의 저서 『근대의 어둠을 응시하는 고양이의 시선』에서 "원한은 원한의 악순환을 낳을 뿐이다. 적군과 아군을 구별함으로써 자기 동일성의 논리를 강화하는 길은" 잘못됐다고 지적한 부분을 접하면서 초고에 묻어있던 내 감정의 편린들을 성찰하게 됐다.

그래서 인이라는 지팡이를 들고 다시 나서기로 했다. 주제의식도 국가와 종교 또 종교와 종교의 관계사를 중심으로 양자의 건강한 작용 및 조화의 방도를 모색하는 방향으로 구체화하기로 했다. 전통적으로 국가와 종교는 분리가 원칙이었다. 지금도 이 인식체계는 엄존하고 있다. 그러나 민주화를 겪고, 다원화에 적응하는 시대에서는 공존하기 힘든 가치다. 이제는 헌법 아래 다양한 공공적 가치로 정교가 연대하고 협력하는 것이 옳다. 더불어 사는 세상을 위한 새로운 모색의 실현으로써. 그래서 이 논고의 열쇳말은 '공동체'다. 공존의 미덕이, 궁핍한 일상을 잊게 했던 내 어린 시절의 교회 같은. 그렇게 해서 태동하는 평화 즉 인은, 의를 낳게 될 것이다.

이 책 속에서 나는 비난자가 아니라 인에서 출발해 의를 지향하는 관찰자로 혹은 인도자로 서고 싶다. 독자도 나와 인으로써 한 관점이 돼 마지막까지 함께해주기 바란다.

* * *

1997년부터 영국 런던 인근 재세례파 공동체에서 살고 있는 누이 이야기다. 한국을 떠나 그곳에 들어가 공동체 생활을 한 지 한 달여 지난 시점. 한 구성원이 자신을 무척 화나게 했다. 텃세로 알고 인내했지만 허용 가능한 심리적 저지선이 무너진 건 그로부터 얼마 안 지나서였다. 상대가 작정하고 골탕을 먹인 것이다. 그를 찾아가 짐 싸서 귀국할 각오로 격분을 쏟아냈다. 그러자 뜻밖에도 그는 매우 고마워하며 이후로 누이를 '식구'로 맞아줬다고 한다.

나 역시 누이와 다르지 않은 삶이었다. 남에게 '착한 모습'을 보이며 스스로의 존재감을 삼아 왔다. 갈등을 회피하는 것은 습성을 넘어 도리로 인식됐다. 이러다 보니 나를 설계하는 주체는 내가 아니라, 다른 사람들이었다. '겸손', '양선'의 인상이 상대에게 각인되면 좋지만, 여기에 '아무개보다'라는 수식어가 덧붙여지면 더 행복했다. 나의 숱한 언어와 행실은 이렇듯 타자의 호감을 도출하기 위한 맞춤형이었다.

목사의 가족이라면 누구나 공감할 것이다. 그런데 같은 목사 자녀이면서 극심한 심적 방황을 하던 학부시절 신학과 후배가 있었다.

아버지 강권으로 들어왔지만 자신은 이 길이 아닌 것 같다던 그였다. 평소 대낮에 술에 절고, 수업시간이면 자며, 공강 시간에는 격렬한 학생운동으로 분노를 소진하는 걸 보니 빈말은 아닌 듯했다. 하지만 나는 비웃었다. 속으로 그 아버지의 교육 실패를 탓하기도 했다. 그런데 그는 알을 깨고 나가려던 터였다. 나는 여전히 껍질 안에서 안주했고.

나에 대한 타자의 인상과 평가에 민감한 나지만, 역설적으로 타자에게 마음의 문을 잘 열지 않는다. 지금도 대화와 소통이 매우 어렵다. 십수 년 부부로 사는 아내 역시 수시로 먼 산 바라보고 있고, 혼자서 피식 웃으며, 고독을 즐기는 게 아니라 당연시하는 나와 살기 무척 힘들었다고 말했다.

그런 내가 문화교차학과에 들어왔다. 모든 정규 수료과정을 마친 시점이었는데 교수님은 끝나지 않았다고 했다. 논문 초고에 대해서는 '문화교차학과스러운 논문'이 아니라고 지적했다. 그게 무슨 뜻인지 몰랐다. 지식의 결핍이 문제의 핵심인줄 알았다. 아니었다. 나 자신이 문화교차학과에 문화교차 되지 못했던 것에 있었다. 이제야 파악하기로는 주체로서 내가 누구인지 헤아릴 수 있어야 쓸 수 있는 것, 그게 바로 '문화교차학과스러운 것'이었다.

국회의원 후보였던 나를 향해 돌팔매를 한 한국 개신교회에 연민의 정이 생긴 이유도 이를 알고서였다. 자기 의에 갇혀, 시대와 문화교차를 못하며 자폐적으로 바뀌어가는 교회의 모습이 곧 나였던 것이다. 교회를 향해 잘못했으니 스스로 부정하라고 초고에서 질타했던 나는, 이제는 스스로 얼마나 중요한 존재인지 그래서 어떤 역할을 담당해야 하는지를 이야기하고 있다. 초고에서 결핍된 것은 의에 앞선 가치, 바로 인이었다.

나는 이 인을 붙들고 한국 개신교회가 세상의 모든 건전한 상식과 문화교차하도록 노력하려 한다. 그래서 교회가 사회의 건강한 공동체의 일원으로서 또 주도자로서 자리매김할 수 있도록 절반 정도 남은 생애를 가꿔보려 한다. 타자에 대한 관찰에 앞서야 할 것이 나에 대한 성찰임을 일깨워준 고마운 분들께 감사의 인사를 전한다. 그 결실을 이 책에 담을 수 있도록 박사학위 논문을 심사, 지도해주신 스승이다. 국민대학교 일반대학원 문화교차협동과정 학과장 조중빈 교수님과 조유선 교수님 그리고 사학자로서 역사의 맥을 짚을 수 있도록 길을 보여주신 한신대학교 정조교양대학 김준혁 교수님, 신학자로서 공공신학의 가능성을 학습시켜 주신 남서울대학교 기독교윤리전공 최경석 교수님이다. 특히 논문 지도로써 텍스트로 박제된 내로라 할 사상 철학가들을 '지금 여기' 현장에 소환해 함께 소통하고 토론케 한 정선태 교수님이다. 내가 이 분을 만난 것은 생애 큰 복이라고 믿는다.

일러두기

○ 성서는 공동번역 개정판(대한성서공회, 1999)에서 인용했습니다.
○ 기독교는 개신교와 천주교를 합한 전체 그리스도교를 통칭하는 것입니다.
○ 도서명 등을 제외하고 '하나님' '하느님' 등은 '하느님'으로 통일했습니다.
○ 외래어는 기본적으로 국립국어원 외래어표기법을 따랐습니다.
○ 논문 형식상 인물의 직책과 직업은 성명 앞에 두었고 호칭은 생략했습니다.

1장

한국 근현대사 속의
개신교

한국 개신교의 전래와 정착
한국 개신교 역사가 남긴 숙제들

한국 개신교의
전래와 정착

　　대한민국 헌법은 제30조에서 정치와 종교의 구분을 명시하고 있다. 이같은 정교 분리 원칙은 인류가 중세를 거치며 축적한 성찰의 산물이기도 하다. 1096년 로마 십자군전쟁, 1592년 프랑스 위그노전쟁, 1568년 네덜란드 독립전쟁, 1618년 유럽 여러 나라가 가세한 30년전쟁 등 종교의 이름으로 권력에 의해 자행된 참화는, 공공적 통제 아래 법리의 최소한이어야 할 권력을 '신의 호령'에만 의존한 채 남용한 결과다. 정치 영역 외에 시장, 보건, 교육, 국방, 치안 등의 공공분야에까지 지배력을 미친 당대 종교는, 심지어 개인의 사생활 영역에까지 간섭의 손길을 뻗치며 삼라만상 위에 군림했다. 그러나 르네상스로 상징되는 근대적 자각이 유럽 전체에 상식체계로 확립된 이후부터는 더 이상 우월적 지위를 행사하지 못하게 됐다. 아울러 더 이상 국가와 종교가 상호 영역을 침범할 수 없도록 그 권한을 법률 제도적으로 명시했다. 이러한 형성사를 보유하는 정교 분리는, 근대적 합의와 헌법 정신에도 불구하고 한국 개신교에게 있어서는 정립되지 못한 원리이기도 하다. 보수와 진보를 막론하고 현실 권력 즉 조선^{대한제국}, 강점 상태의 일제, 미군정, 대한민국의 각 정부 체제에서 원칙 없이 협력하며 정교 분티 원칙을 변용해 온 터다.

사실 정교 분리를 복잡다단한 현대 사회에서 단선적으로 적용하기엔 여러모로 무리가 따른다. 장석만은 "정교 분리 담론의 효과는 정치와 종교가 서로 다른 영역으로 구별돼 개념화된다는 것이다. 정치와 종교 영역은 서로 구별되지만 긴밀하게 상호 연관돼 있다. 정교 분리가 '원칙'으로써 권위가 실리면, 이 담론에서 상호의존적인 측면은 감춰지고, 구별되는 측면만 부각된다"[1]고 했다. 이덕주는 "흔히 구약에서 종교와 정치의 관계를 왕과 제사장, 왕과 선지자의 관계로 나누어 설명한다. 제사장은 '왕국의 안정'을 위해 왕의 통치이념을 지지, 그의 통치에 협력했다면 선지자는 '바르지 못한' 왕의 통치에 대한 견제와 비판 기능을 담당했다. 그래서 구약성서엔 부패한 왕에 대한 선지자들의 '쓴소리'가 많이 수록돼 있다. 정치에 대한 종교의 기능이 제사장의 역할에만 머문다면 그것은 종교의 정치 종속으로 이어질 것이며 견제와 비판의 기능을 잃은 종교는 부패한 정치와 함께 몰락할 수밖에 없다"[2]고 했다. 국가에 대응하는 종교는 그 고유의 영역을 존중받아야 하지만, 과거와 달리 사회의 도의심 향상과 약자의 버팀목으로서의 사명도 부여된 만큼 권력과의 건강한 상호 작용 즉 견제와 협력 등 공존의 묘妙를 살려야 한다는 지적이다. 기실 여느 종교도 내세적이고 타계적인 신앙만을 요구하지 않으며 적절한 사회적 역할을 강조한다.

이 글에서는 어떻게 한국 근현대사 속에 개신교가 권력과 작용했고, 정교 간 건강한 관계를 정립할 것이며, 한국 개신교회가 신뢰 회복을 통해 사회적으로 기여할 것인지의 방안을 제시하고자 한다. 이를 위해 기독교 경전인 성서의 견해와, 초대 교부로부터 종교개혁자를 거쳐 현대 신학자에 이른 성찰의 소산, 한국 개신교회의 교의적 바탕을 형성한 근본주의 노선이 정립한 '교회와 국가' 관계 이론 등의 전사前史를 규명할 것이다.

한국에서 개신교가 정치 권력과의 관계 설정을 놓고 논점을 형성한 계기는 크게 열 가지로 분류된다.

첫째, 신구교 전래 과정에서의 극단적 대조상이다. 같은 기독교임에도, 자발적으로 혹은 프랑스로부터 이입되려던 천주교는 조선 조정이 쇄국정책을 표방하던 시기에 극심한 박해를 받은 반면, 미국의 아시아진출 전략과 함께 전교傳敎된 개신교는 국권 실추 상황 속에서 열강과의 관계설정 문제로 고민하던 정부로부터 극도의 환대를 받는 등 판이한 양상을 띠었다.

둘째, 국권상실기 탈정치화 노선이다. 러일전쟁에서 승리한 일본이 대한제국의 주권을 차례로 잠식해 나가자 이에 저항하는 민족적 기류가 교회 내부에서 표면화됐다. 당시 한국 교회를 주도하던 미국 선교부는 일제와의 협력 기조를 강화하며 저항 움직임을 통제하고 전도 활동에만 주력했다.

셋째, 신사참배 논란이다. 침략 전쟁을 앞두고 강점지역 주민과의 총화總和를 도모한다며 일제가 한국민에게 신사참배를 강요하자 교회는 다수의 협력과 소수의 저항으로 대응했다. 이로 인해 해방 후 교단 차원에서 신사참배안을 결의한 교권 세력과 이른바 '출옥 성도' 사이에 갈등이 극심했다.

넷째, 해방 후 미군정의 친미 반공 개신교 단독정부(이하 단정) 설계 구상이다. 미국은 아시아권에서의 공산주의 확산을 차단하고 자국의 아시아 태평양권 주도권 확보를 위해 친미 반공 개신교 국가로서의 남한 단정을 설계한다. 이를 위해 지미파이며 개신교인인 이승만이 초대 대통령으로 추대되도록 뒷받침한다.

다섯째, 분단과 전쟁 시기를 거치며 내재화된 반공주의다. 해방 공간에서 38선 이북의 교인이 상당수 축출된 것에 더해 북한의 대남 침략 전쟁까지 전개되면서 개신교계 전반에 걸친 반공주의는 사조思潮를 넘어 신조信條가 된다. 이는 전후 75년 동안 보수 정치 세력의 사상적 근간으로도 작용하고 있다.

여섯째, 초대 대통령 이승만과 개신교 간 협력이다. 그 자신이 교인인 이승만은 한국의 운명을 좌우할 선구적 기제로 개신교를 주목했고, 정부 요직 발탁과 각종 종무 정책 집행에서 최우선으로 배려했다. 그러나 여타 종교에 대해서는 배타적 입장을 취해 대조적

이었다.

일곱째, 박정희, 전두환 등 군사 정부 시기의 보수 개신교의 협력 기조다. 군사정변을 통해 집권한 세력에 대해 보수 개신교는 반공 사상을 매개로 제휴했다. 특기할 점은 이 시기의 기록적 고도 경제 성장이 개신교의 폭발적 교세 신장과 보조를 같이했다는 것이다.

여덟째, 민주화와 인권 신장을 위한 진보 개신교의 역할이다. 3선 개헌을 기점으로 정권과 각을 세웠던 진보 교계는 민주주의 회복과 인권, 노동권 등 기본권 보장을 위한 저항을 이어갔다. 이는 천주교 등에서 시원始原된 사회 참여 교리와 해방신학의 영향을 입은 것이기도 했다.

아홉째, 보수 개신교의 적극적 정치 참여다. 군사 정부 시절만 해도 저항과 비판에 관해서만은 유독 '정교 분리' 원칙을 강조하던 보수 교회는, 장로 대통령 캠페인을 전개했던 1992년 대선 이후 김대중, 노무현 정부 임기를 지나면서, 주한미군 철수 반대, 국가보안법 폐지 반대, 개정 사립학교법 반대 등 선명한 보수 정치 의제를 제기했다. 특히 17대 총선부터 조용기, 김준곤 등 주요 목회자의 후견 속에 개신교 정치 세력화도 시동했다

열 번째, 진보 개신교계의 정부 및 정치권 진출이다. 비주류 저항

세력으로서 민주화와 인권 개선을 위해 애써온 진보적 개신교계 인사들은, 김영삼, 김대중, 노무현 정부 임기에 정부 요직 딫 정치권 진출 등으로 사회 참여의 지평을 확대했다. 그러나 개신교적 정의 실현은 미완의 과제가 됐고, 그 시기 진보 교회의 전통적 사목 대상인 빈곤층의 삶은 더욱 취약해졌다.

이 나라는, 고대부터 일제 강점기까지 견지된 군주 치세와, 이승만, 박정희, 전두환, 노태우 등 권위주의 정부기를 거치며, 각기 분립돼야 할 정당, 사법기관, 자본가 집단, 언론 등이 중앙 정치 권력과 한 몸체를 이루는 기득권 일체 사회를 계승해 왔다. 협력 관계를 형성한 사례도 상당했지만 종교만은 정교 분리 기조 속에 독자성을 유지해오며 때로 예언자적 역할 즉 비판 및 견제 기능도 수행했다. 박광재 의견대로 "이스라엘 종교가 제사장 중심의 종교가" 됐을 때는 "예외 없이 그 종교가 부패"하고 "생명을 잃었"지만, "예언자 중심의 종교가" 됐을 때는 "어김없이 그 종교가 잃었던 생명을 되찾아서 사명을 완수"[3]했던 것처럼 교회가 적재적소의 자기 역할을 찾는다면, 공동체 안에서의 공평과 정의의 가치를 일깨우며 사회 발전에 기여하는 희망의 버팀목이 될 것이다. 이 논고가 그 노정의 디딤돌로 작용하기를 바란다.

한국 개신교 역사가
남긴 숙제들

서구로부터 유교, 불교 문화권인 한국에 전래된 개신교는 불과한 세기여 만에 신도 수 861만 6천여 명[4]의 주류 종교로 정착됐다. 그런데 종래의 개신교사史는 주로 전래 및 교세 확장 과정에 주목했고, 그나마도 신앙고백 성격의 관념론에 기초한 터여서 실증성이 결여됐다. 그러다가 1980년대 중반에 이르러서야 일반 역사학의 연구 방식이 도입되면서 근대 개신교사 전반에 관한 객관적인 평가가 시도되고 있다. 이렇듯 개신교와 근현대사와의 현상적·구조적 관계가 규명되고 있기는 하나, '국가와 종교'의 관계 설정에 관한 교회사적 관점을 투영시킨 연구는 미진한 상태다.

한국 개신교 역사 연구에서 원조는 1927년 미국 예일대학에서 '한국개신교사'로 박사학위를 취득한 백낙준으로, 서정민은 "근대적 역사방법론과 학습 훈련을 거친 명실상부한 역사학자로서 한국교회사 연구의 시초를"[5] 이뤘다는 평가를 한 바 있다. 백낙준은 또한 구한말 미국 개신교의 한국 교회 형성 과정을 당시 시대 상황과 연계해 유기적으로 규명한 점에서 후대 사가의 전범이 되고 있다.[6] 하지만 미국인 선교사 주도의 한반도 전도 과정에 치중하다 보니 민중과의 작용 규명은 매우 미진했다. "기독교사는 그 본질에서 선교사宣敎史이다. 또한 반드시 선교사가 돼야" 하고 "한국개신교는 본래 외래종교"[7]라는 백낙준 견해가 무리하게 고집된다면 조선인의 종교적 심성이나 주체적 수용 시도는 전량 몰가치한 것으로 판정된다.

이같은 백낙준 연구의 한계는 1960년대 김양선[8]의 주체적 수용 사관 출현의 동기가 된다. 미국 선교사 입국 전, 일본과 만저우滿洲 등지에서 활동하던 서북지역 조선 청년 수 명이 스스로 결신하고 전도 활동을 펼친 점에 주목하는 이 사관은, 개신교가 단순히 서양 선교사의 전래에 의한 '도입'의 성격만이 아니라 한민족 주체적으로 접근해 '수용'된 면이 있음을 증명한다.[9] 김양선은 "선교사들이 들어오기 전에 우리나라 사람들이 국외로 나아가 기독교를 받아들인 일은 세계 선교사상 유례가 없는 일로서 한국 신교의 특징이기도 하며 자랑이기도 하다"[10]라고 했다. 물론 조선 초기 개신교인의 독자적이고 능동적인 활동이 있었더라도 외국 선교사가 모국 교단의 거국적인 지원 속에 전개한 조직적이고 대중적인 전도 활동의 위력을 능가할 수는 없었다. 하지만 개신교를 자발적으로 수용한 한국 교인들이 훗날 선교사들의 통제를 거부하며 스스로 3·1운동 등 독립 투쟁을 결행했다는 점은 김양선의 해석을 유의미하게 한다.[11]

민경배 역시 개신교 수용 주체로 선교사宣敎師보다 민족 공동체에 주목했다. 그는 1972년 첫 발간된 『한국기독교회사』에서 언더우드

H. G. Underwood와 아펜젤러H. G. Apperzeller 등 미국 선교사의 입국 시점인 1885년을 전래 원년으로 보는 개신교회 일반의 인식을 부정했다. 이 시기의 교회가 "민족적으로 의식하고 확립하기 어려웠"던 점 때문이다.[12] 결국 그의 주안점은 민족 구성원의 주체적 교회 조직에 있었다. 그러나 김양선과의 관점은 판이했다. 박명수 분석에 따르면, 민경배는 선교사의 성과를 평가 절하하고, 전통적 교회론과 차별된 토착신학을 지지하며, 국권상실기 민중 혁명의 구심점으로써 교회가 기능해야 한다는 주장과 무관했다. 요컨대 서구 교회가 보편적으로 정립한 신학을 한국 민족 교회가 어떤 방식으로 수용했는지에 주안점을 둔 것이다.[13] 결국 민경배의 '민족'은 서구 교회 신학 노선에 순치된 한민족 구성원을 일컫는 것이었다. 이를 두고 이찬수는 민경배가 개신교와 (독립운동에 참여한) 민족주의 진영 인사 사이의 갈등 관계를 간과했고, "호교론적 주장" 예컨대 독립지사 개인의 종교가 개신교일 경우 복음이 그의 민족정신을 일깨웠다는 식의 주관적 논리를 펼쳤다며 비판했다.[14] 이인재는 그래서, 민경배의 사관이 "역사 관념주의Historical idealism" 논탄을 야기했고, 이는 민족성이 정신과 사고에 국한되고, 시대적 맥락과 무관해지면서 노정된 것이라고 봤다.[15]

민족 구성원을 주체에 뒀으나 서구 교회의 전통과 신학에 실존을 중시했던 민경배식 사관과 달리 주재용은 1970년대부터 '고난 받는 민중'을 피被 연구 주체로 삼는 민중교회사관을 제기했다. 그는 "임진왜란, 병자호란 등을 거치면서 주변 강대국의 끊임없는 외침外侵에 시달리며 고난과 서러움을 겪는 약소민족에게 기독교가 어떤 차원에서 받아들여졌는가 하는 점에 초점"[16]을 둬야 한다며, "안으로 지배 계급에 억눌러야 했고, 심한 수탈을 당하고 있던 한恨의 백성에게 위안을 주는 희망의 종교, 묵시의 종교"[17]가 필요했던 당시의 기독교 도입기 상황에 주목했다.

이 역시 관념주의적 성격이 다분했지만 16세기 이후 각종 전란 등 선교사 입국 이전 시기의 역사와 민중의 삶에 주목했다는 점은 다음 연구의 토대로 작용했다. 1980년대부터 일반 역사학자 이만열, 윤경로 등이 시도한 실증적 연구가 전형이었다.[18] 기실 현재와 강력한 연관성을 지닌 사건 및 인물에 대한 평가가 불가피하다는 점에서 개신교사는 관념과 인상을 배제한 실증적 연구가 불가피했다. 그런 맥락에서 이만열은 '교회사'에 민족사의 큰 틀을 더하자는 취지에서 '한국 기독교 역사' 또는 '기독교사'로 명명했다.[19] 이만열은 일반 사학자로서 개신교 역사로 연구 지평을 넓히게 된 동기와 관련해 "1972년 10월 유신, 기독교인들이 현실과 정권에 아부하는 것을 보면서 뭔가 정리를 하고, 예언자적인 깨우침이 있어야겠다고 느꼈다. 그리고 나의 전공인 역사학의 입장에서 이런 문제들에 대한 접근 방법을 시도해야겠다고 결심했다"[20]고 술회한 바 있다. 또 1990년 본인이 주도한 한국기독교역사연구소[21]의 할 일로 "한국의 기독교는 신앙과 정열은 있지만 이성과 학문은 결여돼 있다는 진단이 가능하게 된다. 한국기독교역사연구소는 한국의 기독교문화 형성을 뒷받침할 기독교 학문을 격려하고 끌고 가기 위해 설립된 것"[22]이라고 했다. '하느님의 은혜'로 빙자되는 무분별한 호교론을 배제한 채 사실에 기초한 역사적 연구를 전개하겠다는 다짐이었다.

선입견을 배제한 채 사실에 입각해 역사를 객관적으로 고찰하자는 실증적 연구 취지는 민중신학자 모임을 표방한 제3세계그리스도교연구소 김진호, 최형묵과, 개신교는 물론 천주교 등 기독교 현대사 전반에 연구 초점을 맞추고 있는 한신대 교수 강인철, 개신교 역사학자인 감리교신학대학교 교수 이덕주 등이 계승하고 있다. 이들은 이만열 등의 연구 방법론에 기초하되, 주로 한국 보수 개신교회가 어떤 맥락과 방식으로 근현대사와 작용했는지를 따져왔다. 김진호와 최형묵은 극보수성을 내면화하고, 전통과 단절되며, 친미 등 사대주의에 경도되고, 반공주의 사상에 함몰되며, 성장과 성공을 동일시해왔는지 규명했고,[23] 특히 1907년 평양대부흥운동 당시 사회구조적 위기 즉 국권 상실의 상황을 외면한 채 타계적 개인 신앙에 몰두한 신자 대중이 훗날 그 보상심리를 세속적 물질 추구 욕망으로 표출했다고 분석했으며,[24] 또한 일부 교회 지도자의 경우 일제 강점기 신사참배에 따른 배교 책임을 피하려고 반공주의라는 방어기제를 만들어 신조화했다고 판단했다.[25] 반공주의를 내재화한 기독교를 핵심 연구 주제로 삼고 있는 강인철은, 개신교세가 남한에 비해 강세를 띠던 38선 이북 지역의 교인이 해방 및 공산당 집권 이후 남한으로 이탈해 이승만 이후 보수주의 정부와 협력한 점에 주목하며,[26] 반공사상 특유의 맹목성이 고도 성장기에 번영신학과 작용해 교회의 급격한 대형화와 강고한 기득권화의 동력이 됐음을 규명했다. 때를 같이해 분배 정의가 실종되고 양극화가 확대되면서 자본주의의 구조적 폐해가 심화되고 있다. 이덕주는 일제 강점기 민족주의 노선의 일부 개신교 지도자가 사회주의와의 대화를 시도한 바 있었다며 이 사상의 긍정적이며 생산적인 면을 기독교적으로 재수용할 필요가 있다고 주장한다. 이 분야에 연구 여력을 쏟겠다고 다짐한 그는 "조화와 협력을 추구"하는 기독교 사회주의가 "한반도를 감싸고 있는 갈등과 분열, 불신과 증오, 죽음과 폭력의 '사악한' 기운을 몰아내고 화해와 일치, 공존과 협력, 치유와 생명의 역사를 창조"[27]한다고 주장하고 있다.

"하느님의 뜻이 땅에서도 이루어진다"[28]는 식의 관념론에 편중된 선행 연구를 극복하기 위해 후대 사학은 백지 상태에서 사실事實만으로 역사를 재구성해 왔다. 이 과정에서 한국 교회의 타계적 신앙의 뿌리가 외국인 선교사로부터 무분별하게 수용된 근본주의 신학에 있음을 규명하며, 한국 신학의 주체성 및 통전성通典性 정립을 요구하고 있다. 이 글을 통해 여기에서 한 발 더 나가, 근본주의 신학이 통시 및 획일적으로 적용했던 정교 분리 규범이 한국 근현대사에서 어떤 영향을 끼쳤는지를, 또 동시대에 부합하는 '국가와 종교'의 이상적 관계를 이야기하고자 한다. 탐욕적 자본이 정치권, 언론, 사법 등

사회 전 영역을 복속케 하고는 끝내 대학 등 지성 세계 전반마저 지배하는 시대에, 유일하고 온전하게 자기 영역을 지켜 온 종교만이 사회 구원의 역할을 담당할 수 있다는 전제 인식 속에 말이다.

이 책에서는 문화교차적 방법으로 풀어나가려 한다. 문화교차는 사회 구성원 개인이 이질적인 문화를 수용하고 내면화한 뒤 소속된 공동체에 동화시켜 재형성하는 전 과정을 포괄하는 것이다. 상이한 문화가 교차할 때마다 역사는 고비를 형성한다. 대개는 전란戰亂 등 충돌로 비롯되는데, 조중빈은 이를 두고 혼돈과 상실을 야기하며 파괴력 여하에 따라서는 정체성에 대한 회의까지 초래한다고 했다.[29] 예컨대 천주교의 만인평등사상이 관상차별 등 성리학적 가치에 위배된다며 조선 조정에 의해 사학邪學으로 규정돼 단속된 바가 있었다. 그러나 박해가 가중될수록 교세는 더욱 확장됐는데, 지배층이 왕권 강화 및 세도 정치로 백성을 고단하게 한 탓이다. 즉 시대적 결핍인 평등에 대한 갈구가 천주교 신앙 및 전도로써 승화된 것이다.

문화교차는 〈표1〉의 윌버K.Wilber의 사분면을 통해 도식화할 수 있다. 상이한 문화 즉 외부의 개체(It)가 개인 즉 내면의 개체(I)에 영향을 끼치고, 그 개체들의 합의가 사회 공동체 즉 집단(We)을 구성하며, 끝내 공동체의 가치 즉 문화(Its)를 형성한다고 설명할 수 있다.[30]
조중빈은 현존하는 '삶의 세계'가 수직적으로 내면과 외부세계로 나뉘고 수평적으로는 개체와 집단으로 구분되는데, 내면세계라 함

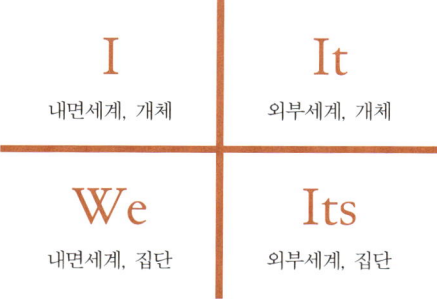

〈표 1〉 윌버의 사분면(2000)

은 개체와 집단이 가지는 의미의 세계를 말하며 외부세계는 이들이
갖는 드러난 면을 뜻한다고 풀이한다. 또한 이러한 사분면이 상호
영향을 끼치기는 하지만, 각각의 개체가 본디 강력한 독자성을 지니
고 있기에 문화교차는 내면화 즉 자발적 수용을 전제한다.[31] 미국 개
신교 근본주의 신학이 도입돼 한국 교회를 형성하며 타계적 신앙을
주입했지만, 예수에 대한 믿음을 민족 주체적으로 수용하며 이를 독
립과 민권운동으로 승화시킨 일부 민족 지도자의 입장은 이런 맥락
에서 이해된다. 따라서 상이한 문화가 대면했을 때에 어떤 경과로
수용되는지를 연구하는 것이라 하겠다.[32]

이 책이 주로 말하고자 하는 주제는 한국 개신교 역사에서 정교
분리 원칙이 근현대사와 어떻게 작용하면서 변용됐는가 하는 것이
다. 이를 위해 로마서 13장이 저작된 기원후 55년부터 중세 교부와
근대 이후 종교개혁자의 '국가와 종교'에 관해 먼저 살펴본 후에, 본

격적으로 한국 천주교 전래시점부터 현재까지의 근현대사와 개신교의 긴장, 협력, 예속, 갈등의 관계사를 통시적으로 전개한다. 이를 통해 정교 분리 엄수가 규범을 넘어 율법이 됐던 교회 구조 속에서, 기독교 특히 개신교가 현실 정치 권력과 어떤 조우를 했는지 살피고, 건강한 공존을 기하기 위해 어떠한 미래적 전범典範을 설정해야 하는지 그 방안을 이야기하고자 한다. 이는 개별 개신교사나 정치사와 차별된 양자 간 접촉에 주목하는 것인데, 문화교차학적 방식으로 살펴보기로 한다.

주석 ───────

1   장석만, 「종교와 그 개념적 타자」, 『불교와 국가 권력, 갈등과 상생』, 조계종출판사, 2010, 137쪽.
2   이덕주, 「이승만의 기독교 신앙과 국가건설론」, 『한국기독교와 역사』 제30호, 2009.3, 82~83쪽.
3   박광재, 「교회의 예언자적 기능」, 『기독교사상』 제323호, 1985.5, 16쪽.
4   『2005 인구주택총조사 전수[인구부문] 집계 결과』, 통계청, 31쪽.
5   서정민, 「백낙준 교회사 연구의 목표와 특징」, 『한국기독교역사연구소소식』 제59호, 2003.5, 23쪽.
6   오흥철, 「백낙준의 역사서술」, 『한국기독교역사연구소소식』 제51호, 2001.11, 13쪽 참조.
7   백낙준, 『한국개신교사』, 연세대 출판부, 1973, 1쪽, 5~6쪽.
8   "초대 기독교 집안의 후손인 김양선은 평양신학교와 숭실전문을 졸업한 후 장로교 목사가 됐다. 학창시절부터 '청구회' 등에 가담, 반일독립운동을 펼치는 한편, 한국 기독교에 관계되는 귀중한 자료를 수집, 보관하는 등 한국 교회 역사 연구에 대한 학문적 열정을 이미 보이기 시작했다. 이러한 학문에의 열정은 해방 후 고고학, 실학 연구, 한국교회사 연구에 큰 족적을 남기었다." 박정신, 「교회사학자, 김양선은 어디 있는가」, 『한국기독교역사연구소소식』 제31호, 1998.4, 4쪽.
9   박정신, 「백낙준과 김양선의 한국 기독교사 인식 이른바 '선교사관'과 '수용사관'의 꼴과 결」, 『한국개혁신학』 제10권, 2001, 374~375쪽 참조.
10 김양선, 『한국기독교사』(하), 교문사, 1978, 574쪽.
11 박정신, "신교회인물열전 (22회) 김양선 목사", 『기독공보』 제2424호, 2003.7.26. http://goo.gl/RkQPvS 참조.
12 민경배, 『한국기독교회사』, 연세대 출판부, 2007, 185쪽.
13 박명수, 「민경배 교수의 한국교회사학에 나타난 '민족' 이해」, 『敎會史學』 第4卷 1號, 2005, 134~135쪽 참조.
14 이찬수, 『한국 그리스도교비평 : 그리스도교, 한국적이기 위하여』, 이화여대 출판부, 2009, 128쪽 참조.

15 이인재, 「한국기독교회의 역사를 보는 눈」, 『한국신학』 제40호, 2008 가을, 206쪽 참조.
16 주재용, 「한국 교회 100년과 그 과제」, 『기독교사상』 제272호, 1981.2, 181쪽.
17 위의 글, 183쪽.
18 이에 대해 최덕성은 "실증주의는 19세기에 유행하던 역사방법으로, 기독교가 전통적으로 신앙해 온 진리나 교리를 걸림돌로 여기며, 상대주의 시각으로 역사를 파악한다"며 실증주의의 기독교 역사 연구의 한계를 지적하며, "특정 시대의 교회와 신자들이 하느님에 대해 무엇을 믿고 고백했으며 하느님께서 요구한 것에 어떻게 반응했는가에 주목한다. 성경을 교회사 평가의 기준으로 삼아 연구하는 동시에 교회가 처한 다양한 역사적 국면들을 전 포괄적으로 관찰하고 그 교회와 신자들이 보여준 신앙 고백적 실천에 초점을 두는" '신앙고백사관'을 주장했다. 최덕성, 「신앙 고백 교회사관─개혁주의 교회사관을 모색하며」, 『한국개혁신학』 제15호, 2004, 63쪽 참조.
19 한국기독교역사연구회, 『한국 기독교의 역사』 I, 기독교문사, 1989, 9쪽 참조.
20 이만열, 『한 시골뜨기가 눈떠가는 이야기』, 두레마을, 1996, 21쪽.
21 1980년대 이만열과 윤경로 등 일반 역사학자를 중심으로 사관 설정보다 객관적이고 과학적 분석 정리 작업이 우선돼야 한다는 취지가 모여 설립 배경이 됐다.
22 이만열, 「한국기독교역사연구소가 할 일」, 『한국기독교역사연구소소식』 제2호, 1990.12, 1쪽.
23 손동우, "[손동우가 만난 사람] 제3시대그리스도교연구소 김진호 연구실장", 『경향신문』, 2011.5. 3자, 28쪽 참조.
24 최형묵, 「한국 기독교의 보수화, 힘을 향한 부적절한 동경」, 『무례한 자들의 크리스마스』, 평사리, 2007, 32쪽 참조.
25 김진호, 『시민K, 교회를 나가다』, 현암사, 2012, 53쪽 참조.
26 강인철, 『한국의 개신교와 반공주의』, 중심, 2007, 405~431쪽.
27 이덕주, 『기독교 사회주의 산책』, 홍성사, 2011, 239쪽.
28 마태오의 복음서, 6:10.
29 조중빈, 「한국정치연구와 문화교차학적 접근」, 『한국정치학회보』 제37호, 2003.5, 49쪽 참조.
30 박정호, 「사회 문화적 진화와 진보─켄 윌버의 관점에서」, 『철학논총』 제59집, 2010.1, 169쪽 참조.
31 조중빈, 「한국정치연구와 문화교차학적 접근」, 앞의 책, 56~57쪽 참조.
32 위의 글, 56~57쪽 참조.

2장

정치 참여의 시작과 흐름

로마서 13장 해석으로 본
국가관 논쟁

성서시대에도 국가와 종교 사이에 상호 작용이 활발했다. 구약성서에 소개된 이사야, 예레미야, 에스겔, 다니엘, 호세아, 요엘, 아모스, 오바댜, 요나, 미가, 나훔, 하박국, 스바냐, 학개, 스가랴, 말라기 등 예언자는 신의 대언자로서 당대 권력의 불의와 배교를 규탄했다. 예수와 바울로의 족적도 실존하던 권력인 로마제국과의 갈등 속에서 메시지를 생성했다. 이렇게 국가와 종교는 성서시대부터 불가피하고 긴밀하게 상호성을 형성하고 있었고, 따라서 양자 사이의 관계 정립이 중요한 논제가 될 수밖에 없음을 확인케 한다.

이런 가운데 로마인들에게 보낸 편지^{이하 로마서} 13장 1~7절[1]은 국가와 종교의 관계에 관해 가장 직설적 지침으로 인식되고 있다. 그래서 역사의 주요 고비마다 오용되는 문제적 성서 구절로 지적된다. 실례로 프랑스 철학자 보쉬에^{J. B. Eossuet}가 왕권신수설의 사상적 기반이 된 1709년 저서 『성서의 말씀에서 이끌어낸 정치술^{Politique tir e des propres paroles de l'Ecriture sainte}』에서 이를 이용했으며, 제2차 세계대전 당시 신학자 키텔^{G. Kittel}도, 바르트^{K. Barth}가 초안을 작성하고 독일 고백교회가 발표한 '바르멘 신학선언^{Die Barmer Theologische Erklärung}'을 반박하는 책 『그리스도와 통치자』를 내놓고는 히틀러^A.Hitler^ 체제에 협력하는 것 또한 하느님의 뜻이라고 주장했다.[2] 일제 역시, 침략 전쟁을 획책하고 한국민을 상대로 신사참배를 강요할 시기인 1939년, 조선예수교장로회 제28차 총회 '국민정신총동원 조선예수교장로회 연맹' 결성식에서 이를 봉독케 했고,[3] 감리교단에 대해서도 1940년 2월 11일을 '애국기념주일'로 지키게 하고는 예배할 때 이를 설교의 성서적 근거로 삼도록 압박을 가한 바 있다.[4] 그러나 로마서 13장의 전통적 해석에 반기를 든 성직자도 없지 않았다. "미친 운전사가 인도 위로 차를 질주한다면 목사의 임무는 핸들을 빼앗는 것"[5]이라며 히틀러 체제에 정면으로 맞섰던 독일 목사 본회퍼가 상징적이다. 그는 3절에 나오는 "통치자들"이 "선을 행하는 사람들에게는 두려울 것이 없습니다"라는 부분을 지목하고는 "하느님께서 명하신 바대로 언제나 선한 일을 생각하고 그것을 행하기만 하면 권위를 두려워하지 않고 살 수 있다"[6]며 재해석의 불가피성을 역설했다. 그리고 히틀러 암살에 나섰다가 체포돼 1945년 4월 9일 처형됐다.

논란이 제기된 만큼, 그리스어 성서 원문 어휘의 개념과 로마서 13장의 배경사를 토대로 한 세밀한 분석이 불가피해진다. 원문에서 바울로는 "세상의 모든 권위는 다 하느님께서 세워주신 것"이라고 했다. 이는 권력에 대한 맹종을 요구하는 것이 아니다. 미야타 마쓰오는 1절에서 언급된 '권위'$ἐξουσία$를 "로마제국의 방대한 국가기구의 다양한 관직"을 표현하는 "세속적 행정 용어"로 봤다. 그래서 바울로의 의도가 "국가의 신성화를 뜻하는 것이 아니라는 점"을 강조한다.[7] 같은 절의 '복종한다$\acute{\upsilon}\pi o\tau\acute{\alpha}\sigma\sigma\varepsilon\sigma\theta\omega$' 역시 "절대적 굴종이나 무비판적 예속"을 권장하는 의미와 무관한 것으로 살폈다. '공포'가 아닌 '양심'이 동기가 된 기꺼운 순종을 요청하는 것이다.[8] 아울러 1절 "세상의 모든 권위는 다 하느님께서 세워주신 것"과 4절 "하느님의 심부름꾼" 등의 언급은 김용옥 해석대로 "권세는 권세 자체를 위한 것이 아니라 선을 행하기 위한 기회와 방편으로 주어진 것"[9]이라는 뜻을 내재한다. 이는 세상 권위가 주어진 사명에 역행할 때에 신과 무관하다는 점, 즉 신의 지지를 받지 못한다는 점을 웅변하고 있다.

그런 의미에서 로마서 13장은 어느 시기에나 보편적으로 적용될 수 있는 통전적 규범이 아니다. 매우 특수한 시대적 상황이 전제돼 있었던 것이다. 김세윤에 따르면, 당시 제국의 수도 로마는 각처에서 이민자가 몰렸고, 지배층에 의한 착취와 폭력이 일상화된 질서로 작용했다. 이런 가운데 민족적 자긍심이 상당한 이스라엘 출신 이민자의 경우, "정치적 압제"와 "경제적 수탈"에 더해, "종교적 우상숭배"마저 강제 당하는 극도의 굴욕을 감내하기 힘들었다.[10] 이는 로마 제국주의 권력과 유다의 선민의식이 갈등으로써 문화교차하는 지점이다. 미야타 마쓰오는 그래서 이스라엘 출신 이민자의 "아나키즘 Anarchism의 경향"이 강화되고, "열혈당원의 저항운동"이 확산됐으며, 이것이 유다인 전반에 번진 예수 재림 임박설 등 종말론과 결부되면서 통제 불능 상태로 불거질 태세였다고 풀이했다.[11] (김세윤은 그래서 이것이 누적돼 바울의 로마서 저작 15년 후 시점으로 추정되는 기원후 66년에 제1차 유다전쟁이 발발한다고 설명했다.)[12] 엘리엇N.Elliot을 인용한 김진호에 따르면, 이 시기에 유다인은 "도시 축제에 참여를 꺼리고 자기들의 종교행사에만 몰두하는 폐쇄적인 집단"이라는 평가를 받는 등 로마 공동체의 일원으로서 정체성을 공유하는 것에는 매우 소극적이었다. 게다가 "카이사르와, 옥타비아누스G.J.C.Octavianus에서 칼리굴라Caligula에 이르기까지 갖은 특권"을 행사한다는 점에서 로마 귀족과 다른 이민자의 시기심을 샀다. 이렇게 총체적 고립 상황에 몰린 유다인에게 바울은 네로Nero 황제를 지지함으로써 질서 있게 체제에 순치되라는 당부를 전한다. (당시 네로는 치안 유지를 위해 공안 통치를 일삼았지만, 귀족과의 주도권 갈등을 벌이면서, 유다인과의 전선을 형성하지는 않았다.) 바울로 주장은 요컨대, "과거 유대인들이 고레스아케메네스 키루스, Kûruš[13]를 하느님의 대리인으로 생각했던 것처럼, 하느님의 뜻을 받드는 황제"로 여기고 네로에게 복종하는 것이 온당하다는 것이다.[14]

로마서 13장은 특정한 시기와 공간 그리고 대상, 즉 55~56년경 로마제국에 살던 유다 기독교인에 한정된 사도적 권고였다. 따라서 '국가 이론' 또는 '성서적 교훈'을 보편적 규범으로 일반화하는 것은 부적절하다. 만약 통시적 적용이 온당하다면 당장 네로 황제로부터 범법자로 규정된 (그래서 처형당한) 바울로 자신부터 모순된 행보를 보인 셈이다.[15] 게다가 신의 재림이 임박한 이상, '세상'에 대해 신성시하거나 적대시하는 것을 무의미한 것으로 인식되던, 만연했던 종말론적 세계관을 감안하면 로마서 13장의 메시지는 한시성을 내재한다. 그럼에도 시기와 공간을 불문하고 오·남용된 것은 이 성서구절을 필요로 하는 정통성과 정당성이 결여된 권력 때문일 것이다.

두 왕국론과
중세 이후 정치 참여 논쟁

정교 분리는 정치와 종교가 분리된다는 현대 헌법적 원리로서, 전통적으로 상호 역할이 구분되고 피차 간섭할 수 없다는 취지를 담고 있다. 이는 곧 '종교의 자유'를 내재했고, 신념에 관한 개인의 입장을 존중한다는 취지는 '사상의 자유'를 파생했으며, 자유민주주의 사상의 주요 개념으로서 존중되고 있다.

그런데 정교 분리는 로마 천주교회 교황권에 대한 저항이 단초가 된 것으로, 종교개혁으로 생성된 개신교적 전통의 결과물로 봐야 옳다. 이와 관련한 사상사는 로마 천주교회의 성쇠사와 궤를 같이 한다. 기독교는 3~4세기에 로마 황제 콘스탄티누스 1세 F. V. A. Constantinus와 테오도시우스 1세 F. Theodosius 황제 시대에 각각 공인 및 국교가 되는데, 32대 교황 멜키아데Melchiades 시기까지 수난의 연속이던 교황권도 콘스탄티누스 시대를 기점으로 안정을 찾았다. 그런데 교황 그레고리우스 7세Gregorius VII가 독일 황제 하인리히 4세Heinrich IV를 이른바 '카노사의 굴욕Humiliation at Canossa'[16]으로 제압한 11세기 이후로는 세속 황제의 권위를 능가하게 됐고, 12세기 인노켄티우스 3세Innocentius III 때에는 모든 세상 권력에 지배력을 행사하는 지상 최고의 권위로서 입지를 확고히 했다. 당시 인노켄티우스 3세는 "교황의 권위를 태양에, 황제의 권위를 달에 비유함으로써 교황권의 황제권에 대한 우위를 표현"했고, 자신이 세속 세계에 대한 "무제한적 영적 관할권을 지니고 있으며, 또한 세속사에 있어서도 최고 권한을 가지고 있다고 설명"했다.[17]

그러나 15세기 이후로 교황권은, 영국 황제 헨리 8세Henry VIII가 자신의 혼사 문제에 대해 용인하지 않는 교황 클레멘스 7세Clemens PP. VII와 맞서고는 로마교회와의 결별을 선언하면서 타격을 입는다. 헨리 8세가 영국국교회를 만들어 스스로 수장에 올랐기 때문이다. 같은 시기에 불거진 교황권에 대한 산발적 저항과, 16세기 루터M. Luther, 칼뱅J. Calvin이 주도한 독일의 조직적 종교개혁은 이 위기를 가중시켰다. 특히 루터, 칼뱅은 4세기 초대 교부 아우구스티누스S. A. Augustinus가 초석을 다진 '두 왕국론Zweireichelehre'을 계승, 완성하면서 정교분리이론을 체계화한다. 이들은 세상에 성聖과 속俗 두 개의 왕국이 존재하며, 어느 것이든 부정하거나 배타할 수 없다는 데에는 공감대를 이뤘지만, 저항권 문제에 있어서 이견차를 노출했다.

우선 아우구스티누스는 당대에 맹위를 떨친 마니교의 이원론적 세계관에서 입각해 현존하는 세계에 두 가지 도성都城이 있는데, 한 도성은 하느님을 사랑하는 사람을 통해 삶의 동기가 부여되고, 다른 도성에서는 세속의 사랑에 의해 생의 동력과 지향점이 생성된다고 밝혔다.[18] 이같은 아우구스티누스 드 왕국론은 '정의로운 전쟁Just war theory' 이론에서 그 의중이 보다 명확해진다. 치안조차 이원론적으로 이해하던 그는 하느님의 도성에서는 항구적인 평화가 보장되지만, 사람의 도성에는 표독한 죄성이 지배되고 이러한 악함이 끝내 폭력이라는 불의로 나타나기에, 이를 통제하기 위해 부득이하게 무력을 사용할 수 있다고 봤다.[19] 요컨대 아우구스티누스는 도덕 질서의 유지를 위해, 평화에 반하는 개인과 세력을 다잡기 위한 징계의 수단으로서 전쟁이 유효적절하다고 보는 것이다.[20]

루터는 큰 맥락에서 아우구스티누스 이론을 승계했다. 하느님의 간섭 속에 있는 교회라는 영적 왕국과, 행악을 단속해야 할 세상 왕국이 각기 다른 차원의 세계로서 구별되고 있으며 상호 간섭을 부정한다는 것이다.[21] 이는 '카노사의 굴욕'을 계기로 모든 세속 권력의 지배자로서 교황의 위상을 강화하려는 로마 천주교회에 대한 문제 인식이 개입된 것이다.[22]

교황 패권주의에 반기 들기로는 마찬가지였지만 칼뱅은 선한 교회가 악한 세속 정치를 계도해야 한다는 취지로 루터의 입장을 보완했다. 이같은 인식은 무소불위의 권한을 행사하던 로마 천주교회와, 극단적 평화주의 노선을 추구하는 재세례파와의 쟁론을 통해 표명됐다. 교회의 정치 불관여는 물론, 국가 권력의 교회 탄압에도 무대응해야 한다며 극단적 정교 분리를 주장한 재세례파 일원의 만츠 F.Manz가 "그리스도인이라면 그 누구도 치안판사가 돼서는 안 된다. 또한 그리스도인은 누구도 검을 사용해 처벌하거나 어떤 사람을 죽여서는 안 된다"고 발언하자, 칼뱅은 교회와 국가 권력의 역할과 기능이 제각기 구별돼 있지만 상호간 협력은 상수라며 반박했다.[23] 또 국가 체제와 헌법 원리에 관해 상당한 관심을 표명하면서 사회공동체로서의 제네바공화국이 어떤 정치 원리에 입각해 작동돼야 하는지 적극 자문했다. 나아가 교황, 군주, 대중 등 주체를 불문한 모든 형태의 독재를 거부하면서, 적법 절차에 따라 선출된 대리자를 통한 대의민주주의를 지지했다.[24] 이와 관련, 1539년 『기독교강요』를 통해 "국가의 통치는 우리가 사람들 사이에 사는 동안 그 나름대로 정해진 목표가 있다. 그것은 곧 하느님께 외형적으로 예배드리는 것을 존중하고 보호하며, 경건에 대한 건전한 도리와 교회의 입장을 변호하고, 우리의 생활을 인간사회에 적응시키며, 우리의 사회적 행동을 시민의 의에 맞추어 형성하며, 우리를 서로 화목케 하고, 또한 전반적인 평화와 안정을 증진시키는 것"[25]이라고 입장을 밝혔다.

한국 개신교와 정치

이 시기에는 로마 천주교회 교황의 권위가 추락하고 농민 등 시민계급의 목소리가 확대되는 등 르네상스 기운이 사회 전반을 포괄하며 중세와의 문화교차점을 형성하고 있다. 이 흐름에서 핵심 논점으로 '저항권'이 부각됐다. 칼뱅은, 불의한 지도자라도 복종해야 하고, 그에 대한 징계(懲戒)는 하느님 판단에 맡겨야 한다며 개인의 저항권 행사를 반대했다.[26] 이는 무정부 상태의 혼란을 염려한 탓인데, 16세기 유럽을 뒤흔든 농민 봉기가 그 인식을 형성하게 된 계기였다.[27] 그런데 협력을 허용하고 저항에 반대하는 칼뱅의 입장이 마치 로마서 13장 원리로 회귀해, 세속 권력을 경원시한 아우구스티누스와 루터의 '국가와 종교'관보다 퇴행된 것으로 인식할 여지는 없다. 강론 중에 칼뱅은 통치자의 덕목을 열거하고는, 왕에 대한 고대 스파르타의 감독관과, 집정권에 대한 로마의 호민관, 지방장관에 대한 아테네의 원로원 등 법적 권능을 부여받은 관리가 통치자의 독재를 감시하며 견제와 균형의 원리를 성립해가도록 설파했다.[28] 이같은 구조적 노력에도 불구하고 독재 군주의 철권통치가 도를 넘어 개인이 감당할 수 없을 위기 즉 핍박의 상태로 악화될 경우에는 이민을 하거나, 하느님께 기도로써 복수를 청원하고, 헌법에 입각한 권한을 가진 자를 앞세워 대항하는 방안을 제시했다.[29]

루터와 칼뱅의 입장은 훗날 바르트를 통해 '세속 세계에 대한 하느님의 주권이 온전히 행사되도록 신자의 적극적 역할을 강조'하는 방향으로 보다 체계화된다. '저항권'이 시동되는 국면이라 하겠다.

바르트가 초안을 작성한 바르멘 신학선언이 그 준거다. 총 6조로 구성된 이 선언은 친親나치주의 노선 독일 그리스도인들Deutschen Christen에 반대하는 신학선언으로서 1934년 5월 29일 독일 바르멘 고백교회 노회Bekenntnissynode 명의로 발표됐다.[30] 이보다 앞선 1933년 1월 30일, 독일 총통에 취임한 히틀러는 집권하자마자 국가의 현실과 신앙이 동일시돼야 한다며, 교회를 국가조직으로 흡수했다. 주목되는 점은 절대 다수의 신구교회가 지지 입장을 표명한 것이다.[31] 이에 바르멘 신학선언은 3조[32]에서 양심과 신앙의 영역마저 국가의 지배 영역 아래 둘 수 없다는 반론을 천명했다.[33] 더불어 5조[34]를 통해 나치 체제를 정면으로 겨냥해 신에게 권력을 위임받은 것에 불과한 국가가, 독보적이며 전체적인 질서로서 군림할 수 없다고 강조했다. 특히 세속 사회를 '구속받지 못한 세계noch nicht erlösten Welt' 즉 '미완의 세계'로 규정한 점이 주목되는데, 정의와 인권, 평화의 의무를 이행할 때에만 국가가 그 지위를 행사할 도덕적 권위를 갖는다는 입장이 내재돼 있다.[35] 그러나 바르트에게는 저항권의 전면화를 추동할 의지가 없었다. 저서 『로마서 강해』에서 "신적인 반란이 뜻하는 바가 질서이지 무질서가 아니라고 하는 것을 마땅히 배워야 한다"면서 "겸허 없이는 기존하고 있는 것 안에 있는 악의 안식은 다만 하나의 오만일 뿐"[36]이라며 '질서 있는 항거'라는 칼뱅의 기조를 인용하며 신중한 태도를 나타냈다.

바르멘 신학선언은 고백교회Bekennende Kirche 결성의 계기가 된다.[37] 그런데 고백교회의 성원이기도 한 본회퍼는 두 왕국 이론과 결을 달리했다. 전쟁과 파시즘의 광기로 생존의 위협마저 느끼는 인류에게 '세상 따로, 교회 따로'의 원칙론은 무책임한 현실 도피에 다름아니고, 나치에 협력했던 독일 대다수 교회의 추후 태도에서 확인되듯 야합을 위한 자기 합리화의 기제라는 지적이다. 그래서 하느님과 세계의 실존적 문제를 구별하지 않는 "그리스도의 현실화"를 주창했다.[38] 제2차 세계대전 참화 속에 바르트와 본회퍼를 통해 더욱 진전된 '국가와 종교' 담론은 이후 독일은 물론 미국 개신교회의 공공성 강화를 위한 신학적 기반이 됐고, 한국 '공공신학'의 사상적 기제로 작용하고 있다.[39]

근본주의 신학과
한국적 개신교의 근대

국가 권력은 물론, 군사, 기술, 학문, 문예에 이르기까지 중세 기독교는 모든 도그마에 있어 소재이고 기제였으며 주제이자 결론이다시피 했다. 그러나 종교개혁을 위시해 갈릴레이G.Galilei, 뉴턴I.Newton 등으로 대표되는 자연과학과, 이에 동조된 르네상스의 흐름이 협공을 가하면서 교황 절대권위 시대는 16세기부터 빠르게 퇴조한다. 17세기 이후 대두된 계몽주의는 기독교 본위의 주류 세계관에 이견을 제시하며 사회 진보적 이성운동을 추동한다. 특히 스피노자B. de Spinoza는 "성서 해석의 방법이 자연 해석과 다르지 않고, 그것과 완전히 일치한다. 성서에 대한 신뢰할 수 있는 역사적 연구를 만들어내는 것이 필요하다"[40]고 했다. 이는 독일 철학자 칸트I. Kant에 영향을 미쳐, 지식인 사회의 보편적 인식체계이던 경험론을 부정하는 비판철학을 성립케 했고, 독일 신학자 슐라이어마허F. D. E. Schleiermach 역시 성서를 고고학적 기준의 재검증 대상 즉 고등비평의 소재로 삼게 했다. 이렇게해서 성서가 사실이라고 적시한 기록이 과연 과학적 합리성을 담보하는지 탐구하게 됐다. 그리고 19세기 자연과학자 다윈C. D. Darwin은 '종의 기원'을 통해 창조론마저 비평의 대상으로 삼았다.

근본주의의 성립 배경은 여기서 비롯된다. 1881년 미국 프린스턴 신학교Old Princeton Seminary의 하지A. A. Hodge, 워필드B. B. Warfield는 개신교 신앙의 원리를 수호해야 한다며 개신교 근본주의를 고안했다.[41] 근본주의의 영문 표현 'Fundamentalism'은 개신교만이 아니라 이슬람교, 힌두교, 시크교 등에서도 극단적 신앙 노선으로 통칭된다.[42] 이와 관련해 역사학자인 마티M. E. Marty와 애플비S. Appleby는 종교 근본주의를 "일종의 성향이나 정신적 습관이라고 할 수 있다. 즉 그 운동을 통해서 공동체 구성원의 정체성을 확립시켜 나가려고 했던 것이다. 이 정체성이 현대와 조우하며 흔들렸을 때, 그들은 과거의 교리, 신앙, 의례를 신성화하며 정체성을 재구성하려고 한다. 이를 통해 '근본'들은 정제되고 다듬어지면서 인정받게 된다. 이 '근본'들은 외부의 혼합적, 반종교적, 비종교적 문화상황에서 신자들을 위협하는 외부의 침략으로부터 보호하는 성곽의 구실을 하게 되는 것"[43]이라고 정의했다. 이렇게 근본주의 노선을 취한 교회는 성서무류설無謬說 등을 신조화했는데,[44] '하느님의 영감'이 개입된 만큼 성서는 조문된 그대로 신앙의 대상으로 삼아야 한다는 입장이었다. 결국 성서 무류설은 고등비평에 대한 반작용이고 신신학 확산에 대한 위기감의 표징으로서 내부 단속 및 단결의 의도가 다분했다. 이와 때를 같이 해 근본주의를 따르는 미국 교회는 종말론이라는 신학적 기제를 내세운다.[45] '복음'을 접하지 못해 '구원'받지 못할 이교도를 찾아가 "땅 끝에 이르기까지 어디에서나 나의 증인이 될 것이다"[46]는 그리스도의 명령을 이행한다는 취지였는데,[47] 이를 계기로 상당수 교인이 개신교 전도가 이뤄지지 않은 곳으로의 선교를 소명召命하게 되고, 이로써 조선 선교도 시동이 걸린다. 실제 1882년 조미수호통상조약 체결 이후 1945년 해방 때까지 입국한 선교사 1,529명 중 69.3%인 1,059명이 미국 출신이었는데, 이들 대부분은 근본주의 성향이었다.[48] 미국 장로교 해외선교부 총무였던 브라운A. J. Brown은 1919년 초기 선교사의 신학 노선과 관련해 "신학과 성서 비판에 있어 아주 보수적이었고, 예수 재림에 대해서는 전 천년왕국설을 매우 중요한 진리로 믿고 있었다. 고등 비판이나 자유주의 신학은 위험스러운 이단으로 취급했다"[49]고 했다. 실제 장로교, 감리교에 한정해 출신을 살펴보면, 국가

별로는 미국이 37명으로 압도적이고 그 뒤를 캐나다 4명, 스위스 1명이 이었다. 미국의 출신 신학교를 따졌을 때, 장로교는 프린스턴, 매코믹McCormick Theological Seminary, 유니온Union Theological Seminary 등이고, 감리교는 드류Drew University, The Theological School, 밴더빌트Vanderbilt University 등인데 당시만 해도 이들 학교는 보수주의 신학을 전통처럼 고수했다.[50] 이 중 평양 장로회신학교에서 조직신학 담당교수였던 미국 남장로회신학교 출신 레이놀드W. B. Reynolds는 "나는 종교와 경전과의 관계는 절대적이라고 본다"며, "기독교가 성경을 버리거나 성경을 믿지 아니하면 그때부터 기독교가 될 수 없는 것"이라고 주장했다. 그리고 "성경의 문자나 절구를 고친다든지 그 정신을 덮어 놓는다든지 그 의미를 굽힌다든지 해서는 안 된다. 그 원형을 그대로 보존하고 그 정신을 그대로 발휘하지 아니하면 안 된다"[51]고 주장했다.

근본주의로 형성된 신학적 토대는 〈표2〉에서도 보듯 선교사 알렌H. Allen 입국 이후 100년 지난 시점에서도 확연한 보수성을 뿌리내리게 했다.

분석항목	평신자	목회자
축자영감설 (성서무류설)	92.3%	84.9%
예수 동정녀 탄생설	96.3%	97.0%
예수 재림설	94.8%	98.3%
성경의 기적설	94.6%	94.6%
예수 부활설	70.8%	91.4%

〈표2〉 한국 교회 100년 종합조사연구[52]

한국 개신교와 정치

이 부분에서 주목할 문화교차성이 발견되는데, 근본주의 신학의 한 방편인 성서 무류설이 한국 특유의 유교적 경전관과 결합됐다는 분석이다. 황재범은 "조선시대는 물론이고 일제 강점기 초기까지 한국인 식자층은 대부분 서당 교육을 받았기에 유교의 문자주의적 경전관을 견지하고 있었다고 보겠다. 천자문, 동몽선습, 명심보감, 소학, 사서를 배우며 반복 암송하는 식의 강독 및 암기 중심의 서당 교육에서는 자연스럽게 경전을 문자적으로 읽고 이해하는 것을 중시하는 문자주의가 성행할 수밖에 없다고 보겠다"[53]고 했다. 선교사 게일J. S. Gale도 "한국은 중국처럼 상업주의적이지 않고, 일본처럼 군사적이지도 않고, 서양처럼 산업적이지도 않지만 글월에 헌신적A devotee of letters이다. 한국은 책을 숭상함으로 모든 책들 중의 책인 성경은 그 진로가 잘 마련돼 있다"[54]고 했다.

7세기경 정경이 확정되면서 성서는 특별 계시가 없는 한 유일 불변한 하느님의 뜻으로 수용됐고, 교회 권력이 국가 권력을 능가하던 로마 천주교회에 저항한 종교개혁자 역시 이 성서 해석의 연장선을 지켰다. 그러나 근대적 산물인 비판철학이 성서 해석에까지 접목되면서 기독교 신학은 중대한 도전을 경험한다. 정체성 훼손을 염려한 보수적 성서 해석 지지자 중 일부는 성서 무류설 등 근본주의 신앙 체계로 무장하며, 종말론을 통해 미未전도지 선교에 역량을 집중한다. 이같은 중세적 가치와 근대적 철학 간 문화교차적 반동反動이 한국 개신교 신학과 교회사 형성에 중대한 토대가 된 것이다.

주석

1 로마인들에게 보낸 편지, 13 : 1~7

　[1절] 누구나 자기를 지배하는 권위에 복종해야 합니다. 하느님께서 주시지 않은 권위는 하나도 없고 세상의 모든 권위는 다 하느님께서 세워주신 것이기 때문입니다.

　[2절] 그러므로 권위를 거역하면 하느님께서 세워주신 것을 거스르는 자가 되고 거스르는 사람들은 심판을 받게 됩니다.

　[3절] 통치자들은 악을 행하는 자에게나 두려운 존재이지 선을 행하는 사람들에게는 두려울 것이 없습니다. 통치자를 두려워하지 않으려거든 선을 행하십시오 그러면 그에게서 칭찬을 받을 것입니다.

　[4절] 통치자는 결국 여러분의 이익을 위해서 일하는 하느님의 심부름꾼입니다. 그러나 여러분이 잘못을 저지를 때에는 두려워해야 합니다. 그는 공연히 칼을 차고 있는 것이 아닙니다. 그는 하느님의 심부름꾼으로서 악을 행하는 자들에게 하느님의 벌을 대신 주는 사람입니다.

　[5절] 그러므로 하느님의 벌이 무서워서뿐만 아니라 자기 양심을 따르기 위해서도 권위에 복종해야 합니다.

　[6절] 여러분이 여러 가지 세금을 내는 것도 이 때문입니다. 통치자들은 그와 같은 직무들을 수행하도록 하느님의 임명을 받은 일꾼들입니다.

　[7절] 그러므로 여러분은 그들에게 해야 할 의무를 다하십시오. 국세를 바쳐야 할 사람에게는 국세를 바치고 관세를 바쳐야 할 사람에게는 관세를 바치고 두려워해야 할 사람은 두려워하고 존경해야 할 사람은 존경하십시오.

2 추태화, 『권력과 신앙 — 히틀러 정권과 기독교』, 씨코북스, 2012, 103쪽 참조.

3 김남식, 『백은 최재화 목사의 생애』, 성광문화사, 1981, 193쪽 참조.

4 김승태, 「'신사참배, 종교가 아니다' 수용」, 『에큐메니안』, 게시일자 : 2008.7.15, http://goo.gl/dnppNQ 참조.

5 김성원, 「독재자에 저항은 주님 말씀 이루는 것」, 『국민일보』, 2011.3.1, 24쪽에서 재인용.

6 미야타 미쓰오, 양현혜 역, 『국가와 종교』, 삼인, 2008, 193쪽에서 재인용.

7 위의 책, 32쪽에서 재인용.

8 위의 책, 33~35쪽에서 재인용.

9 김용옥, 「로마서 13장이 뜻하는 것」, 『새가정』 제233호, 1975.1, 47쪽.

10 이광하, 「[223호 권두 대담] 바울복음, 반제국적 읽기는 가능한가」, 『복음과상황』 제223호, 2009.4, http://goo.gl/a3Yk8H 참조.

11 미야타 미쓰오, 양현혜 역, 『국가와 종교』, 삼인, 2008, 28~29쪽.

12 이광하, 앞의 글 참조.

13 바빌로니아를 점령한 뒤, 포로로 잡혀있는 유다민족을 예루살렘으로 보낸 왕이다. 개역성서에서는 '고레스'로 명명한다.

14 김진호, 「정교 분리 신학에는 복음이 없다—「로마서」13장 1절, '권세에 복종하라'의 역사적 자리 찾기」, 『맘울림 — 깊고 넓고 맑은 삶을 위하여 바로가기』 제31호, 2012.3, 61쪽, 63~64쪽.

15 미야타 미쓰오, 양현혜 역, 『국가와 종교』, 삼인, 2008, 34쪽 참조.

16 그레고리 7세가 파문을 가하고 왕위를 삭탈하자, 하인리히 4세가 이탈리아 북부 카노사에서 3일간 눈 위에 엎드려 교황에게 사죄한 사건.

17 이경구, 「콘스탄티누스 기진장의 적용 사례」, 『호서사학』 제49집, 2008.4, 256~257쪽.

18 박충구, 『기독교윤리사』 I, 대한기독교서회, 2007, 125~126쪽 참조.

19 박충구, 『한국사회와 기독교윤리』, 성서연구사, 2010, 168~169쪽 참조.

20 W. S. 뱁코크 편, 문시영 역, 『아우구스티누스의 윤리학』, 서광사, 1998, 296~297쪽 참조.

21 손규태,『하나님 나라와 공공성』, 대한기독교서회, 2010, 99~101쪽 참조

22 김선영,「그리스도는 세상왕국과 무관하다? ─ 루터의 두 왕국론 재고」,『한국교회사학회지』제40권 2015, 63쪽 참조.

23 C. Arnold Snyder, *Anabaptist History and Theology · an Introduction*, Ontario : Pandora Press, 1995, p.57; 전준봉,「칼뱅의 이중정부론에 비추어 본 한국 교회의 정교 분리사상」,『개혁논총』제20권, 2011, 74쪽 재인용 및 참조.

24 강원돈,「교회의 공공성 위임에 관하여」,『신학연구』제65집, 2014.12, 128쪽 참조.

25 존 칼빈(Joannis Calvini), 고영민 역,『라틴어원본 번역판 기독교강요(Institutio Christianae religionis)』, 기독교문사, 2006, IV, 20, 2; 전준봉,「칼뱅의 이중정부론에 비추어 본 한국 교회의 정교 분리사상」,『개혁논총』제20권, 2011, 74쪽 재인용.

26 조용훈,「칼뱅의 정치사상과 그 사회윤리적 함의에 대한 연구」,『장신논단』제38집, 2010.9, 226쪽 참조.

27 전준봉,「칼뱅의 이중정부론에 비추어 본 한국 교회의 정교 분리사상」,『개혁논총』제20권, 2011, 77~78쪽 참조.

28 김성진,「칼뱅과 유럽질서의 변화」,『현상과인식』제108호, 2009.9, 46쪽 참조.

29 강원돈,「교회의 공공성 위임과 교역」,『한국기독교장로회보』제514호, 2010.5, 26쪽 참조.

30 최경석,「바르멘 신학선언에 대한 사회윤리학적 해석」,『성암사상연구』제8집, 2011, 163쪽 참조.

31 위의 글, 163~166쪽 참조.

32 3조. "도리어 우리는 사랑 가운데서 진리대로 살면서 여러 면에서 자라나, 머리이신 그리스도와 한 몸이 되어야 합니다. 우리의 몸은 각 부분이 자기 구실을 다함으로써 각 마디로 서로 연결되고 얽혀서 영양분을 받아 자라납니다. 그리스도를 머리로 한 교회도 이와 같이 하여 사랑으로 자체를 완성해 나가는 것입니다."(에페소인들에게 보낸 편지 4 : 15~16)
그리스도의 교회는 형제들의 공동체다. 거기에서 예수 그리스도는 말씀과 성례전을 그리고 주님이신 성령을 통해 현재적으로 활동한다. 교회는 죄의 세상 한가운데서 신앙과 복종, 메시지와 질서를 통해 사죄 받은 죄인들의 교회로서 오직 그리스도의 것으로서 오직 그의 오심을 기다리며 그의 위로와 가르침에 따라 살고 살기를 원한다는 것을 증거해야 한다. 우리는 교회가 자기의 메시지와 질서의 모습을 그때그때의 지배적인 세계관과 정치적 신념들의 자의성에 맡기거나 그것들로 대치해도 된다는 그릇된 가르침을 배격한다.
손규태,「바르멘 선언의 현대적 의의」,『기독교사상』제366호, 1989.6, 37쪽에서 재인용.

33 강원돈,「교회의 공공성 위임에 관하여」,『신학연구』제65집, 2014.12, 128쪽.

34 5조. "모든 사람을 존경하고 형제들을 사랑하며 하느님을 두려워하고 황제를 존경하십시오."(베드로의 첫째 편지, 2 : 17)
성서의 가르침에 따르면 국가는 하느님의 명령에 따라 아직 구속받지 못한 세계에서 ─ 여기에는 교회도 존재한다 ─ 인간의 통찰과 능력의 정도에 따라 권력의 위협과 집행을 통해서 정의와 평화를 수립할 과제를 갖고 있다. 교회는 하느님에 대한 감사와 경외로써 이러한 그의 명령들의 은혜를 받아들인다. 교회는 하느님의 나라, 하느님의 계명과 의, 그리고 통치자와 피통치자의 책임을 기억한다. 교회는 하느님이 만물을 유지시키는 말씀의 능력을 믿고 거기에 복종한다.
우리는 국가가 자기에게 주어진 특수한 위탁을 넘어서서 인간 삶의 유일하고 전체적인 질서가 되며 따라서 교회의 규정마저도 완수해야 하고 또 할 수 있다는 잘못된 가르침을 배격한다.
우리는 교회가 자기에게 주어진 특수한 위탁을 넘어서 국가의 방식 국가의 과제들, 국가의 존엄성을 갖고 그렇게 함으로써 스스로 국가의 한 기관이 되어야 하고 될 수 있다는 잘못된 가르침을 배격한다.
손규태,「바르멘 선언의 현대적 의의」,『기독교사상』제366호, 1989.6, 37~38쪽에서 재인용
Die Schrift sagt uns, dass der Staat nach göttlicher Anordnung die Aufgabe hat, in der noch nicht erlösten Welt, in der auch die Kirche steht, nach dem Maß menschlicher Einsicht und menschlichen Vermögens

unter Androhung und Ausübung von Gewalt für Recht und Frieden zu sorgen. Die Kirche erkennt in Dank und Ehrfurcht gegen Gott die Wohltat dieser seiner Anordnung an. Sie erinnert an Gottes Reich, an Gottes Gebot und Gerechtigkeit und damit an die Verantwortung der Regierenden und Regierten. Sie vertraut und gehorcht der Kraft des Wortes, durch das Gott alle Dinge trägt.

Alfred Burgsmüller, Rudolf Weth, *Die Barmer Theologische Erklärung*, Neukrichlener Verlag, Neukirchen, 1984, p.38.

35   최경석, 「바르멘 신학선언에 대한 사회윤리학적 해석」, 『성암사상연구』 제8집, 2011, 171쪽.

36   바르트, 조남홍 역, 『로마서 강해』, 한돌, 2004, 746쪽.

37   최경석, 앞의 글, 167쪽.

38   손규태, 『하나님 나라와 공공성』, 대한기독교서회, 2010, 121~122쪽.

39   한국, 미국, 독일의 공공신학적 입장을 위해서는 최경석, 「공공신학으로 한국 시민운동 읽기」, 『기독교사회윤리』 제24집, 2012 겨울, 277~289쪽 참조

40   베네딕트 데 스피노자, 김호경 역, 『신학-정치론』, 책세상, 2002, 33쪽.

41   박광석, 「종교권력을 우려한다」, 『현대 사회에서 종교권력, 무엇이 문제인가』, 동연, 2008, 172쪽 참조

42   근본주의 관련한 개념서로 1910년에서 5년간 저술돼 12권으로 엮어 나온 『근본원리*The Fundamental*』가 있다. 이 책은 석유 회사 등을 운영하는 미국 캘리포니아 남부 재력가의 지원으로 영미의 신학자와 종교평론가가 집필했는데, 교회, 선교단체 등 종교계와 신학교에게 무료 배포됐지만 학술적 반향이나 대중 호응도는 낮았다고 한다. 이 책은 근본주의 운동 대척점에 선 모더니즘, 성서고등 비판, 자유주의 신학을 비판했다. 또한 개인 신앙간증 등을 담고 있었지만 사회 윤리와 관련해서는 언급을 자제했다.

정태식, 「공적 종교로서의 미국 개신교 근본주의의 정치적 역할과 한계」, 『현상과인식』 제107호, 2009.5, 45쪽 참조.

43   Marty E. Martin and Appleby R. Scott, *Fundamentalism and state*, University of Chicago press, 1993, p. 3; 최대광, 「기독교 근본주의의 정의와 미국과 한국의 기독교 근본주의」, 『기독교사상』 제620호, 2010.8, 36쪽에서 재인용.

44   목창균, 『현대신학논쟁』, 두란노, 2006, 244쪽.

45   근본주의를 연구했던 콜(S. G. Cole)은 "세대주의 종말론이 근본주의 신학에서 차지하는 비중이 지대하다는 데는 대체로 동의하는 입장"이었다. 또 "보수주의자들과 세대주의 종말론자들의 동맹을 보여주는 증거"이며, 이들이 "근본주의 운동의 중심적 역할을 하고 있다"고 판단했다. 이는 결국 신신학에 대항하기 위함이었다.

홍상태, 「미국 개신교 근본주의 신학운동과 내한 선교사와의 고찰―세대주의 종말론을 중심으로」, 생명신학협의회 생명신학연구소 제28차 전문위원 세미나에서 발제, 2014년 10월 11일.

46   사도행전, 1:8.

47   도올 김용옥과 한국 보수 개신교회가 인식하는 종말론은 파편적 이해에 그친다. 이들은 종말을 신의 예정된 운명으로 인식하며 개인의 노력이 불요한 것인 양 단정하고 있다. 그러나 개신교 종말론은 윤리와 직결된다. 다시 이야기해 인간의 진정성 어린 노력이 세상의 전기를 형성한다는 것이다. 이와 관련해 장경철은 조나단 에드워즈(Jonathan Edwards)가 "역사의 마지막에 천년 왕국이 건설될 것인데, 그리스도의 재림으로 이루어질 하나님의 새 하늘과 새 땅 이전에 그 왕국이 실현될 것"이라 말하며 심판, 지구 멸망 등 비관 일색의 종말 주장과는 다른 견해를 표출했다고 전했다.

장경철, 「조나단 에드워즈의 종교와 사회적 비전」, 『조직신학논총』 제5집, 2000, 208쪽.

48   김승태・박혜진 편, 『내한 선교사 총람, 1884-1984』, 한국기독교역사연구소, 1994.

이는 1884년부터 1942년까지 활동한 개신교 선교사 수를 말하는 것이다. 1942년 이후에는 대다수가 일제에 의해 축출됐다.

49 Arthur J. Brown, *The Master of the Far East(New York Charles Scribner's Sons)*, 1919, p.540; 박정신, 「구한말 일제 초기의 기독교 신학과 정치—진보적 사회운동과 민족주의 운동을 중심으로」, 『현상과인식』 제57호, 1993.5, 107쪽에서 재인용.

50 이만열, 『한국 기독교와 민족 의식』, 지식산업사, 1991, 485쪽.

51 박정신, 「구한말 일제 초기의 기독교 신학과 정치—진보적 사회운동과 민족주의 운동을 중심으로」, 『현상과인식』 제57호, 1993.5, 108쪽에서 재인용.

52 기독교사회문제연구원, 1982.

53 황재범, 「한국장로교회의 성서문자주의」, 『종교연구』 제71집, 2013.6, 186쪽.

54 James S. Gale, 「Korea's preparation for the Bible」 『Korea Mission Field』 Vol 10, No 1, 1914, p.5; 황재범, 「한국장로교회의 성서문자주의」, 『종교연구』 제71집, 2013.6, 188~189쪽에서 재인용.

3장

국권상실기 정치 권력과 기독교

박해와 친화로 양극화한 신구교의 전래
일본과 미국 개신교 선교부의 협력과 갈등
신사참배 찬반 논란과 교회의 국가관

박해와 친화로 양극화한
신구교의 전래

한국 천주교회 기원을 두고 견해가 엇갈린다. 변기영 분석을 토대로 정리하자면, 첫째, 임진왜란 당시인 1593년 왜군과 함께 입국한 스페인 신부 세스페데스G. de Cespedes가 경상남도 지역에서 조선인에게 세례를 주고 미사를 베푼 것으로, 이는 가장 오래된 관점이다. 둘째, 1645년 병자호란을 계기로 중국에 잡혀간 소현세자를 결신케 하고 청나라 교인 5명을 조선에 입국시킨 독일 신부 폰 벨J. A. S. von Bell의 활동에서 찾는 평가도 있다. 셋째, 1674년 교황 클레멘스 10세Clemens PP. X가 중국인 신부 라문조羅文藻를 중국 난징 교구장 주교로 임명하면서 '고려의 서리주교직무를 맡긴다'는 내용을 교서에 담은 시기로 보는 시각도 있다. 넷째, 1779년 조선인이 자발적으로 결성한 천진암 강학회의 모임을 기점으로 삼아야 한다는 입장도 있다.[1] 이 주장에 동조하는 심일섭은 "세계 선교사상 그 유래를 찾아보기 힘들게 이벽과 이승훈을 비롯해 한민족의 자발적인 구도求道로 기독교를 수용했다. 거의 1세기에 이르는 시련의 암흑기 속에서도 상당한 기간 동안 지도자 한 사람 없이 평신도들이 복음의 씨를 간직했다"[2]고 평가했다. 도올 김용옥도 "한국 기독교는 선교사들이 밀가루 포대와 더불어 던져 놓은 것이 아니다. 한국 기독교는 바티칸의 선교작전과는 무관하게 우리 민족 스스로 복음을 갈구해 주체적으로 수용한 새로운 배움이요, 학문이었다. 그들은 성리학의 윤리적 관심 속에서 성리학을 초월하는 새로운 생명의 말씀을 갈구했던 것"이고, "이것은 세계 선교사宣教史에 거의 있을 수 없는 유일한 사례에 속하는 것"이며, "더 이상 조선왕조를 지배해온 유교적 이데올로기가 우리 민족의 미래를 보장할 수 없겠다는 판단이 앞섰기에, 유교가 제공하지 못하는 어떤 새로운 문명의 패러다임을 기독교에서 찾으려 했던 것"[3]이라고 의미를 부여했다. 그런데 한국천주교주교회의에서 공인한 시점은 1784년 중국 베이징에서 이승훈이 프랑스 선교사에게 세례를 받은 것이었다. 이것이 다섯째 견해다. 이밖에 소수 견해로 1795년 베이징 교구장인 주교 겸 포르투갈 선교사 구베아A. de Gouvea가 신부 주문모周文謨를 조선 최초의 한양 본당 주임신부로 임명해 입국케 한 시점, 1831년 교회법상으로 조선교구가 북경교구로부터 분리 독립돼 주교가 교황청으로부터 공식 임명된 시기 등도 거론된다.[4]

공식 전교된 뒤 근 1세기 동안 천주교회와 조선 정부는 극한의 대립과 갈등을 빚었다. 조선은 그간 유교적 가치를 추종하며 이를 정치철학에 반영해 온 정교일치 사회로서, 상하 간 신분 서열이 엄존하는 봉건질서를 체제의 근간으로 삼았다. 따라서 "만인평등사상을 가르치고 조상 제사를 철폐하며, 비밀 집회를 갖는 천주교회를 무군무부無君無父의 사학邪學으로 규정"[5]하지 않을 수 없었다. 특히 교황의

한국 개신교와 정치

권위가 왕에 앞선다는 인식은 천주교를 모반 즉 반란의 종교로 몰아세우는 기제가 됐다.[6] 이같은 정서는 정순왕후 김 씨가 공표한 최초의 천주교 박해선언문에 고스란히 녹아있다. "사람이 사람 되는 것은 인륜 때문이다. 나라가 나라 되는 것은 교화가 있기 때문이다. 지금의 사교는 아비도 없고 임금도 없으며, 인륜도 그르치고 교화를 배반해 스스로 이적금수로 돌아가고 있다."[7]

　그러나 만인평등사상이 유교적 가치와 반드시 배치되는 것은 아니다. 공자가 "유교무류有敎無類"[8]를 언급하며 '가르침에 있어 사람을 가려서는 안 된다'고 했고, 삼종지드三從之道와 칠거지악七去之惡 등[9] 양성평등에 저해하는 견해도 가졌지만 효孝 사상을 모든 덕목의 우선으로 여긴 시대의 특수 상황을 고려한다면 참작될 여지가 있음이 소명된다.[10] 심일섭은 "신관神觀에 있어 유교 상제上帝 개념과 기독교의 하느님天主 관념, 사생관死生觀에 있어서도 유교의 의리義理 절대 가치와 기독교의 순교 정신, 인생관에 있어서 유교의 인생보편론과 기독교의 신성편재설神性遍在設, 신앙행위(표현)에 있어서 유교의 조상 제사의 의례와 기독교의 기도와 예배 등, 궁극적 가치의 공통 기반"[11]이 있다고 설명했다. 결국 천주교 도입기의 유교적 통치 질서와의 충돌은 교리의 이질성 즉 가치 차원의 문화교차성보다는 국제정치적 대립이 강하게 추동된 것으로 허석해야 한다. 이를 상징할 계기로서 1801년 '황사영 백서' 사건을 꼽을 수 있다. 이는 극심한 천주교 탄압에 분개한 청년 신자 황사영이 중국 베이징 선교사에게 '중국과 프랑스 등 외세가 조선에 개입해 선교의 자유를 보장케 해야 한다'는 편지[12]를 보내려다 당국에 적발된 것이다. 황사영으로서는 신자 전체가 모해와 핍박을 당하는 상황에서 불가피하며 절박한 선택을 한 셈이었겠지만, 당국에 의해 사대주의적 매국 행위로 규정됐고 무차별적 박해의 빌미로 활용됐다.

유교와 일치된 국가주의와 극단적 입장차를 드러내는 데다 조정의 전 방위적 핍박을 받던 천주교이었으나 역설적으로 1800년 4월부터 급속하게 교세가 신장됐는데, 해당 백서는 "어리석고 무식한 사람과 부녀와 아이들을 대강 계산하면 수천 명을 넘지 아니하냐"[13]라고 밝히고 있다. 특히 성비性比상 여성이 전체 2/3[14]를 점한다는 진술도 주목된다. 이는 조선 백성의 근대성 자각으로 해석될 여지가 있다. 정해은 연구에 따르면, 조정이 신유박해 당시, 체포한 여성 신자를 상대로 입교 이유를 추궁했을 때에 "아들 갖기 원함", "병을 치유 받고자 함", "신세가 한탄됨" 등 현실의 질곡에서 탈피하고자 하는 행복으로의 욕망과, "영혼이 구원되고 사후死後에 좋은 곳으로 가고 싶어서" 등 내세에의 희망 등의 답이 수집됐다. 이 기저에는, 18세기 이후 조선 사회가 가부장권을 강화해 가고, 계층, 성별 간 서열이 고착화되던 반동의 시대에 대한 반발이 개입돼 있다는 설명이다. 결혼과 가족만을 최고의 가치로 여기며 살아온 조선 여성에게 천주 앞에서 만인이 평등하고 특히 남녀가 동등하다는 '근대의 선포'는 복음福音에 다름 아니었다고 본 것이다.[15] 전종익 연구대로, 만인 평등사상에 밑바닥 민중이 호응하는 시점과 맞물려, 처음엔 학문으로 접근하며 천주교를 종교로서 수용하려던 양반 사대부가 교적에서 대거 이탈한 점도 의미 있는 징후다. 그들이 남긴 자리에 중인 이하 계층이 채운 것은 두말할 것도 없다.[16]

천주교의 박해 과정이 조선 개신교 도입 과정에 끼친 영향력과 관련해 민경배는 "조선의 천주교는 그 다음 시기에 도입되는 프로테스탄트교회와 아무런 역사적·유기적 연결고리가 없다"[17]고 했다. 그러나 개신교의 무난한 전교가 극심한 박해로 상징되는 쇄국정책에 대한 반성의 연결점이라는 면에서 상호간의 연관성을 부인할 수 없다. 이는 조선 후기 이후 역사의 대략을 살피더라도 가늠할 수 있는 것이다. 임진왜란, 병자호란 등으로 군주의 권위가 실추될 시기로부터 조선 조정은, 남인과 서인, 남인 중 노론과 소론 간 대척對蹠으로 하루도 바람 잘 날이 없었다. 영조의 탕평책으로 소강상태를 맞은 듯했지만, 다음엔 안동 김 씨와 풍양 조 씨 등 외척 세력 간 세도 경쟁이라는 전혀 새로운 양태의 파쟁派爭이 생성됐다. 고종을 대리해 실권을 쥔 흥선대원군은 왕권 강화가 확실한 해법이라며, 경복궁 중건 등의 대규모 토건을 획책한다. 이 과정에서 중과세와 강제 노역, 인플레이션의 부담을 떠안은 백성은 반발심을 키워갔고, 천주교의 만민평등사상이 이에 연쇄 작용을 일으켰다. 이에 위기감을 느낀 대원군이 천주교 탄압 및 쇄국 강화책을 쓰지만 이는 외침外侵을 초래하는 선택이 된다. 일본이 1875년 측량을 구실삼아 강화도를

침략한 이른바 '운요호雲揚號 사건'이 시발점이 됐는데, 조선은 이듬
해 일본과 불평등 협약으로써 강화도조약을 체결하며 제한 없는 개
항을 선포한다. 이후 미국, 영국, 독일, 러시아, 프랑스 순으로 서구
열강과 국교를 맺는다. 이같은 자발성 없는 개방과 국권 쇠락은 쇄
국정책의 폐기를 수반했고, 천주교를 포함한 기독교를 사교邪教로 매
도할 명분마저 소멸시켰다. 이 토대 위에서 조선에 개신교가 전래됐
다. 심일섭은 이같은 기류를 반영한다며, 1882년에 체결된 조미조
약에, 당시로선 삽입이 상식일 '불립교당不立教堂 : 교회당을 세울 수 없음'이
라는 단서가 빠진 점에 주목했다.[18]

한국 대다수 교회는 개신교가 1884년에 공식 전래됐다고 보고
있다.[19] 선교사 알렌의 한국 입국을 기원으로 간주하고 있는 것인데,
이보다 앞선 1832년 독일 출신 네덜란드선교회 소속 선교사 귀츨라
프K. F. A. Gutzlaff의 1개월 체류 기록을 감안하면 설득력이 떨어진다.
게다가 알렌은 미국 북장로교의 임명을 받아 한국에 파송된 첫 상주
선교사였지만, 그 직함을 유지한 기간이 3년에 불과했고, 전통적 의
미의 선교 즉 대민 전도를 했다는 근거가 뚜렷하지 않아 논란을 자
아냈다.[20] 이밖에도 그 이전 시기인, 1866년 미국 상선 제너럴셔먼호
와 평안도 용강군민 간 물리적 충돌 과정에서 발생한 영국 선교사
토마스R. J. Thomas 피살, 1874년 이응찬, 백홍준, 서상륜 등이 스코틀
랜드 선교사 로스J. Ross와 함께 한 한글 성서 번역 등 조선과 개신교
선교사의 접점은 곳곳에 존재했다. 또 1879년 1월 백홍준, 이응찬

등 조선인 최초의 수세受洗 및 평안도 의주 등지의 전도 활동,[21] 1884
년 황해도 장연에 서상륜, 서경조 형제가 선교사 도움 없이 최초의
조선인 교회를 조직한 것도 주체적 개신교 수용의 전범으로 평가된
다.[22] 따라서 1884년 전교설은 사학적 실증을 거친 것이라기보다 한
국 개신교를 형성한 미국 개신교 전교가 선교사적 정통성을 지닌다
는 한국 보수 교회의 주관이 개입된 것으로 판단된다.

개신교의 조선 연착륙은 왕실과 미국인 선교사 사이에 각별한 신
뢰로 작용됐다. 이를 가능케 한 두 가지 결정적 사건이 있었는데,
1884년 갑신정변 때 자상刺傷을 입은 수구파 민영익을 응급 치료한
것과, 1895년 을미사변 당시 독살毒殺을 염려한 고종에게 식사를 제
공한 일이다. 조선의 왕과 신료에게 미국인 선교사만은 양심과 인류
애에 입각할 것이라는 믿음을 준 것이다.[23] 하지만 이같은 왕실의 우
호적 태도에도 선교사는 안심하지 못했다. 불과 수 년 전만 해도 천
주교를 가혹하게 탄압한 조선이었고, 당시 군주인 고종은 핍박의 주
체였던 대원군의 아들로서 그의 권력적 지위가 공고하지 않았으며,
이로 인해 대원군 복권 등의 가능성이 상존했기 때문이다. 그래서
선교사는 조정에 개신교의 비정치성 즉 정교 분리 입장을 주지시키
며 천주교회와의 차별성을 각인시켰다.[24] 이같은 선교사의 입장에
힘을 싣는 문건이 있었는데, 1880년 일본 수신사 김홍집이 가져온
주일 청국 공사관 참찬관 황쭌시엔黃遵憲의 「조선책략」이다. 이를 받
아든 고종에게는 "천주교의 횡행은 천하가 다 아는 바인데, 그들이

감히 횡행하는 것은 프랑스가 편들어 주리라 믿기 때문"이라는 천주교에 대한 부정적 평가와, "미국에서 유행하는 것은 곧 야소교耶蘇教로서 천주교와 근원이 같으나 당파가 다르(고) 야소교의 종지宗旨는 일절 정사政事에 간여하지 않으며, 그 교인 중에는 순박하고 선량한 자가 많다"[25]는 개신교에 대한 긍정적 평가가 펼쳐졌다. 황쭌시엔 언급은 자국 이익 즉 조선에 대한 청나라의 정치적 영향력을 유지하면서도, 잠재의 적敵인 러시아의 조선 진출을 무력화할 목적이 담겨 있었다. 이 당시만 해도 미국과 일본은 청나라와 우호적 관계를 형성할 국면으로 청일전쟁은 14년 후의 상황이었다. 황쭌시엔은 또, 미국과 관련해서는 "남의 토지를 탐내지 않고 남의 인민을 탐내지 않는" 나라임을 전제하고, "오직 미국만은 스스로 신의가 있다고 말하고 있으며, 오래 전부터 중국과 그 동쪽 나라 양국이 믿고 따랐다. 미국이 구슬과 비단으로 맹약을 할지언정 병대兵隊와 전차로는 하지 않았기 때문에", "우리를 해칠 뜻이 없을 뿐만 아니라 오히려 우리를 이롭게 하려는 마음에서 오는 것이다. 그런데도 오히려 그들이 자신의 이익을 도모한다고 의심하거나 우리를 해치지 않을까 의혹을 품는 것은 너무나 세상 형편을 모르는 것"[26]이라 묘사했다. 영국, 프랑스, 러시아 등의 서구 열강이 국가 주권 침해를 노골화하는 국면일지라도 미국만은 신뢰해도 된다는 황쭌시엔의 조언은 향후 미국의 본격적 조선 진출에 활력을 실었다.

신구교 전교 과정에서 나타난 조선 국가 권력의 태드는 각각 환대와 탄압으로 천양지차였지만, 민중과의 순탄한 조화를 이루는 것에서만은 일치했다. 전래기에 개신교 전도가 용이했던 배경과 관련해서는, 군사력을 앞세운 외세 앞에 속절없이 휘둘리고, 이러한 국면에서도 낡은 유학의 지배 관념에 물든 관리의 학정이 가중되는 현실을 직시한 조선 민중은 자신의 성명과 재산을 보호할 새로운 힘의 실체를 갈구했고 겸손과 박애의 종교적 외피를 두르며 진출한 미국에 관심을 갖게 된 것이다. 하지만 미국의 본질을 이런 식으로만 투시한 게 아니었다. 서정민은 "한국 개신교를 초기 수용할 때만 하더라도 엘리트 계층은 이 종교를 철저히 (정치) 이데올로기로서 받아들였다"[27]고 했다. 백용기도 "지식인층은 쇠락해 가는 국가의 운명을 바꾸며 독립을 이루고자 하는 희망에서 기독교를 힘의 종교로 받아들였으며, 민중 계층에서는 자신의 생명과 재산을 보호하려는 희망에서 선교사들이 중심이 된 기독교를 힘의 종교로 인식하고 받아들였다"[28]고 했다. 최형묵 역시 "조선의 봉건 사회가 해체되던 혼란과 불안의 시기 민중들은 그 어떤 것이든 자신들을 보호해 줄 수 있는 바람막이를 구하려고 했다. 이때 외교적 특권을 누린 선교사들과 그들이 운영하는 교회나 기관은, 탐관오리의 학정虐政을 막아줄 수 있는 은신처가 됐다"[29]고 했다. 때를 같이 청나라가 국운을 다하고, 일본이 동북아시아에서 군사적 영향력을 확대하며 한반도 진출을 표면화하는 상황이었다. 민경배는 "메시아적 구출의 대망과 유토피아에의 향수 같은 것이 거기에 강하게 작용했던 것"[30]이라고 했다. 조선의 개신교 수용을 "문화적 사대주의"로 규정한 시각에 주목한 윤영해는 "지정학적인 숙명 때문에 강한 쪽에 붙어야 살아남는다는 것을 몸으로 겪은 한국 사람들은 종교도 항상 강대국의 것을 추종하는 것이 체질화됐으며, 개신교의 성공은 그 결과일 뿐이라는 것이다"[31]라고 했다.

　이른 시기에 개신교가 조선에 정착한 데에는 근대적 인적 자원의 발굴과 육성, 고관대작의 치료 및 재활 등 선진 문물의 영향이 컸다. 예컨대 배재학당, 이화학당 설립 등의 교육 사업과, 광혜원, 세브란스 설립 등의 보건 위생 사업이 그러했다. 개항 초기, 모든 양상의 외세를 거부했던 위정척사파마저도, 철학적 주체성을 지키며 서양 문물을 받아들이자는 '동도서기론東道西器論' 등으로 용인했다. 하지만 민족 주체성과 전통 등의 가치는 유교주의적 양반관료제 등의 구습으로 낙인찍혔고, 서구 문물의 수용은 무분별하리만치 전면적이었다. 전인권, 정선태, 이승원은, 유일 이데올로기로서의 성리학과 그것을 떠받치는 신분 제도를 유지하던 "진리의 나라" 조선이, 개항 이후로 "세속의 나라"가 됐다고 주장했다.[32] "세속의 나라"가 됐다 함은, 조선 사회에서 경제력, 군사력 등이 모든 지엄한 질서와 가치에 우월해졌다는 것이다. 교회는 유입된 서구의 경제력·군사력의 지체肢體였고, 이같은 위세는 조선 전도에 활성 기제가 됐다. 교회사가 라토렛K. S. Latourette은 "한국이 이 기간 동안에 경험한 온갖 비운悲運 때문에 받은 정서적 충격이 교회의 급증과 그 확대를 기록하게 된 것"[33]이라고 했다. 그러나 상대를 야만으로 규정하면 타협과 공존이 아니라 계몽과 치리의 대상으로 간주하게 된다. 미국 개신교 선교사에게 조선인이 그랬다. '열등'한 조선인에 대한 선입견은 선교사 언더우드 기도문에서 여실히 드러난다. "지금은 아무 것도 보이지 않습니다. 보이는 것은 고집스럽게 얼룩진 어둠뿐입니다. 어둠과 가난과 인습에 묶여 있는 조선 사람뿐입니다."[34] 미국 개신교인의 편견은 당시 미국 유학 중인 윤치호의 일기에도 고발됐다. "『선교월보 Missionary Monthly』에 실린 조선 관련 부분을 읽었다. 좋은 것은 아무 것도 없었다. 정부는 악질적이고 인민은 가난하며 집들은 초라하기 짝이 없고 길거리는 불결하다는 것이다. 어떤 이는 '조선 사람들은 아시아의 최고 거짓말쟁이들이다'라고 말하는가 하면, 또 어떤 사람들은 '조선의 대신이 되는 것보다 차라리 목매달고 죽겠다'고 말한다."[35] 게다가 몇몇 선교사는 조선 입국의 진정한 의도가 무엇인지 의심받을 만치 이권을 탐했다. 박지동에 따르면, 알렌은 "운산 금광이 미국 금융업자의 손에 넘어간 배후"로 지목됐고, "제물포-서울 간의 철도 부설권"을 획득한 주체이며, "경부선 부설권"의 중개인으로서, "한국 최초의 도시발전소, 최초의 상수도, 최초의 전화 가설, 최초의 현대식 관청 건물 건설에 영향력"을 끼친 인물로 꼽혔다. 또 언더우드는 "석유, 석탄, 농기구 등을 수입"해 팔았으며, 마펫 등은 "압록강 목재를 3천 그루 잘라내 반출하는 데 한국 정부가 세금을 요구하자 이를 불법적"이라고 했다.[36] 그러나 이 시기 선교사의 순기능적 역할이 더 많았다는 점은 진보적 지식인도 인정받는 바다. 함석헌은 "한국에 선교사를 주로 보낸 미국의 프로테스탄트는 그 건국

정신인 민주주의를 앞장세우고 있는 것이다. 쇄국주의를 집어치우고 세계에 대해 나라를 열고, 독립국가가 돼야 한다는 사상, 한글을 쓰고, 새 교육을 하고, 사회에 꽉 박혀 있는 계급적인 풍속, 여러 가지 미신, 이런 것들을 두들겨 부수고 새 문명의 국민이 돼야 한다는 운동이 개신교 영향으로 된 것이다"[37]고 했다. 이만열도 "(선교사에 의해) 개신교에 입교한 사람들 사이에서는 새로운 의식 ─ 아마도 반봉건의식이라 해서 좋을 ─ 이 나타나고 있다"고 말하고, 그 이유로 "첫째, 인신의 자유와 관련해, 인신 구속에 대한 정당한 법 절차를 요구한다는 사실"을 들었다. 그래서 개신교인이 법에 근거한 자기의 권리를 찾을 수 있도록 했다는 것이다. 또한, "둘째로 관에 의한 재산 약탈과 불법적인 세금 징수에 저항하는 사태가 치열하게 야기된다는 사실이다. 이 점에 있어서도 서북지방의 기독교인들이 더 적극적"이라고 말했다. 그러면서 울산 내현면의 지방관 등이 개신교인의 이러한 항거를 동학의 여당餘黨으로 규정하는 경우도 있었다고 전했다. 이같은 흐름은 결국 "사회 개화 운동, 자유 민권 운동과 함께 당시 사회의 소극적인 요소를 지양하려는 반봉건적인, 어쩌면 근대 시민의식으로 간주"[38]할 수 있게 했다.

전래 과정에서 대원군 등 정치 권력과 첨예한 갈등을 빚어 극심한 핍박을 받았지만 민중은 만인 평등주의의 근대성을 각성하며 천주교를 적극 수용했다. 따라서 조선에서의 천주교 전교는 문화교차 현상으로 이해된다. 반면 개신교는, 왕실과 개화파의 극진한 환대와 신뢰를 받았다. 민중의 지지 또한 다르지 않았다. 그러나 이는 미국에서 개신교와 함께 도입된 의료, 교육 등 신문물의 가치가, 진리와 철학, 정신 등 성리학적 구舊질서의 그것을 압도한 데 따른 것으로 분석해야 한다. 또 일본, 러시아, 중국 등 영토적으로 인접한 열강의 침탈이 노골화되고, 따라서 개신교와 등치等値된 미국의 힘이 더욱 절실하던 국면의 특수성도 감안돼야 한다. 이 같이 유물론적 토대로 다져진 개신의 초석이 훗날 대형화와 플량주의의 발원점이 됐음은 당연했다. 요컨대 조선 조정은 미국인 선교사의 개신교에 의존했고, 천주교 박해 트라우마를 잊지 않은 미국인 선교사로서는 조선 조정에 환심을 사며 안착하려던 시기였다. 피차 탐색하는 입장이었다.

일본과 미국 개신교 선교부의
협력과 갈등

미국 개신교 선교부의 조선 전도는 미국의 해외 진출론과 맞물려 있다. 19세기 중반 이후 미국은 대륙에 한정됐던 경제 정책을 아시아 태평양 진출로써 확대하려 했다. 이는 유입되는 이민자와, 심화되는 양극화를 개선할 목적이 개입돼 있었다. 축적된 산업화, 해상 강국으로서의 위상 등은 이같은 전략을 시현할 동력과 기반이었다.[39] 1882년 미국이 조선과 외교 관계를 수립한 것도 이러한 맥락이며 이에 개신교 선교도 편승됐다. 미국 선교 정책을 정치 운동의 확장으로 이해한 앤더슨G. Anderson은 "1890년에 미국이 현재의 영토를 차지했을 때, 미국 이상으로 확대하려는 욕구가 있었다. 미국은 하느님에 의해 선택된 나라이며 또한 역사에 있어서 그 분이 의도하시는 방향대로 끌고나갈 중대한 사명을 지니고 있다고 생각하게 됐다"며, "미국은 서쪽으로 향하는 문명의 중심에 서 있고, 미국의 정치 구도는 탁월하고, 미국의 개신교는 순수하고, 영어는 모든 인류가 배우기 원하는 언어라는 것"[40]이라고 했다. 당시 미국 개신교계도 세계 선교를 미국의 팽창주의 노선과 동일시했던 것으로 분석된다. 미국복음주의연맹American Evangelical Alliance의 총무로 있었던 스트롱J. Strong이 백인 개신교도 집회에서 했던 말은 "우리는 이제 막 전 세계가 새로운 시대로 진입했다고 믿습니다. 이 다가오는 세기 동안 전 세계는 보다 더욱 분명하게 앵글로 색슨의 영향력 아래로 들어올 것입니다. 앵글로 색슨 문명은 인류의 완성을 위해 제기돼 왔던 그 어느 가치관보다 더욱 선진적이어서 이제 이 땅에 하느님의 나라가 이루어지리라는 확신이 점차 가까이 왔음을 체감하는 바입니다"[41]이었다.

미국이 곧 개신교고, 개신교가 곧 선교사로 인식되던 한국 교회는 그런데, 근대적 시민 의식은 물론, 자주 독립 의지를 고취시키는 공간으로 성장해갔다. 이는 한국인이 주도한 것인데, 지각 있는 소수 선교사의 협력도 없지 않았다. 청일, 러일전쟁을 거치며 한국 강점 욕망을 거침없이 펼쳐가던 일본은 그래서, 한국 개신교회 경계에 나섰다. 실제로 일본은 짧은 시간에 교회 수가 크게 늘어난 원인으로 "일본의 압박을 좋지 않게 여기는 사람들은 다 십자가 아래에 모여 십자가 보호 밑에 대대적으로 세력을 양성해 장래 십자군을 일으켜 일본의 세력을 한국으로부터 구축하자고 외치며"[42]라고 분석했다. 단적인 예로 안국선, 이상재, 이원긍, 김린, 유성준 등 상당수 지식인들이 개신교로 개종하고 비관적인 민족 현실을 신앙적 시각으로 조명하며 자주개혁을 고민한 점을 든 변상욱은 이를 한국 개신교 정치 참여사의 기원으로 판단했다.[43] 이후 교회 내 국권 수호 운동 전개 상황을 정리한 이만열 연구를 요약하자면, "장로 길선주가 동의해 양력 11월 제1예배(일인) 4일 감사절 이튿날 밤부터 7일간 교회와 전국을 위해 기도하기로"[44] 제5회 전국장로교공의회에서 결의했다.[45] 을사늑약 발표 직후에는 개신교인인 최재학, 이시영 등이 평양에서 상경해 늑약 철폐를 주장하는 격문을 서울 거리에 뿌렸다.[46] 또다른 개신교인 "김하원, 이기범, 김홍식, 차병수 등"도 "11월 30일에 이천만 동포에게 고하는 글을 종가(종로)에서 전파하고, 운집한 시민들에게 격절한 구국 연설을 했다. 이들 역시 일본 순사, 헌병 10여 인과 충돌했는데, 군중이 합세해 투석投石하자 궁지에 몰린 일(본)군은 헌병의 증파增派를 받아 군중을 해산시키고 연루자 수백 명을 포박해 일군 사령부에 구금"했다.[47] 이로써도 울분을 못 이긴 개신교인은, 1907년 들어 친일인사 박영효 환영 축연에서의 교육학자 정재홍의 자결(6월 30일)[48]과 고종 강제 퇴위에 격분한 경기도 양주의 목사로 추정되는 홍태순의 대한문 앞 자결(7월 22일)[49] 등의 극한적 저항을 이어갔다. 안중근과 뜻을 같이 했던 우연준과,[50] 대한제국 외교 고문이면서도 친일 노선을 명확히 한 스티븐스D. W. Steven를 살해한 장인환,[51] 이완용 암살을 계획하다 붙잡힌 청년 이재명 모두 개신교인이었다. 이재명 재판 기록에는 특히 많은 연루자의 이름이 거론되는데 대부분 그와 같은 20대 개신교 청년이며, 이 중 이학필은 목사였다.[52] 이만열은 "이들의 기독교 신앙 속에는 애국과 민족 의식이 큰 비중을 차지하고 있었으며, 이들의 신앙이 무력 투쟁까지 불사하는 용기를 주었던 것 같아 보인다"[53]고 평가했다. 이처럼 한국 교회가 독립운동의 구심체가 된 이유에 대해 당시 미국 개신교 선교사들은 종교적 동기와 무관했다고 진단했다. 선교사 클라크C. A. Clark, 한국명 곽안련는 "당시로서는 이렇다 할 만한 조직책이 달리 없었고, 오직 교회만은 모이는 장소가 있었으며 또한 단체를 이미 이루어 있었으니 교인들이 솔선해 애국 운동을 일으키지 않는다면 달리는 도리가 없기도 했다. 국가 민족의 장래가 극도의 위기에 처해 있었는데 어찌 모든 것을 희생해서라도 나라를 건지려고 하지 않을 수 있었으랴?"[54]고 했다. 감리교 선교사 샤프C. C. Sharp는 "개신교를 찾는 한국인들 중에는 그 중요 동기가 보호와 힘의 획득인 경우가 많다. 그러나 좀 더 정직한 동기라 볼 수 있는 것"으로 "개신교 국가들이 대개가 강대국인 점을 보고, 그런 고도의 문명과 문화에 끌려 전향하는 것이라 보겠다. 그러나 본래의 개신교와 개신교가 가지게 된 힘, 그것과의 차이를 이들은 알지 못한다. 그래서 영적 이야기를 하면 이들은 교회를 떠나고 만다"[55]고 했다. 또 다른 선교사 불W. F. Bull 역시 "러일전쟁을 겪은 마음의 불안정 때문에 한국인들은 여기저기 무엇을 찾아, 지지와 보호를 받고 싶어 한다. 물론 복음을 채워주고자 바라는 것을 의미하는 것은 아니"[56]라고 했다. 친일노선의 선교사 래드G. T. Ladd는 보다 명징하게 "개신교로 돌아서는 최초 개종자의 절대 다수 목적은, 도덕적이나 정신적인 것이기보다는, 경제적이요, 정치적"이라고 했다. 그러면서 '위장 기독교인'이란 표현까지 동원하더니 "이들이 정치적 목적을 위해서 다만 그 이름을 빌려 쓰고 있다"[57]라고 비난했다.

이같은 냉소적 정서에서 읽혀지듯 한국 개신교인이 결연한 항일 의지를 천명할 때 선교사들은 내내 회의적인 태도를 취했다. 이는 당시 루스벨트Th. Roosevelt 미국 대통령의 강력한 친일 기조와 그 기조에 따른 1905년 가쓰라-태프트 밀약[58]에 영향을 받은 것이다. 이 무렵, 미일 간에 밀담 속에 결정된 한반도의 운명을 전혀 감지하지 못한 대한제국은 1882년 미국과 체결한 수호통상조약 1조 "만일 타국이 일방 정부에 대해 부당하게 또는 억압적으로 행동할 때에는 타방 정부는 그 사건의 통지를 받는 대로 원만한 타결을 가져오도록 주선을 다함으로써 그 우의를 표해야 한다"[59]는 관용적인 조문을 철칙으로 오판하고 루스벨트에게 밀서로 "한미조약에 의해 미국의 지원을 얻을 수 있는데 지금 이 시기야말로 우리들이 가장 지원이 필요하다고 느끼는 시점"이라며 지원을 요청한다. 그리고 묵살 당하는 굴욕을 겪었다.[60] 철저히 본국의 정치 노선과 동기화된 미국 개신교 선교부는 일본의 한반도 강점 이후를 대비하고 있었다. 양낙흥은 "러시아를 견제하기 위해 일본과 협력해야 한다는 미국 정부의 정책과, 미국 정부 외교 방침을 따르라는 미국 선교 본부의 의사를 선교사가 존중할 수밖에 없었다"[61]고 했다. 게다가 선교사는 미개한 한국인이 문명에 깬 일본의 통치를 받는 것이 한국 민족에게 도움이 될 것이라고 믿었다.[62] 그런 의미에서 정교 분리 원칙은 선교지의 정치 현실에 대한 무관심을 합리화하는 구실이었다. 선교사가 주도하는 개신교 연합기관 조선장로교공의회는 대한제국을 상대로 1901년 9월 '교회와 정부 사이에 교제할 몇 가지 조건'을 통해 "우리 목사들은 나라 일과 정부 일과 관원官員 일에 대해 도무지 그 일에 간섭하지 않기를 작정한 것"이고, "대한 백성들이 예수교회에 들어와서 교인이 될지라도 그 전과 같이 백성인데 우리 가르치기를 하느님 말씀 거스름 없이 황제를 충성으로 섬기며 관원을 복종하며 나라 법을 다 순종할 것"이며, "예배당은 교회학당이나 교회 일을 위해 쓸 집이오. 나라 일 의논하는 집은 아니오. 또한 누구든지 교인이 돼서 다른 데 공론하지 못할 나라 일을 목사의 사랑(방)에서 더욱 못할 것이오"[63]라고 약속했다. 이 정서를 이미 파악하고 있던 조선통감 이토 히로부미는 감리교 감독 해리스M. C. Harris에게 "정치상 일체의 사건은 제가 그것을 담당하지만 금후 조선에서 정신적 방면의 계몽 교화"에 대해서는 "바라건대 당신들이 그 책임을 담당해 주시오. 그리 해야만 조선 인민을 유도하는 사업은 비로소 완성될 수 있습니다"[64]라고 말했다. 1912년 선교부 총무 브라운이 일본 정부 관료에게 쓴 편지에는 "선교사들의 일본에 대한 태도는 과연 어떠했을까? 아마 다음과 같은 네 가지 경우로 압축될 수 있을 것이다. 첫째가 저항, 둘째는 무관심한 반응, 셋째는 협력, 그리고 마지막은 바로 충성심", "내가 생각할 때, 네 번째인 충성심이야말로 가장 적절한 것이다. 이것은 예수의 발자취를 따르는 것이다. 예수는 일본보다도 훨씬 고약한 정부에 복종했고, 제자들에게도 충성스럽게 복종하라고 가르쳤다"[65]고 기재됐다. '교회의 탈정치화를 통한 미일 간 협력'은 즉각 현장에서 시현됐다. 선교사 클라크는 "선고사들이나 교회 지도자들은 교회가 정치에 관련을 맺는 것이 아주 위험한 일이라고 생각하고, 교회는 할 수 있는 대로 정치문제와 직접적인 관계를 맺지 않게 하려고 힘썼다"[66]라고 했다.

이런 가운데 미국 개신교 선교부가 1907년 1월 평안남도로부터 대부흥 운동을 시작해 전국으로 확산시켰는데, 이는 미국 북장로교 평양선교회가 '한국 교회(에 대한) 성령 세례'라는 의도를 갖고 조직적으로 전개한 것으로 판단된다.[67] 서울이 아닌 이북 지역에서 발원된 이유는 이러하다. 조선시대부터 관서, 관동 등은 정치, 경제, 사회, 문화 등 모든 분야에서 소외됐는데, 이로 인한 박탈감이 선진 문물에 대한 빠른 흡수력으로 승화됐다. 이것이 신분 이동이 불가능하다고 못 박는 유교적 속박을 제일 먼저 벗게 했고, 중국 등이 인접한 장점까지 살려 새로운 문물을 편견 없이 수용하는 진취적 실용성이 돋보이게 한 것이다. 이 지역에서 상공업이 조기에 정착한 점이나,[68] 서구 종교로서 개신교회가 이른 시기에 정착된 것도 동일한 맥락이라 할 수 있다. 이런 이유로 선교부가 지역민의 개신교 수용 의지 등의 성정性情을 감안해 이북 지역을 대부흥 운동의 발원 지점으로 삼았을 가능성이 높다.[69]

평양대부흥운동 상황은 이렇게 묘사된다.

그들은 자신의 머리를 바닥에 부딪치기도 하고 손을 방바닥에 치기도 하며, 마치 악마가 그들을 찢기라도 하는 듯이 고통 속에 절규했다. 마침내 저항할 아무런 힘도 남아 있지 않게 될 때 그들은 일어나 흐느끼며 자기의 죄를 고백했다.[70]

먼저 격심한 신체적 고통을 겪었으니 회개한 사람들은 손과 머리로 방바닥을 쳤고 그들의 비명과 고함소리는 마치 군대라는 이름의 악마가 그들을 찢는 것 같았다. 그리고는 흐느끼며 그들의 죄악에 찬 더러운 생활을 고백했다.[71]

한 노인은 이렇게 말했다. "나는 관리였습니다. 일본인들의 행위 때문에 내 마음이 굳어 있었지만, 내가 예수께 나아오고 나의 왕이 된 후로는 일본인조차도 사랑할 수 있게 됐습니다."[72]

부흥회의 여파는 교회와 교인 수의 양적 증대로 이어졌다. 이로써 "평양에만 20여 교회가 (새로) 생겨났고 그 중 다섯 교회는 매주일 1,000명 이상 모이는 대형 교회로 발전했다. 1907년 18,000여 명이던 세례교인 수도 1910년에는 39,000여 명으로 2배 이상"[73] 증가했다는 것이다.

교회 성장과 신앙 성숙을 도모한 면에서는 긍정적 요소가 있으나, 타계적 부흥 운동이 내재한 모종의 정치적 의도는 없는지 의심케 된다.[74] 당시는 "헤이그 밀사 사건으로 고종이 (일제의 압박으로) 퇴위하고, 정미7조약으로 행정권이 박탈되고, (대한제국) 군대까지 해산되는 국가적 위난"[75] 시기였다. 하지만 미국 선교사의 불변의 입장은 "하느님께서 정하신 위정자the power that be"에 대한 "순종"이었다.[76] 또한 교회 안에서 시국 현안에 대해 논의하거나 행동을 도모하는 세력과 개인은 축출하는 등 징계를 서슴지 않았다. 대표적 예로 1906년 친일 성향이 농후한 감리교선교부가 "국가의 정치 문제 등에 참여하고 간섭할 뿐 아니라 일제의 정책에 대항하는 것처럼 보이는" 엡윗청년회Epworth League를 해산한[77] 것을 들 수 있다. 결국 선교부가 교회에서 "'불순분자'를 축출하고 정치에 무관한 교회"로 조성하기 위해 "(평양대부흥)운동을 계획, 전개"했다고 볼 수 있다.[78] 때를 같이 해 일본은, 개신교회가 한국 민족주의 운동의 산실이 되고 있지만 여전히 미국 선교사 통제 아래 있다고 판단해 선교부로 하여금 한국 민중이 결집하지 못하도록 협력을 구했다.[79]

이같은 탈脫민족적·타계적 평양대부흥운동의 선교사 사주설은 보수 개신교 사학자의 반발을 사고 있다. 한마디로 말해, 드러난 단면에는 해명 가능할 불가피성이 있었다는 이야기다. 첫째, 민족적 역량이 축적되지 못한 상태에서 한국 교인의 대책 없는 저항을 무작정 방치할 수 없었다는 것이다. 백낙준은 "한인들이 벌써 잃어버린 대의大義를 당장 찾으려고 싸우려 함이 무모함을 알고 있을 뿐만 아니라, 그러다가는 아직 어린 교회가 정치 기관화될 위험성"[80]을 예견했다고 했다. 이와 호응된 "선교사들이 제3국인이고 따라서 을사늑약 등으로 악화된 한일 관계에 곧바로 개입하는 것은 불가능한 사실을 인정해야 한다"[81]는 민경배의 지적은 이제 막 자리 잡는 교회의 근간을 염려한 선교사의 선의를 직시해야 한다는 것이었다.

둘째, 선교사는 친일, 반일 프레임을 넘어 한국 민중의 영적 회복을 우선시했다는 주장이다. 양낙흥은 "선교사들이 병든 국가의 독립을 유지하는 것보다는 인간 실존의 가장 중요한 문제인 개개인의 영혼 구원에 몰두하는 것이 우선된다고 봤기에 그러했다"고 했다. "도둑질, 성적 범죄, 살인, 도박, 미신, 이웃에 대한 증오, 거짓말 등 개인의 죄만을 집중케 함으로써, 일제의 한국 침략과 주권 강탈이라는 사회적 혹은 국제적 불의에 대한 반발을 보이지 않았느냐"는 재반론과 관련해서는 "국제적 불의라는 외부의 죄보다 우선 너 안의 죄 문제를 해결하라. 국가가 아무리 독립을 유지하더라도 너로서는 자기 영혼의 구원을 확보하는 것이 더 시급한 일 아니겠는가?"라고 거듭

이론異論을 제기했다. 그러면서 "다만 이 운동이 장기적으로 민족 의식과 독립 정신 및 일제 침략의 부당성에 대한 인식을 더 강화시켰을 가능성이 있다"[82]고 짐작했다. 박용규도 "당시 국가가 갖고 있는 가장 중요한 기능인 국민 보호 기능을 상실했던 불확실한 상황에서, 북감리교 선교사 존스G. H. Jones의 언급처럼 '백성들이 개신교 신앙의 위안과 위로'를 필요로 했던 것은 사실"[83]이라고 했다.

셋째, 인위성, 즉 선교사가 모종의 정치적 의도를 갖고 평양대부흥운동을 전개했다는 지적이 부당하다는 것이다. 박용규는 "'부흥운동을 마치 (탈정치화를 위해) 인위적으로 조작할 수 있다는 식의 견해'는 부흥 운동이 주권적인 성령의 역사라는 사실을 평가 절하한다"[84]며 '신의 임재와 역사' 외에는 부흥 운동 확산 과정을 설명할 수 없다고 주장했다. 박명수 역시 "부흥 운동 즉 성령 운동이 선교사 몇 사람이 모여 성령 운동을 일으키자고 해서 일어난 것이 아님을 잘 이해하지 못한 데서 나온 말이라고 할 수밖에 없다"며 "1907년의 부흥 운동은 하느님께서 이 민족을 구원하시기 위해 섭리하시고 역사하신 성령의 운동이었고, 이 운동을 통해 한국 교회는 비로소 민족 교회로서의 틀을 잡아나가게 됐고, 여기서 얻은 영력으로써 앞으로 나가야 하는 수단의 가시밭길을 헤쳐 나갈 힘을 비축하게 된 것"[85]이라고 했다.

요컨대 선교사가, 한국 개신교인의 역량 부재를 직시한 가운데,

이들을 위한 과제로 국권에 앞선 자긍심 회복을 우선시했고, 이에 따라 전국적 영적 회복 운동을 도모한 것은 사실이지만, 이는 사람의 기획보다 성령의 인도로 주도됐다는 주장이다. 그러나 이는 입증 불가능할 뿐 아니라, 논리의 맥락에 있어 유추에 기울었고, 더러는 신앙 고백적 관념성마저 엿보이는 것이다. 선교부도 군사력·경제력을 앞세운 일본의 무도한 한국 강점에 대해 문제 인식을 갖고 있었고 국권 탈취 상황에서 힘겨워할 한국민을 위한 목회적 위로가 선행돼야 한다는 판단을 하게 됐다는 주장은, 전술한 바와 같이, 일제와 협력한 선교사의 행적과 충돌된다. 아울러 타계적 신앙을 주입하려던 목회적 의도는 주효했고, 이는 순탄한 일제 강점을 통해 가시화됐다. 서정민은 이와 관련, "사회 현실적 동기가 중심이 되지 않은 많은 사례의 순수한 신앙 체험과 성령 강림 경험에 의한 개종 사례 등이 보고되고 있고, 실제로 교회 공동체의 사회적 기능보다는 신앙 공동체로서의 역할이 뚜렷이 강해지는 현상을 보였다"[86]고 했다. 따라서 사회구조적 긍정 작용 가능성 즉 '(부흥 운동이 계기가 돼) 민족 의식과 독립 정신 및 일제 침략의 부당성에 대한 인식을 더 강화시켰다'거나 '교인이 (시대와 구조로부터의 고통을 이겨낼) 기독교 신앙(적) 위안과 위로(를 얻었다)'는 양낙흥과 존스의 각각의 견해는 다분히 주관적이라는 평가가 가능하다.

평양대부흥운동의 타계적 요소는 훗날 교회의 탈정치화는 물론, 욕망 지향성을 강화하는 근원이 됐다. 초기 선교사는 선교지에서의 영역 갈등을 최소화하기 위해 '네비우스 협정'으로 통칭되는 선교지 분할 협정[87]을 맺었다. 김진호에 따르면, 당시 "미국 선교부에 할당된 영토가 71%"이고, "신자 수는 평안도와 황해도를 포함한 서북 지역이 전체 80%"를 이뤘다. 주목할 지점은 이때 해당 지역에서의 교회가 치외 법권 즉 대피소의 역할을 담당했다는 것인데, 청일전쟁 당시 북진하던 일본군 횡포에 시달린 주민이 1904년 러일전쟁이 발발하자 군사적 폭력을 피해 교회당을 은신처로 삼았고, 당시 미국인 선교사는 인신 보호는 물론 쌀 배급 등의 인도적 후의도 나타냈다고 한다.[88] 서정민은 1907년 이전에 교인은 "선교사들한테 잘보이면 미국 밀가루도 받고 쌀을 받는 경우도 있었"다며, "교회를 잘 이용하면 일본으로부터 나라를 찾을 방도도 있을 것 같고 소위 말하면 목적론적 신앙으로 교회 나오는 사람들이 많았"다고 했다.[89] 선교사는 신앙적 동기와 무관한 채 교회 문턱을 넘는 이들을 물리치지 않았다. 도리어 입구에 십자기 혹은 성조기 등의 표식을 하며 환대했다.[90] 이로써 교회는 '피난처'로서 민중에게 각인됐고, 선교사는 '구원자'라는 인상을 얻었다. 이는 또한 교회, 학교, 병원, 근대식 기관 등 외래 종교 시설이 풍길 수 있는 이질성마저 지우게 함으로써 개신교의 빠른 정착의 동력이 됐다.[91] 그래서 한국인에게 미국과 개신교에 대한 의존도를 더욱 높이는 효과를 낳았다 양면적으로 이런 인식은 한국인 스스로 야만성이 농후해 계몽이 불가피한 열등한 존재임을 느끼게 했다.[92] 한국인의 우호적 미국관은 이렇게 내면화됐고, 국권 상실된 이후인 3·1운동 당시 안창호 등 민족 지사가 행한 미국의 대일 전쟁설 예측과, 유사한 풍문의 배경이 됐다.[93] 그런데 한국 민중이 교회의 독립운동 구심화를 미국 선교사한테 욕망하는 것은 부당하고, 생계 및 구호의 해결처이며 입신양명의 도구로써 기능하기를 바라는 바는 온당하다는 이중 잣대는 모순돼 보인다. 이는 또한, 개신교 신앙을 보상체계로써 오도하게 했다는 비판을 성립케 한다. 최형묵은 "신앙은 구체적인 물질적 보상이 희박한 조건에서는 자기의 피해를 방어하는 수동적 태도로 표현되지만, 물질적 보상이 절박하고 동시에 가능하다고 여겨지는 조건에서는 그것을 손 안에 쥐려는 태도로 표현된다"[94]고 언급했고, 김진호 역시 "'죄의 각성'은 하나의 욕망으로 변환 된다"[95]고 주장했다.

그러나 당시 미국 선교사의 정치 불개입 입장이, 한국에서 대민 접촉을 하며 사역 중인 일반 선교사 특히 지방 활동가에게는 훈시 및 압박되지 않았던 정황도 일부 목격된다. 한 구세군 선교사가 "비참한 한국이여! 빈약하고 자립할 실력이 없고, 나라는 모두가 타국에 의뢰해 불여의不如意한 보호를 받고, 인민은 천길 골짜기에 방황하고 있는 참담한 이 광경은 이게 무슨 일인가? 과거를 후회한들 소용이 없다. 장래는 일심불란一心不亂의 천주를 신뢰해 직업에 힘쓰고 참으로 부강을 양성함으로써 독립의 기초를 공고히 해 국권을 회복하고 자유의 천지에 무한한 복락을 향수하기에 이르기를 바란다"[96]라고 말한 기록이 있다.

한국 개신교와 정치

일제강점 초기, 종교, 즉 미국 개신교 선교부의 국가에 대한 태도는 협력으로 일관됐다. 이 기조는, 고종, 순종 황제의 통치력이 쇠약해지고, 일본 등 다른 나라가 무도하게 독립 국가의 외교권, 행정권, 국방권 등 핵심 주권을 강제 찬탈하는 전대미문의 상황으로 변모해도 불변됐다. 이 국면 즉 일제의 한국 강점 직전 상황은, 로마서 13장을 두고 본회퍼 등이 해석한 복종을 거부해도 되는 '양심에 위배되는 지배 체제'의 시전始展이며, 칼뱅 시대 이후 단계적으로 정립돼 장로교회의 치리治理로써 공인되기까지 한 정당한 저항권이 허용되는 특수한 시기였다. 민족주의 노선의 한국 개신교인의 태세도 무장대응을 공언할 정도로 단호했다. 그러나 미국 선교부는 요지부동이었다. 가쓰라-태프트 밀약으로 대표될 미일 간 제국주의 연대의 영향도 있었겠지만, 그들에게는 전도가 우선이었고 따라서 '장래 지배자' 일본과의 협력은 필수적이었다. 무난한 한반도 강점을 원했던 일제 역시 개신교인이 다수인 한국의 지식인층에까지 지배력이 닿아있는 미국 선교부와의 협력을 우선시했다. 국가와 종교가 정략적 즉 반역적 일치점을 이루면서 일제 강점이라는 역사적 불의는 완성된다. 이런 구도 속에서 근본주의 이념은 한국 교회에서 여과 없이 뿌리내렸고, 나아가 저항과 비판의 싹이 뽑힌 채 발아發芽하고 있었다. 문화교차라는 표현이 무색한, 문화종속의 상황은 민족 지도자급 신자들의 대거 교회 이탈을 야기했으며,[97] 일제 강점 장기화와 신사참배 수용으로 대표되는 극단적 배교를 예고했다.

신사참배 찬반 논란과
교회의 국가관

한반도 진출에 의욕을 보이던 미국은 왜 일본의 한국 병탄을 제지하지 않았을까. 홍규덕은 이를 두고 "미국의 대아시아 무역에서조차" 한국 시장 규모가 "전체 미국 교역량의 0.01%에 불과"해 자본적 매력을 크게 느끼지 못했고, 일본을 견제할 목적이었겠지만 한국이 아관파천 국면에서 러시아와 가깝게 지낸 점에 대해 "(러시아의) 영향력 강화를 불편하게 생각"했으며, 필리핀에서의 지배력과 태평양에서의 영향력을 유지하기 위해 동북아시아에서 급성장하는 일본과 화친하는 게 보다 전략적이라고 판단했고, 일본의 한국 강점이 아시아 태평양 지역에의 안정에 도움이 될 것이라 전망했으며, 일본이 한국을 식민지화하면 캘리포니아로의 황인종 유입 사태를 막을 수 있다는 고려를 했기 때문이라고 분석했다.[98] 미국은 이렇게 자국의 이익에 기초해, 구한말로부터 일제강점 중기까지 일본의 이익에 반하지 않는 입장을 취했다.

이런 와중에 1919년 3·1운동이 발발한다. 천도교의 역할 역시 상당했기에 마땅히 평가해야 하지만[99] 선언문 선포에 참여한 민족대표 33인 중 16명이 개신교인이었다는 점을 두고 볼 때 교회가 3·

1운동에 중심적 역할을 담당했다는 점은 부인할 수 없다. 3·1운동의 동인으로서 105인 사건이 있었다. 이는 일제가 수 차례에 걸쳐 데라우치 마사타케寺內正毅 조선 총독을 암살하기 위해 모의를 했다며 1911년 신민회 윤치호, 양기탁, 이승훈 등 민족 인사 105인을 검거한 일을 일컫는다. 그런데 이 사건은 일본에 저항하는 서북지역 개신교인을 단속하기 위해 공작된 것이었다. 진상이 알려지면서 개신교인의 대일 항쟁 의지는 더욱 고착됐고 3·1운동에서 확인됐다.[100] 조선총독부가 1919년 5월 8일 집계한 운동 관련 기소자의 종교 현황을 보더라도, 1% 불교, 0.1% 유교, 1.8% 천도교에 비해, 개신교는 무려 24.8%로 압도적이었다.[101] 또 "3·1운동 전후로 일제의 대기독교 정책과 기독교인에 대한 탄압적인 자세로 보아서 체포된 기독교인 중에서 상당수는 자의로 자신이 기독교인임을 내세우지 않았을 것"[102]이라는 이만열의 의견을 감안한다면 공식 집계되지 못한 더 많은 수의 개신교인이 있었음을 추정할 수 있다. 3·1운동을 계기로 자행된 일본의 개신교에 대한 보복은 가혹했다. 당해 장로교 총회에 보고된 것만 보더라도 교회당 12동과 장로교 운영 학교 8곳이 파괴됐고, 총에 의해 41명, 매를 맞아 6명이 죽었으며, 체포자 3,804명 가운데 목사, 장로가 134명으로 당시 장로교 목사 장로 1,029명 중 13%에 해당했다.[103] 그러나 여기에는 수법과 규모 양면에서 가장 잔혹했던 경기도 화성 제암리(감리)교회에서의 29명 학살 테러가 포함되지 않았다.

선교사 주도의 평양대부흥운동으로 한국 사회가 상당 부분 탈정치화 됐다고 상황을 안이하게 판단한 일제는 다시 개신교 통제에 나섰다. 한국 민중이 그새 이 운동의 예견치 못한 결과물 즉 회개를 통해 자기애를 자각한데다, "행동이 따르는 믿음"[104]으로 상징되는 희생적 태도를 내재했던 것이다. 3·1운동은 이 '변화된 한국 개신교인'의 실체를 확인케 한 사건이었다.

3·1운동은 또한, 한국 개신교인의 근대성을 자각하게 한 계기였다. 이만열은 "혈통신분제를 극복해 가면서 일제 강점기를 맞은 한국 사회는 서서히 군주·양반 중심의 전제 군주적 구왕조舊王朝 회복을 의미하는 복벽復辟 사상을 극복하게 됐고 '백성이 주인이 되는 정치 제도'인 민주공화정 사상을 수용했는데 그 결정적 계기가 3·1운동"[105]이라고 했다.

그러나 거국적이며 가시적인 저항은 여기까지였다. 강압에 의한 통치에 한계를 느낀 일제는 조선 민중의 저항 의지를 누그러뜨리기 위해, 1920년대부터 기조를 문화 통치로 바꿨기 때문이다. 압박 기조에서 회유책으로 전환한 것이다. 헌병경찰을 보통경찰로 바꾸고, 한국어 신문인 『조선일보』, 『동아일보』 창간을 허용하는 등 언론·출판·결사·집회 등의 기본권을 일부 보장하는 방책을 구사했다.[106] 또한 1930년대 만저우 강점을 계기로 자본가 계급을 포섭하려는 의도를 완연히 했다. 한국인의 개발 참여를 허용한 것이다. 광대한 영

한국 개신교와 정치

토 규모가 상징하듯 성장 가능성이 다분한 시장임을 감안하면 이는 일제가 한국 자본가 계급에게 모반謀反 대신 협력하라는 신호를 보내는 셈이었다. 강제가 아닌 자발적·자생적 친일을 유도한 것이다.[107]

　3·1운동을 계기로 민족주의의 구심이 되어가는 듯했던 개신교회는 시간이 갈수록 무기력해졌다. 이는 3·1운동을 겪으며 많은 수뇌부 인사의 투옥과 망명으로 지도력 공백 현상이 심화됐기 때문이다. 이로써 "민족이 당면하고 있는 현실 문제에 적극적으로 대응해가는 지혜와 용기가" 고갈됐다.[108] 이는 총독부를 적대하던 인사마저 자주독립회의론에 빠져들게 만들었다.[109] 심지어 3·1운동 참여에 후회하고 일제에 협력하는 이들도 없지 않았다.[110] 이후 시기인 1930년대 후반에도 '수양동우회 사건'과 '흥업구락부 사건' 등 개신교인 중심의 저항이 일부에서 산발적으로나마 지속됐지만, 출감한 지도자마저 친일 노선을 택하게 할 정도로 구심 동력이 급격히 위축됐다.[111] 여기에는 미국 선교사의 역할이 컸다. 105인 사건과 3·1운동 국면에서 '정치적 중립'을 이유로 중재 등의 역할을 거절하는 등[112] 일제와 일시적 긴장 관계를 형성하던 선교부는 사이토 마코토齋藤實 총독 부임 이후 다시 긴밀해졌다. 총독 주재 연회에 수시로 초청받아 참석해, 숙원이던 교회당 설립 신고제 전환, 부동산 소유 허용 등의 민원을 해결했다. 선교부는 이에 타계적 신앙 노선을 강화하며 3·1운동 이후 격앙됐던 한국 민족의 감정을 수습하는 역할로써 일제에 보답했다. 하지만 일제는 뒤서어 반反선교사 운동을 부추기는

양동작전도 펼쳤다.[113]

그러다가 1935년 공산주의 인터내셔널Communist International 제7차
대회를 계기로 미국과 소련이 반反파시즘을 명분 삼아 제휴하자 일
제는 소비에트 공산주의와 협력한 미국에 대해 반발한다. 한국 체류
중인 미국 선교부는 입장이 난처했지만 일본과의 갈등을 원치 않았
다.[114] 일례로 1930년대 중반 일제가 선교사 운영 학교에까지 신사참
배를 강요하는 상황에서는 반대 입장 표명 외에는 뚜렷한 대응수를
내놓지 못했다. 한마디로 폐쇄 등의 조치는 모색하지 않았다. 이런
와중에 한국 교인 일부가 선교사에게 학교를 인계하라고 요구하며
각을 세웠다.[115] 주목되는 점은, 이 요구를 했던 교인 중에 자본가 계
급의 친일 인사가 포함됐다는 것이다. 일제는 이전 시기까지만 하더
라도 개신교를 위협적으로 여기며 경계했으나, 일부에서 미국인 선
교사와의 노선 갈등을 빚고 끝내 반목하게 되면서 이런 구도를 역이
용해 교회를 친일, 반공, 반미 사상 확산의 중심축으로 활용하려 했
다.[116] 교회, 학교, 언론 등 개신교계가 주도권을 행사하던 "공적 담론
의 장"은 여전히 유력했기 때문이다.[117] 그래서 "1930년대 후반에 '동
양적 기독교' 수립을 운운하며 서양 기독교 및 선교사 배척 운동을
추진"했다.[118] 또 친일 성향의 교인에게 각 교단과 연합단체로 하여
금, 미국, 영국 선교사와의 관계를 단절하고, 일본 교단과 통합하도
록 독려했다. 1931년부터 한일 개신교 교역자 회합을 주선하고,
1938년이 되어서 이를 전국 조직으로 확대하며, 한일 YMCA, YWCA

를 통합한 것은 그 노력의 일환이었다. 장로교도 1940년 9월 제29회 총회에서 "1. 구미 의존주의로부터 벗어나 순정 일본 기독교의 확립을 기한다. 2. 외국 선교사가 경영하는 교육, 성경 기타 모든 기관을 접수"[119]한다는 등의 결의를 했다.

이 무렵 한국인 개신교 지도자 상당수는 반공주의 사상을 강조한다. 이는 일제와의 협력이 갖는 명분의 결핍을 반공주의로써 은폐하려는 것이 아니냐는 해석을 낳는다. 이들과 더는 노선을 같이 할 수 없다며 항일 즉 민족주의 노선을 택한 교인은 교회를 이탈해 사회주의 그룹에 합류한다.[120] 이들에게 사회주의는 분노의 표적이 된 대상을 물리적으로 공격하면서 축적된 한恨을 분출하는 창구가 됐다.[121] 그래서 개신교회와 교인에 대한 테러가 잇따라 자행되는데, 1925년 지린吉林성에서 4명의 선교사가, 1930년 승동교회 교인이, 1932년 젠다오間島에서 목사 장로였던 형제 신자가 공산 세력의 테러로 살해되는 사건이 대표적이었다.[122] 집회 방해 사례도 있다. 1926년 젠다오와 전북 익산에서 일군의 집단이 나타나 목사 김익두의 부흥회를 방해했고, 경남 함양 전도대회 또한 유사한 단체에 의해 저지됐다.[123] 이에 조선예수연합공의회는 1932년에 사회주의 이데올로기를 공식적으로 정죄했고, 장로교, 감리교와 함께 당시 3대 교단이던 성결교회 핵심 지도자 목사 이명직은 1938년 성서 요한묵시록에서 거론되는 "'붉은 용'이 소련 공산주의라고 주장하면서, 일본, 이탈리아, 독일의 반공 연맹을 지지한다"는 입장을 밝혔다.[124] 장로교 목사 길선주

역시 공산주의를 "말세의 징조" 또는 "사탄"으로 규정했다.[125] 친일 개신교인의 반공 논평도 잇따랐는데 그간 자제되던 '개신교 선교의 은인' 미국에 대한 반대 메시지까지 표출됐다. 이름에서 개신교인임이 추정되는 형제지간의 요섭, 요한이라는 저자는 "이날에 / 영미의 세대가 끝나고 / 아세아의 세대가 시작되니라 / 오직 이렇게 그대는 써라 / 역사가야"라는 시를 썼고, 유학 시절 인종 차별을 당해 극도의 굴욕감에 시달렸던 감리교인 윤치호도 일기에서 "수세기 동안 유색인종에게 복속과 치욕을 준 너희들의 뽐내던 과학과 발견, 그리고 발명을 가지고 지옥으로 가라"며 미국을 맹비난한 바 있었다.[126]

　물론 개신교와 사회주의를 상극으로 보는 시각만 있었던 것은 아니다. 양자가 상호 간 보완될 여지가 있으며 동질성 찾기마저 가능하다고 본 여운형과 이동휘 등의 인식이 그러하다.[127] 이들 외에 안창호와 손정도 역시 "기독교 민족주의 입장을 취하면서도 사회주의에 대해 '열린' 자세로 대화와 협력"할 것을 주문했다.[128] 대화의 수준을 넘어 사상적 결합을 도모한 선례도 있었는데 프랑스 혁명을 지켜 본 영국 변호사 러들로우J. M. Ludlow가 1848년 4월 "사회주의의 기독교화Christianization of socialism"를 주창한 것이 대표적이다.[129] 이 사조는 1925년 일본 사회운동가인 목사 가가와 도요히코賀川豊彦에 의해 "마르크스주의 유물사관과 구별되는 생명 가치·노동 가치·인격 가치의 유물적 도덕사관과, 근대의 상품주의와 기계적 노예 제도에 맞서는 '愛의 사회주의'"로 동북아시아에 수용됐고,[130] 한국에서는 기독교농촌연구회를 이끌던 배민수 등이 "그리스도의 정신대로 물질을 통제해 모든 사람이 일용할 양식을 균등히 나누며 표준적인 경제 생활을 하는 기독교 사회주의적인 상호부조의 사회"를 주창하는 사상적 배경이 됐다.[131]

알렌 입국 50년을 즈음해 한국 개신교회 안에는, 반미를 노골화했던 친일 개신교와는 별개로, 서구 선교사로부터의 신학적 구조적 독립을 도모하는 흐름이 있었다. 한국적 토착 신앙으로서의 개신교를 정립하기 위한 김교신, 최태용, 이용도, 유영모를 위시하는 1920~1930년대 민족 교회 신앙 운동이 대표적이다. 이중 일본 사상가 우치무라 간조內村鑑三 등에게서 영향을 받아 정립한 김교신의 무교회 운동은, 심일섭 표현대로 "조선 교회의 모교회가 있는 미국, 교회주의의 조국인 미주의 장로교나 감리교인이 되기보다는 선한 조선인이 되기"[132]를 지향했다. 최태용은 "조선 교회를 거지와 같이 취급했다"며 한층 더 노골적으로 외국 선교사에 반기를 들며 1935년 최초의 토착교단 기독교조선복음교회를 창립했다.[133] 하지만 그의 노력은 일제 말 친일 행적으로 인해 퇴색됐다.[134] 3년의 목회 활동에 33세로 생을 마감한 신비주의 영성가 이용도는, 그 자신도 3·1운동 참여 이력이 있었지만, "항일 운동, 노동 쟁의, 소작 쟁의"로 사회가 소용돌이 속에 휘말리는 와중에 지식인과 언론, 교회가 제자리를 찾지 못하는 절망의 현실을 성령 운동으로 극복하려 했다.[135] 그러나 남궁혁은 당시 『기독신보』를 통해 "그의 영적 운동은 일종의 신비주의로서 종교 생활의 객관적 규범을 무시"[136]한다고 비판했다. 후대의 평가도 부정적인데, 변선환에 따르면, "망아적 황홀 속에서 십자가의 고난의 현실을 도피하는 낭만주의적 감상주의"에 몰입해 "부조리의 현실을 구조적으로 개혁하고 변혁하려는" 과제를 외면했다.[137] 이용도는 1933년 제22회 장로회 총회에서 이단으로 정죄됐다. '이용도 현상'은 박봉배의 견해처럼 3·1운동으로도 세상이 바뀌지 않는다는 점에서 교인으로 하여금 "타계주의적 신앙에로 줄달음치게" 만든 현실의 단면으로 풀이된다.[138] 다석 유영모는 "성경을 가장 귀하게 여기며 예수를 기초로 하고 있으나 유, 불, 도 어느 하나도 소홀함"이 결여되지 않았고, "인도의 무공無空 사상, 유교의 효孝의 실천, 톨스토이L. N. Tolstoy의 비전통 신앙, 간디M. K. Gandhi의 금욕주의, 노장老莊의 태허太虛 우주관"을 충실히 헤아렸다.[139] 그는 "서양인들은 무無를 모른다. 그들은 유有를 가지고 제법 효과를 보는 것 같지만 원대한 것을 모른다"[140]며 문물을 앞세워 세계 패권을 장악하려던 서구 세계와 존재론에 경도된 서구 종교의 지향점을 질타했다. 이처럼 서구의 기독교를 주체적으로 수용하는 시도가 없지 않았으나 대중적 관념으로 승화되지는 못했다.

조선의 주체적 개신교 수용은 이후 한국형 개신교 신학의 뿌리가 된다. 제도화된 교회가 그리스도교 신앙을 오도한다고 비판한 스승 간조에게 영향을 받은 김교신은 '조선산 기독교'를 내세우며 2차 수용 즉 서구를 거친 것이 아닌, 성서에서 직접 수용하는 한국 개신교

를 표방했다. 선교사가 일러준 교회 시스템을 거부한 것도 이 때문
이다.[141] 구조면에서 서구를 배격한 김교신과 달리, 유영모는 우리의
얼과 정서를 토대로 둔 기독교를 수용하자는 입장이었다. 유학에 관
심이 많던 그는 지인의 인도로 교회에 나갔으나 과도하고 엄숙한 형
식적 제도와 감동과 사랑이 배제된 권위적 교리에 절망하고 스스로
'비정통' 교인이 되겠다고 다짐했다. 그러면서 유교와 불교 사상으
로 내재된 한국의 정서와 기독교가 어떻게 조화를 이룰 수 있을까
고민하기 시작했다. 당시는 조선의 전통과 역사가 구태와 구습으로
매도하던 서구의 우월적 사상이 맹위를 떨치던 때다. 그리고 "등잔
의 모양은 달라도 그 불빛은 같다"는 비유처럼 종교다원주의로 결론
내린다.[142] 국권 상실기를 거치며 민중 전반에 열패 의식이 확산되던
시기에 이같은 주체적 개신교 수용의 기치는 포로기에 모세5경 저
작 등을 통해 민족적 자긍심을 키우려고 했던 이스라엘을 보는 듯하
다. 이들의 신학적 지론이 후대 한국 개신교회의 주류적 입장이 되
기는 어려웠으나 사상에 기반한 문화교차적 고민은 토착신학, 민중
신학의 사상적 뿌리를 형성케 했다.

한편 경제 위기, 농촌 황폐, 공산주의 사상 만연 등의 혼란상 속
에서 1936년 2월 26일 육군 청년 장교들이 군부 쿠데타를 일으키며
일본은 파쇼 체제를 형성한다.[143] 이는 강점 상태의 한국에 대한 문화
통치 및 자본 참여 허용 등의 유화적 기조를 일소하는 계기가 된다.
이같은 철권통치로의 전환은, 권고 사항에 그쳤던 국가 신도 즉 신

사참배를 강요하는 것에서도 잘 드러난다. 개신교계 안에서는 신사참배의 십계명 중 1계명[144] 위반 여부를 놓고 격렬한 토론이 전개됐다. 명백한 우상숭배라는 시각과, 신사참배가 국가 의례일 뿐이라는 입장이 맞섰던 것이다. 우상숭배로 보는 견해에는 훗날 순교한 50여 명의 교인과 투옥된 2,000여 명의 보수주의 노선 신앙인이 중심축을 이뤘다. 이들은 성경의 전통적 권위를 믿는 부류였다.[145] 하지만 나머지 중 다수는 국가의례로 봐야 한다는 입장으로, "신사는 종교가 아니요. 신사참배는 애국적 국가 의식임을 자각"[146]했다고 밝힌 1938년 제27회 조선예수교장로교총회는 결의안과, 이같은 입장에 보조를 같이한 감리교, 성결교 등의 입장이 대표적이다. 그러나 국가 신도는 메이지 유신 이래 일본의 국가 종교로서, 1925년 서울 남산 등에 설치된 조선신궁에는 일본의 건국신 아마테라스 오미카미天照大御神와 메이지 일본 왕明治天皇의 신위가 있었다.[147] 게다가 "초혼"이나 "위령", "제사" 등의 용어가 거침없이 쓰이는 점도 명징한 종교성을 입증하는 것이다.[148] 이같은 본질과 연원에도 불구하고 단지 국가 의식에 불과하다는 주장은 설득력이 약하다. 그럼에도 불구하고 신사참배에 타협한 주요 개신교단은 1930년대 말부터 신사참배는 물론, 일제의 침략 전쟁 하수인 역을 자임한다. '국민정신총동원기독교연맹'이라는 전쟁 지원 기구를 결성해 교인으로 하여금 침략 전쟁 참여를 종용하고, 쇠붙이를 공출한다는 명목으로 교회 종을 떼어다 바치는가 하면 애국기機라는 이름의 전투기를 교회 이름으로 헌납하기 위한 모금 등도 펼쳤다.[149] 또 1940년 '장로회 지도 요체'를 발표

한국 개신교와 정치

한 장로교단은 일본적 기독교화를 표방하며 예전禮典에도 일본 국가주의 개입을 허용했는데, "전부가 삭제된 찬송가는 '예수의 이름 권세여'라든가, '내 주는 강한 성이요' 등 12장이었고, 부분 삭제는 '천하만국 백성이 주께 찬미합니다' 등 총 9장의 12구절이었으며, 자구 수정은 '십자가 군병'을 '십자가 일꾼', '망할 세상'을 '모든 죄로', 그리고 '만왕'은 전부 삭제하거나 '주'로 수정"하도록 했다.[150] 또한 교리 중 종말론의 핵심인 "재림론을 부정하고, 1944년에 이르러서는 '유대사상 배제', '순복음으로서의 교의敎義 선포'를 표방하면서, (이스라엘 민족 정체성을 고취시키는) 구약성서와 (종말론 사상을 담지하고 있는) 신약 묵시록의 사용 금지, 4복음서 중심만의 교의 선포"를 압박했다.[151] 일제의 강제에 의한 것이라고는 하나, 해방 보름 전인 1945년 8월 1일, 장로교, 감리교, 성결교 등 전 교단이 '일본기독교 조선교단'으로 통폐합한 사례도 기록으로 남아있다. 천주교 역시 일제와의 협력 기조를 유지했다. 강인철 연구에 따르면 천주교 역시 "일제 말기 전시 체제 하에서 '국민정신총동원' 및 '국민총력운동' 관련 조직의 결성 및 활동, 청년 신자들의 참전 독려와 출영 환송 행사, 황군 위문, 황군의 무운장구를 기원하는 미사, 전사자에 대한 위령 미사, 국방 헌금과 병기 헌납 운동, 시국 강연회와 시국 기도회, 조선종교전시보국회 참여, 일본어 교육 등"으로 조력했다.[152]

일제 강점기 개신교사를 두고 사가史家의 평가가 '수난' 또는 '배교'로 크게 엇갈리는데 이와 관련해 "이 시기 한국기독교의 시대적 특성의 중심을 순교와 수난의 시기로 규정하는데, 물론 그것은 하나의 대표적 특징으로 볼 때는 틀림이 없다. (그러나) 역사적 실상을 들여다보면, 극소수의 순교와 수난, 일정 비율 크리스천들의 적극적 회피와 반대 표현, 그리고 대다수 기독교인들의 현실적 순응, 그리고 상당한 비율의 크리스천들이 보인 적극적 변절이 그 분포의 대강"이라고 말한 서정민은 "내적으로 체험해야 했던 여러 고통과 시대적 아픔은 인정하지만 역사적 현상으로는 다수의 순응, 소수의 저항, 다수의 가해자와 소수의 피해자"[153]라는 실존으로서의 역사를 부인할 수 없다고 평가한다. 반면 민경배는 "역사를 돌아보면서 이 시대의 교회를 나무랄 사람들이 있다고 본다. 그런 교회는 훌륭하게 그 시대에 할 수 있었던 일을 최선을 다해서 했다고 보아야 옳다. 망명과 지하로 숨어버린 교인의 경건이 찬양되면서 아울러, 그래도 모두 아픈 교회의 상처를 버리지 않고 한 세대가 허락할 수 있는 한도 안에서 교회를 맡아 나간 용기와 책무감의 교인들 그 자세를 긍정적으로 바라보지 않을 수 없다. 교단의 운영을 맡았던 이들이나 폐쇄된 평양신학교의 재건, 혹은 서울의 조선신학교 설립을 서둘렀던 분들은 다 그들대로 심각한 형극荊棘의 길을 걸었던 사람들"[154]이라며 저항과 굴종으로 갈린 한국 개신교지만 불의에 대한 저항과 교회 존속의 도모 면에서 각기 가치와 의미가 있다고 주장했다. 전쟁에 몰두하던 일제는 1945년 8월 15일 히로히토의 항복 선언으로 패망했다. 자력에 의한 독립이 아닌 터라 곧바로 남한은 미군 점령 하에 놓인다.

당시 개신교인 대다수는 선교사가 알려준 획일적이고 단선적인 정교 분리 원리 외에, 유구한 교회사적 논의로 진전됐으며 심화된 '국가와 종교' 관계에 관한 신학적 성찰 기회를 얻지 못했다.[155] 일제에 동조하는 것이 신의 뜻에 부합하는 것이라는 점만을 신자 대중에게 주입한 미국 선교사는 역설적이게도 신사참배 거부라는 명징한 반역을 하다가 일제에 의해 추방당했다. 이같은 모순적 상황을 바라본 한국 교인의 심사는 어땠을까. 혹시 '국권 상실도 감수하고 정교 분리를 수용한 마당 아닌가. 국가인 일제가, 종교가 아닌 국가 의식이라며 참여를 호소하는데 이를 거역할 명분이 있겠는가' 하는 소극적 인식은 아니었을까. 그렇지 않다면, 바울로의 권고로마서 13장보다 더 엄중할 하느님의 명령십계명 제1계명을 위배할 국면임에도, 한국에 개신교를 전파해준 선교사가 축출되는 상황임에도 침묵했던 태도는 후대에 납득되기 힘든 것이다. 또한 민족주의 인사에 의해 자발적으로 시작된 국권 수호 및 독립 운동에 회의懷疑하고, 총알로 만들어 쓰라며 교회 종을 헌납하는 등 침략 전쟁에 협력하며, 끝내 신사참배로써 배교까지 수용한 행태는, 정교 분리 원칙과 무관하고, 정교 합치 시대의 폐단보다 더 퇴행적이라는 비판이 유효하다. 더 큰 문제는, 일제 패망 이후 다른 외세 즉 미국 등 연합국에 의한 해방으로 인해 한국 개신교 차원의 일제 강점기 비신앙 반민족적 행보에 대한 반성과, 국가와 교회의 바른 관계를 정립하기 위한 성찰의 기회가 모두 사라졌다는 점이다.

1   최석우, 「박해 시대 천주교 신자들의 국가관과 서양관」, 『교회사연구』 제13집, 1998.7, 17쪽.

2   심일섭, 『한국 민족운동과 기독교수용사고』, 아세아문화사, 1982, 44쪽.

3   김용옥, 『요한복음 강해』, 통나무, 2014, 26~27쪽.

4   변기영, 「한국천주교회 창립 연도에 관한 제 학설 개관」, 『이달의 천진암』 제11호, 1994.5.5 참조

5   정병준, 「해방 이전 교회 국가 관계의 구조적 변화 연구」, 『선교와 신학』 제23집, 2009.2, 218쪽.

6   최석우, 앞의 글, 17쪽.

7   『순조실록』 권2, 「순조원년 정월 丁亥條; 백도근, 「조선유학자들의 타 종교관 연구」, 『철학논총』 제
    78집, 2014.10, 95쪽에서 재인용.

8   『논어』 「위령공(衛靈公)」 8.

9   삼종지도는 삼종지례와 같은 뜻으로 여성이 지켜야 할 세 가지 도를 가리키는데, 어려서는 부친을,
    나이 들어 부군을, 늙게 되면 자식을 따르라는 뜻이다. 칠거지악은 아내를 쫓아낼 수 있는 일곱 가지
    죄악으로 시부모에 대한 불경, 불임, 음란, 시기, 질병, 수다, 절도 등이다.

10 김득수, 「공자의 여성관」, 『여성연구논총』 제12집, 2013.2, 82~83쪽 참고

11 심일섭, 앞의 책, 112쪽.

12 "當得海舶數百소 精兵五六萬 多載大砲等利害之兵器 兼帶能文解事之中士三四人 直扺海濱 致書國王曰
    吾等卽西洋傳教舶也 非爲子女玉帛而來 受命于教宗 要救此一方生靈 貴國肯容一介傳教之士 則吾無多求
    必不放一丸一矢 必不動一塵一草 永結和好 鼓舞而去 당不納天主之使 則當奉行主罰 死不旋踵 王欲納一人
    而免全國之罰乎 抑欲喪全國 而不納一人乎 王請擇之 天主聖教 以忠孝慈愛爲工務 通國欽崇 則實王國無疆
    之福 吾無利焉 王請勿疑"
    "만일 할 수 있다면 군함 수백 척과 정예군 5,6만 명을 얻어 대포 등 날카로운 무기를 많이 싣고, 글을
    잘하고 사리에도 밝은 중국 선비 3, 4명을 데리고 곧바로 해안에 이르러 국왕에게 서한을 보내되 "우
    리는 서양의 전교하는 배입니다. 여자와 재물을 탐내어 온 것이 아니고 교황의 명령을 받고 이 지역
    의 살아있는 영혼을 구원하려고 온 것입니다. 귀국에서 한 사람의 선교사를 기꺼이 받아들이신다면
    우리는 이상 더 많은 것을 요구할 것도 없고, 절대로 대포 한 방이나 화살 하나도 쏘지 않으며 티끌 하
    나 풀 한 포기 건드리지 않을 뿐만 아니라, 영원한 우호 조약을 체결하고는 북 치고 춤추며 떠나갈 것
    입니다. 그러나 만약 천주의 사신을 받아들이지 않는다면 반드시 천주의 벌을 집행하고 죽어도 발길
    을 돌리지 않을 것입니다. 왕은 한 사람을 받아들여 나라의 벌을 면하게 하시려는지, 아니면 나라를
    잃더라도 그 한 사람을 받아들이지 않으시려는지, 그중 어느 하나를 택하시기 바랍니다. 천주 성교는
    충효에 가장 힘쓰고 있으므로, 온 나라가 봉행하면 실로 왕국에 한없는 복이 올 것입니다. 우리에게
    는 아무런 이익도 돌아오지 않습니다. 왕께서는 부디 의심치 마십시오"라고 하시기 바랍니다.
    『황사영백서』, 천주교원주교구 배론성지, http://goo.gl/FIY7Ky

13 "愚鹵賤人 婦女孩童 約 計之 尙不下數千"
    『황사영백서』, 천주교원주교구 배론성지, http://goo.gl/FIY7Ky

14 "而婦女居其二"
    『황사영백서』, 천주교원주교구 배론성지, http://goo.gl/FIY7Ky

15 정해은, 「[왜?] 조선 후기 여성들은 왜 천주교에 끌렸는가?」, 『내일을 여는 역사』 제12호, 2003.6,
    174~176쪽.

16 전종익, 「정조시대 천주교 전래와 평등」, 『법사학연구』 제40호, 2009.10, 127쪽.

17 민경배, 『한국기독교회사』, 연세대 출판부, 2006, 117쪽.

18 「음청사(陰晴史)」, 『한국자료총서』 제6권(상), 55~58쪽; 심일섭, 『한국 민족운동과 기독교수용사
    고』, 아세아문화사, 1982, 111쪽 참조.

19 김칠성은 "1982년부터 한국기독교100주년기념사업협의회 기록담당 사무국장으로 활동한 장로 김

경래에 의하면, 당시에 세 가지 입장, 첫째, 소래교회 설립(1883년), 둘째, 알렌 입국(1884년), 셋째, 아펜젤러, 언더우드(1885년)을 두고 논의가 있었는데, 이 중 1883년이 시기적으로 가장 빨랐지만, '소래교회의 시작에 대한 명확한 근거가 없었고 또한 교회로서 가장 중요한 예배와 성례가 있었다는 근거가 희박하기 때문에 받아들여지지 않았다'고 한다. 이런 와중에 대한예수교장로회 통합 목사 박치순이 1934년에 작성된 '한국선교50주년기념순서지'를 가지고 온 것이 결정적 계기가 돼, 1884년을 한국 개신교의 원년으로 결정했다고 한다. 그런데 공식적인 행사자료집에는 그 역사적 기원에 대한 논의 과정과 결과에 대한 자세한 기록이 없다. 이것은 아마도 이러한 논의에 교회사가나 선교역사가들이 참여하지 않고, 주로 교단을 대표하는 도회자들이 주도한 결과로 보여 지기도 한다"고 했다. 김칠성, 「한국개신교 선교역사의 시작은 언제인가?」, 『한국교회사학회지』 제38권, 2014, 205쪽.

20   위의 글, 202쪽 참조

21   이만열, 「'로스역 성경' 간행과 한국 초대교회」, 『'로스역 성경' 간행과 한국 초대교회』(존 로스 선교사 한글성경 출간 130주년 기념강연집), 2012.5 2쪽.

22   서상륜과 서경조는, 알렌 입국 직전해인 1884년에 번역한 성경을 갖고 황해도 장연군 송천에 와서 소래교회를 세웠는데, 언더우드가 1887년 9월에 찾아와 상당히 놀라워했다. 아펜젤러, 게일, 마펫(S. A. Moffet), 맥켄지(J. N. Mackenzie) 등 해외 선교사는 이곳에서 조선의 풍속과 어학훈련을 받기도 했다. 박은배, 『하나님의 호흡』, 새로운사람들, 2009, 47쪽.

23   한규원, 『개화기 한국 기독교 민족교육의 연구』 국학자료원, 1997, 48~49쪽 참조

24   정병준, 「해방 이전 교회 국가 관계의 구조적 변화 연구」, 『선교와 신학』 제23집, 2009.2, 223쪽.

25   황준헌, 김승일 편역, 『조선책략』, 범우사, 2007 85~86쪽.

26   위의 책, 82쪽.

27   서정민, 「한국기독교의 현상(現狀)에 대한 역사적 검토」, 『한국기독교와 역사』 제31호, 2009.9, 263쪽.

28   백용기, 「해방과 한국의 정치적 개신교」, 『신학논단』 제69집, 2012.9, 140쪽.

29   최형묵, 「한국 기독교의 보수화, 힘을 향한 부적절한 동경」, 『무례한 자들의 크리스마스』, 평사리, 2007, 72쪽.

30   민경배, 『한국 기독교회사』, 연세대 출판부, 2007, 247쪽.

31   윤영해, 「한국 기독교와 불교의 성공과 실패」, 『불교문화연구』 제7집, 2006, 212쪽.

32   전인권·정선태·이승원, 『대한민국 기원의 시공간 – 1898, 문명의 전환』, 이학사, 2011, 45쪽.

33   K. S. Latourette, *Christianity in a Revolutionary Age*, Vol. III, London, 1961, p.448; 이상훈, 「구한말 美 개신교 선교사들의 對韓 인식」, 『정신문화연구』 제27권 2호, 2004 여름, 138쪽에서 재인용.

34   언더우드, '뵈지 않는 조선의 마음', 1885.
언더우드의 입국 전 한국에 대한 인상을 담은 언더우드 부인의 진술이 있다. "한국은 꼬레(Coree)라는 이름을 가진, 중국 근처의 한 섬으로, 오래 전에 예수회 선교사들이 들어가려 했다가 붙잡혀서 모진 고문을 받고 죽임을 당했던 나라라고만 알려져 있었다. 또한 그 민족도 반은 야만인이고, 반은 동물과 같은 인종으로 이뤄진 사나운 종족으로 여겨지고 있었다."
언더우드(L. H. Underwood), 이만열 역, 『언더우드』, 한국기독학생회 출판부, 2015, 46쪽.

35   윤치호, 박정신 역, 『윤치호 일기』, 연세대 출판부, 2003, 9쪽.

36   해링튼(Harrington, F. H.), 이광린 역, 『개화기의 한미관계 – 알렌 박사의 활동을 중심으로』, 일조각, 1974, 111~118쪽, 151~174쪽; 박지동, 『한국언론실증사』 1, 아침, 2007, 458쪽.

37   함석헌, 『뜻으로 본 한국역사』, 한길사, 2012, 379~390쪽.

38   이만열·손봉호·김진홍·홍정길, 「복음으로 상황을 바라본 4인의 시선」, 『복음과상황』 특별호, 2011.6, 78~81쪽.

39   홍규덕은 "미국의 팽창정책을 이해하기 위해서는 유럽에서 시작된 산업혁명의 여파를 먼저 살펴봐야 한다. 유럽의 산업혁명은 현대적 자본주의의 등장과 함께 중산층의 확대를 초래했고, 그 결과 평민들의 정치 참여는 점차 활발해졌다. 많은 수가 유럽에서 미국으로 이동하기 시작했고 1820~1840

년 사이 약 70만 명에 이르던 이민의 수는 1840~1860년 사이에 420만 명으로 대폭 확대되게"(9쪽) 됐다며, 이 유입자가 북동부에 집중되고, 경제력마저 편중되면서, 남부는 박탈감을 느끼게 됐고, 이는 남북전쟁의 원인이 됐다.(10쪽) 한편 링컨은 법률가 시워드(W. H. Sewar)를 국무장관에 임명했는데 "그는 링컨과 함께 '산업 미국(Industrializing corporate America)'의 미래비전을 세우고" 아시아 태평양 진출 전략을 구상했다. 주목할 부분은 "영국이나 유럽열강처럼 식민지를 갖는 것은 정치적 부담이 따른다고 믿고 있었으며, 따라서 자유무역 원칙에 입각, 효율적인 시장 접근을 통해 영향력을 행사하는 '비공식적인 제국(Informal empire)'을 건설해야 한다고 주장"했고, "이러한 전략은 향후 80년간 미국의 대아시아 외교의 중심축으로 자리잡았다."(12쪽)

홍규덕, 「구한말 미국의 대조선 정책─역사적 교훈과 정책적 함의」, 『국제관계연구』 제12호(2), 2007.9, 9~12쪽. 이 중 '비공식적인 제국' 언급 부분에는 Robert D. Schulzinger, *American Diplomacy in the Twentieth Century*, Oxford : Oxford University Press, 1994, p.21 인용처리가 있었음.

40 Anderson, Gerald H., "American Protestants in Pursuit of Mission : 1886~1986", in *Bulletin of Missionary Research*, Vol 12, 1988; Smylie, John Edwin, "National Ethos and the Church", *Theology Today* 20, no.3, 1963.10, p.314; 최대광, 「기독교 근본주의의 정의와 미국과 한국의 기독교 근본주의」, 『기독교사상』 제620호, 2010.8, 40쪽에서 재인용.

41 Robert T. Handy, *A History of the Churches in the United States and Canada*, , Oxford University Press, 1977, p. 279; 이상훈, 「구한말 미 개신교 선교사들의 對韓 인식」, 『정신문화연구』 제27권 2호, 2004 여름, 134쪽에서 재인용.

42 「六. 顧問警察事故報告, (7) 耶蘇敎會立會의 件」, 『주한일본공사관기록』 24권, 1905.9.7, 국사편찬위원회 국사데이터베이스 참조.

43 변상욱, 「정치판에 몰리는 지도자들, 그 실상과 허상」, 『기독교사상』 제541호, 2004.1, 36쪽.

44 곽안련(郭安連, Chas. Allen Clark), 『長老敎會史典彙集』, 朝鮮耶蘇敎書會, 1932, 248쪽.

45 이만열, 『한국 기독교와 민족 의식』, 지식산업사, 1991, 287쪽.

46 정교, 『대한계년사』(하), 국사편찬위원회, 1957, 187쪽; 박은식, 『한국통사』 3편, 1946, 삼호각, 97쪽; 이만열, 「한말 기독교인의 민족 의식 형성과정」, 『한국사론』 제1권, 1973.1, 394~395쪽.

47 위의 책, 395쪽.

48 위의 책.

49 위의 책.

50 위의 책, 396쪽.

51 위의 책.

52 위의 책, 396~397쪽.

53 위의 책, 397쪽.

54 클라크(A. Clark), 심재원 역, 『한국교회사』, 대한기독교서회, 1961, 112~113쪽.

55 C. C. Sharp, "Motives of Looking for Christ", *K.M.F.* vol.2, No.10, 1906.8, p. 182; 김현수, 「구한말 미 선교사 활동의 정치적 의미」, 『동양학』 제31권, 2001, 10쪽에서 재인용.

56 W. F. Bull, *Era of Great Things of Korea*, The Missionary, 1905, p. 455; 김현수, 「구한말 미 선교사 활동의 정치적 의미」, 『동양학』 제31권, 2001, 10쪽에서 재인용.

57 G. T. Ladd, *In Korea with Marquis Ito, Charles Scribner's Sons*, 1908, p.385; 김현수, 「구한말 미 선교사 활동의 정치적 의미」, 『동양학』 제31권, 2001, 10~11쪽에서 재인용.

58 미국 육군 장관 윌리엄 하워드 태프트(William Howard Taft)와 일본 제국 내각총리대신 가쓰라 다로(桂太郎) 간 맺은 미국의 필리핀 지배 및 일본의 대한제국 지배를 상호 승인하는 밀약으로 1905년 7월 29일 체결됐다.

59 『舊韓末條約彙纂』 中卷, 295쪽; 김용덕, 『신한국사의 탐구』, 범우사, 1992, 218쪽에서 재인용.

60 김용덕, 『신한국사의 탐구』, 범우사, 1992, 218~219쪽.

61 양낙흥, 『한국장로교회사』, 생명의말씀사, 2008, 157쪽.

62 이만열, 『한국 기독교와 민족 의식』, 지식산업사, 1991, 475쪽.

63 강돈구, 「한국 기독교는 민족주의적이었나」, 『역사비평』, 1994 겨울, 325쪽에서 재인용.

64 니카라이 기요시(牛井淸), 『朝鮮の統治と基督敎』, 조선총독부 학무국, 1921, 6쪽; 김승태·양현혜, 「한말 일제침략기 일제와 선교사의 관계에 대한 연구(1894~1910)」, 『한국기독교와 역사』 제6호, 1997.2, 79쪽에서 재인용.
    일본은 미국 선교사에게 환심을 사기 위해 평양에 감리교회당을 세우는 데 1만 엔의 금전을 지원하는가 하면, 교회 및 선교사 사택의 부동산에 대한 세금을 면제주는 등의 혜택을 부여했다. 미국 정부는 일본의 행정을 두고 "선의에 차 있"다고 평가했다.
    한국기독교역사연구소, 『한국 기독교의 역사』 I 기독교문사, 1989, 325~326쪽.

65 "Letter from Arthur J. Brown to Masanao Hanihara", February 16, 1912, in the Presbyterian Library, NewYork; 정병준, 「해방 이전 교회 국가 관계의 구조적 변화 연구」, 『선교와 신학』 제23집, 2009.2, 234쪽에서 재인용.

66 클라크(A. Clark), 심재원 역, 『한국교회사』, 대한기독교서회, 1961, 112쪽.

67 H. A. Rhodes, *History of the Korea Mission Presbyterian Church U. S. A, 1884~1934*, Chosen mission Presbyterian church U. S. A., 1934, p.281; 이만열, 『한국 기독교와 민족 의식』, 지식산업사, 1991, 248쪽.

68 권태억 외, 『한국 근대사회와 문화』 1, 서울대 출판부, 2003, 424쪽 참조.

69 위의 책 참조.

70 Mrs. W. M. Baird, *The Spirit among Pyeng Yang Students*, K. M. F. Vol III, No.5, p.65; 노대준, 『1907년 개신교 대부흥 운동의 역사적 성격』, 고려대 석사논문, 1987, 22~23쪽.

71 *The Awakening of the Students?*, K. M. F. Vol.IV, No.6 노대준, 『1907년 개신교 대부흥 운동의 역사적 성격』, 고려대 석사논문, 1987, 37쪽.

72 J. S. Gale, *Korea in transition*, 한국기독교사연구회, 1986, 44쪽; 노대준, 『1907년 개신교 대부흥 운동의 역사적 성격』, 고려대 석사논문, 1987, 40~41쪽.

73 이연경, 「한국 교회여 다시 하나님께로!」, 『주간 기독교』 제1657호, 2006.11.12, http://goo.gl/f1Soai.

74 이만열, 『한국 기독교와 민족 의식』, 지식산업사, 1991, 475쪽 참조.

75 위의 책, 248쪽.

76 류대영, 「2천년대 한국 개신교 보수주의자들의 친미 반공주의 이해」, 『경제와 사회』, 2004 여름, 66~67쪽.

77 조이제, 「한국 엡윗청년회의 창립 경위와 초기 활동」, 『한국기독교와 역사』 제8호, 1998.3, 107쪽 참조.

78 박지동, 『한국언론실증사』 1, 아침, 2007, 447쪽.

79 정병준, 「해방 이전 교회 국가 관계의 구조적 변화 연구」, 『선교와 신학』 제23집, 2009.2, 231쪽.

80 백낙준, 『한국개신교회사』, 연세대 출판부, 1993. 386쪽.

81 민경배, 『한국기독교회사』, 연세대 출판부, 2007. 255쪽.

82 양낙흥, 『한국장로교회사』, 생명의말씀사, 2008, 154~156쪽.

83 박용규, 「평양대부흥운동, 그 성격과 평가」, 『한국기독교역사연구소소식』 제49호, 2001.7, 5~7쪽.

84 위의 글.

85 박용규, 「평양대부흥운동의 성격과 의의」, 『한국기독교신학논총』 제46권, 2006, 292~293쪽에서 재인용.

86 서정민, 「한국기독교의 현상(現狀)에 대한 역사적 검토」, 『한국기독교와 역사』 제31호, 2009.9, 264쪽.

87 미국 북장로회 중국선교사 네비우스(John L. Nevius)가 제안한 것으로, 개신교단별로 전담 지역을 나눠 분할 선교를 하도록 협정하는 내용 등 자립 토착화 선교정책을 총칭하는 것이다. 19세기부터 시행됐으며 한국은 시행 사례 가운데 하나이다. 한국기독교역사연구회, 『한국 기독교의 역사』 I, 기독교문사, 1989, 218~225쪽에서 참조.
    이와 관련해 네비어스 정책이 결과적으로 한국인 교역자 양성을 저해했고, 장기적으로 한국 교회 발전을 저해했다는 지적도 제기된다. 이찬수, 『한국 그리스도교 비평—그리스도교, 한국적이기 위하여』, 이화여대 출판부, 2009, 66쪽.

88 김진호, 『시민K, 교회를 나가다』, 현암사, 2012, 38~42쪽.

89 이연경, 「한국 교회여 다시 하나님께로!」, 『주간 기독교』 제1657호, 2006.11.12, http://goo.gl/f1Soai.

90 한국기독교역사연구소, 『한국 기독교의 역사』 I, 기독교문사, 1989, 255~256쪽.

91 교회를 피난처로서 인식했던 북한 주민은 6·25 한국전쟁 당시 미군폭격을 피해 예배당으로 향했다는 기록이 있다. "1950년 11월 5일 소이탄 대량폭탄 이후에도 지속적으로 미 공군의 소이탄 폭격을 받고 있었던 것이다. 강계는 본래 4만의 인구, 10개의 학교, 2개의 극장을 지닌 중소도시였다. 도시 안에는 2개의 교회당이 있었는데, 기독교인들은 폭격이 시작됐을 때 교회당 가까운 곳으로 대피했다고 한다. 그 이유는 미국인들이 교회당을 파괴하지 않으리라는 기대 때문이었다. 물론 이들 교회당들도 강계 시내 여타 건물과 마찬가지로 소이탄에 의해 불타 파괴됐다." "Report of the Women's International Commission for the Investigation of Atrocities Committed by U.S.A. and Syngman Rhee Troops in Korea", 1951.10(김태우, 『폭격』, 창비, 2013, 323쪽).

92 김진호, 『시민K, 교회를 나가다』, 현암사, 2012, 43쪽 참조

93 『조선독립운동』 제2권 제102~312, 「조선군사령관의 육상에의 보고」; 김용덕, 『신한국사의 탐구』, 범우사, 1992, 226쪽 참조

94 최형묵, 「한국 기독교의 보수화, 힘을 향한 부적절한 동경」, 『무례한 자들의 크리스마스』, 평사리, 2007, 32쪽.

95 김진호, 「한국 개신교, 자리잡기와 자리 찾기」, 『한국종교를 컨설팅하다』, 모시는사람들, 2010, 117쪽.

96 「八. 基督敎狀況 (41) 救世軍ノ布敎狀況救世軍の布敎商況」, 『統監府文書』 8권, 1909.10.5, 국사편찬위원회 국사데이터베이스 참조

97 한국기독교역사연구소, 『한국 기독교의 역사』 I, 기독교문사, 1989, 276쪽.

98 홍규덕, 「구한말 미국의 대조선 정책—역사적 교훈과 정책적 함의」, 『국제관계연구』 제12호(2), 2007.9, 26~33쪽 참조

99 이만열, 『한국 기독교와 민족 의식』, 지식산업사, 1991, 346쪽. 지도자 손병희는 거국적 봉기를 도모하기 위해 개신교와 제휴하려 했다. 이에 대해 상대측 개신교 목사 박희도, 정춘수 등은 타종교와의 연대는 교리상 부합하지 않는다며 한 때 소극적인 태도를 취하기도 했다.

100 김당택, 『우리 한국사—정치사중심의 새로운 한국통사』, 푸른역사, 2006, 385쪽.

101 「騷擾事件報告」, 第二二, 臨時報, 朝鮮總督府, 1919.5.22에 의거함. 민경배, 『한국기독교회사』, 연세대 출판부, 2007, 373쪽. 비신자 비율은 41%였다.

102 이만열, 『한국 기독교와 민족 의식』, 지식산업사, 1991, 349쪽.

103 『조선예수교장로회 총회 제18회 회록』, 1919 및 The Korean Situation 2, 1920; 독립운동사편찬위원회 편, 『독립운동사 자료집』 제4집, 1971, 476~477쪽; 이만열, 『한국 기독교와 민족 의식』, 지식산업사, 1991, 350쪽.

104 야고보의 편지, 2 : 17.

105 전정희, 「성경번역, 한국어 문자 정착에 크게 공헌」, 『교회와 신앙』, 게시일자 : 2011.4.5, http://goo.gl/7rMojN 재인용.

106 역사학연구소, 『바로 보는 우리 역사』, 서해문집, 2004, 312쪽.

107 한홍구, 『대한민국사』 1권, 한겨레신문사, 2003, 92~93쪽.

108 주재용, 「이용도의 신비주의의 시대적 배경」, 『기독교사상』 제325호, 1985.7, 157쪽.

109 강동진, 『일제의 한국침략정책사』, 한길사, 1980, 90쪽 참조

110 이만열, 『한국 기독교와 민족 의식』, 지식산업사, 1991, 352쪽 참조

111 정병준, 「해방 이전 교회 국가 관계의 구조적 변화 연구」, 『선교와 신학』 제23집, 2009.2, 236~237쪽 참조

112 민경배, 『한국기독교회사』, 연세대 출판부, 2007, 377쪽 참조

113 이만열, 『한국 기독교와 민족 의식』, 지식산업사, 1991, 476~477쪽 참조.

114 "일제에게 사회주의자들은 매우 두려운 존재였다. 체계적으로 무장투쟁을 전개해 큰 타격을 주며 끝까지 저항한 거의 유일한 세력이었기 때문이다. 이에 일제는 치안유지법을 통해 반공정책을 펼치며 항일독립투쟁을 무력화하고자 했다. 한편, 교회 역시 사회주의자들의 교회 비판과 반기독교운동에 크게 당황해하며 유물론과 계급투쟁론을 공격했다. 물론 일제와 교회는 이유가 달랐지만 반공정책을 공유하기 시작했다." 오세욱, 「기독교사회주의 등장」, 『주간 기독교』 제1886호, 2012.3.25, 16쪽.

115 안종철, 『미국 북장로교 선교사들의 활동과 한미관계, 1931~1948』, 서울대 박사논문, 2008, 115~116쪽 참조.

116 김상태, 「평안도 기독교 세력과 친미 엘리트의 형성」, 『역사비평』 제45호, 1998 겨울, 192쪽.

117 김진호, 『시민K, 교회를 나가다』, 현암사, 2012, 51쪽 참조.

118 한국기독교역사연구소, 『한국 기독교의 역사』 II, 기독교문사, 1990, 175쪽.

119 조선총독부 고등법원 검사국 사상부, 『思想彙報』 제25호, 1940.12; 김승태, 『일제 강점기 종교 정책사 자료집-기독교편 1910-1945』, 한국기독교역사연구소, 1996, 360쪽; 안종철, 『미국 북장로교 선교사들의 활동과 한미관계, 1931~1948』, 서울대 박사논문, 2008, 134~135쪽 참조 및 인용.

120 김진호, 앞의 책, 50쪽 참조.

121 민경배, 『한국기독교회사』, 연세대 출판부, 2007, 481~482쪽 참조.

122 위의 책.

123 민경배, 『한국기독교사회운동사』, 대한기독교출판사, 1988, 212~213쪽.

124 김진호, 앞의 책, 50쪽 참조.

125 김흥수, 『한국전쟁과 기복신앙 확산 연구』, 한국기독교역사연구소, 1999, 78쪽; 강인철, 『한국의 개신교와 반공주의』, 중심, 2007, 68쪽에서 재인용.

126 한홍구, 『대한민국사』 1권, 한겨레신문사, 2003. 240~241쪽에서 재인용.

127 노평구는 "김교신이, 미국 선교사에 의해 주입된 외래 개신교에 대한 무비판적 수용을 거부하고 민족주의를 추구했던 점에서는 여운형, 이동휘와 같은 맥락이었지만, 개신교가 민족주의적 운동이나 그 의식의 개발에 에너지를 제공하는 하나의 도체로 이용되는 오류에 한사코 반대했다"고 평한다. 노평구, 『김교신 전집 별권-김교신을 말한다』, 부키, 2001, 356쪽.

128 이덕주, 「안창호와 손정도」, 흥사단 시민역사강좌 제3강에서 발제, 2011.10.20.

129 이덕주, 『기독교 사회주의 산책』, 홍성사, 2011, 53~55쪽 참조. 장규식은 "일각에서는 유토피아 사회주의자 생시몽이 『신기독교론』(1825)에서 형제애에 입각한 원시기독교의 도덕률을 산업사회에 적용해 가난한 계급의 삶을 도덕적·물질적으로 신속하게 개선해야 한다고 주장한 데서 연원을 찾기도 하지만, 기독교 사회주의는 1848년 영국의 차티스트운동이 실패로 끝난 직후 성공회 신부인 모리스(F. D. Maurice)와 킹즐리(C. Kingsley) 등에 의해 처음 제창됐다"며 시원(始原)을 규정했다. 사회주의와의 차이점에 관해서는 "마르크스주의의 유물사관·계급투쟁·폭력혁명론의 속성과는 달리, 기독교 사회주의는 형제애와 협동원리에 기초한 공동체성 회복과 민중적 사회구현에 초점을 두고 있다"고 설명한다. 장규식, 「1920년대 개조론의 확산과 기독교사회주의의 수용 정착」, 『역사문제연구』 제21호, 2009.4, 112쪽.

130 장규식, 「1920년대 개조론의 확산과 기독교사회주의의 수용 정착」, 『역사문제연구』 제21호, 2009.4, 120쪽.

131 배민수, 「협동」, 『농촌통신』, 1935.7.1; 장규식, 「1920년대 개조론의 확산과 기독교사회주의의 수용 정착」, 『역사문제연구』 제21호, 2009.4, 133쪽.

132 심일섭, 『평신도 신학과 한국 교회의 미래』, 한글, 1997, 195쪽.

133 박완, 『실록 한국기독교백년 (9) 복음의 메아리』, 성서교재간행사, 1984, 291~292쪽.

134 최태용은 친일 월간지 『동양지광』(1942.10)에 기고한 「조선기독교회의 재출발」 기고문에서 "조선을 일본에 넘긴 것은 신"이라며 "우리는 신을 섬기듯이 일본 국가를 섬겨야 한다"고 말했다. 이어 "우리는

가장 사랑하는 것을 일본국에 바치도록 신에게서 명령받고 있다"며 징병을 독려했다. 이를 두고 최태용이 세운 개신교단 기독교대한복음교회는 2006년 '초대감독 최태용 목사 친일행적에 대한 죄책고백문'을 통해 "우리에게도 부끄러운 과거가 있습니다 (…중략…) 일본의 강압적인 마수는 1942년에 이르러 초대감독 최태용 목사에게 무거운 죄책의 짐을 지게하고 말았습니다 (…중략…) 더 하느님을 사랑하지 못하고, 더 민족을 사랑하지 못한 죄를 날마다 회개할 따름입니다"라고 사죄했다. 김덕련, 「교회창립자 친일행적 회개합니다」, 『오마이뉴스』, 게시일자 : 2006.1.24, http://goo.gl/cW51D7

135 주재용, 「이용도의 신비주의의 시대적 배경」, 『기독교사상』 제325호, 1985.7, 158쪽.

136 박완, 『실록 한국기독교백년 (9) 복음의 메아리』, 성서교재간행사, 1984, 252쪽에서 재인용.

137 변선환, 「이용도와 마이스터 에크하르트」, 『신학과세계』 vol.4, 1978, 132쪽.

138 박봉배, 「한국 기독교의 토착화」, 『기독교사상』 제152호, 1971.1, 80~81쪽.

139 심일섭, 앞의 책, 204쪽.

140 위의 책, 233에서 재인용. 이정배는 인터뷰에서 "유영모가 말하는 하느님은 '없이 거신 분'입니다. 이것은 지극히 동양적인 사유방식으로 하느님을 이해한 것입니다. 서구의 존재론이니 실체론의 사상적 틀과는 완전히 다르며, 불교의 공(空)의 논리와 만납니다. 그런 하느님이 인간 삶의 밑동, 본성 속에 있다고 보는 것입니다"라고 했다. 남경욱, 「다석 유영모 신학세계 속에 한국기독교의 길 있습니다」, 『한국일보』, 2009.3.12, 28면.

141 전인수, 「김교신의 '조선산 기독교'—그 의미, 구조와 특징」, 『한국기독교와 역사』 제33호, 2010.9, 174쪽.

142 연규홍, 「[토박이 신앙열전 4] 하나의 씨알, 앞선 이」, 『새가정』 448호, 1994.7.8, 52~55쪽.

143 민경배, 『순교자 주기철 목사』, 대한기독교출판사, 1985, 128쪽.

144 출애굽기 20 : 3 "너희는 내 앞에서 다른 신을 모시지 못한다."

145 이만열·손봉호·김진홍·홍정길, 「복음으로 상황을 바라본 4인의 시선」, 『복음과 상황』 특별호, 2011.6, 60쪽 참조.

146 『조선예수교장로회 제27회 총회록』 6항; 양낙흥, 『한국장로교회사』, 생명의말씀사, 2008, 205쪽에서 재인용.

147 김철수, 「'조선신궁' 설립을 둘러싼 논쟁의 검토」, 『순천향 인문과학논총』 제27권, 2010, 173쪽, 186쪽 참조.

148 민경배, 『순교자 주기철 목사』, 대한기독교출판사, 1985, 132쪽 참조.

149 "이 가운데 정춘수, 박희도 두 목사는 신사참배를 지지하고 강제징용에 적극 협력해 신앙적으로 변절했다는 비난을 받았다. 1941년 12월 20일 반도호텔에서 열린 '미영 타도 좌담회'의 주최자들 가운데 박희도 목사가 있었다. 이 모임에 적극적으로 참석한 인사들 가운데 눈에 띄는 인물은 양주삼 목사. 이후 1943년 11월 8일 매일신보에 '드디어 반도청년 학도 제군에게도 무인(武人)으로서 출전할 기회가 주어졌음을 한없이 기뻐한다'는 코멘트를 남겨 친일의 역사에 길이 남았다." 변상욱, 「정치판에 몰리는 지도자들, 그 실상과 허상」, 『기독교사상』 제541호, 2004.1, 36쪽.

150 「민경배, 이야기교회사 75—수난 받은 한국 교회 찬송가」, 『기독공보』, 2001.10.20, 23면.

151 민경배, 『한국기독교회사』, 연세대 출판부, 2007, 529~530쪽.

152 강인철, 『한국 천주교의 역사사회학』, 한신대 출판부, 2006, 96쪽.

153 서정민, 「한국기독교의 현상(現狀)에 대한 역사적 검토」, 『한국기독교와 역사』 제31호, 2009.9, 266쪽.

154 민경배, 『한국기독교회사』, 연세대 출판부, 2007, 544~545쪽.

155 정교 관계 유형에 따르면, 일제의 신사참배 강요는 '종교국가-세속정치'의 전형이다. 세속정치가 종교를 이용해 타종교의 굴복을 요구하고 있는 양태다. 정병준, 「해방 이전 교회 국가 관계의 구조적 변화 연구」, 『선교와신학』 제23집, 2009.2, 237쪽.

4장

신사참배 거부 개신교 신자의
사회 참여 정신

주기철 목사를 다시 생각한다

주기철 목사와 '출옥 성도'

경남 창원시가 2015년 4월 마산이 고향이고 문창교회를 담임한
바 있는 '순교자' 주기철 목사를 기념하기 위해 '주기철 목사 기념관'
건립 및 '주기철 목사 성지순례길 탐방코스'를 개발하면서 그의 이
름에 '독립운동가'의 수식을 달았다. 이를 CBS, 『국민일보』, 『한국기
독공보』 등 개신교 언론은 여과 없이 인용했다. 새롭지 않은 일이었
다. 한국 개신교회는 이미 주기철을 항일의 아이콘으로 띄우며 민족
지사로 개념화해 왔다. 또한 주기철을 앞세워 대다수 목사 및 교인
의 친일 부역 역사를 감추는 은폐 기제로 활용했다.

실상에 그는 1944년 4월 21일 투옥 중 사망하기까지 국가 시책
으로서의 신사참배를 거부하며 일지와 대척점에 섰다. 그러나 그 의
도가 항일 독립이라는 정치·사회적 동기에서 비롯된 것인지는 별
개로 따져야 할 문제다. 이는 또한 주 목사와 함께 옥고를 치른 이른
바 '출옥 성도'[1]에게도 동일하다.

주기철 목사의 신사참배 거부와 관련한 연구는 주 목사 개인의
수난 과정, 이와 대별되는 장로교단 주류의 일제와의 협력 조명, 해
방 후 대한예수교장로회 고신으로의 분화 과정에 집중돼 있다. 그러

나 주 목사 및 출옥 성도의 정치·사회현실 인식에 대한 연구는 미미한 게 현실이다. 게다가 이들은 선교 초기 미국 근본주의 성향의 선교사로부터 타계적 대사회 관념을 이식받고, 3·1운동 이후 사회참여 지향적 교인과 결별한 토대 위에 있었으며, 극히 율법적 신앙관을 견지하고 있었다.

따라서 주 목사와 그를 추종한 이른바 '출옥 성도'가 항일 독립정신이라는 정치의식을 품고 신사참배를 거부한 것인가, 그래서 독일 고백교회에 기반을 두며 나치 체제에 대해 물리적 대립도 회피하지 않던 본회퍼 목사의 현실참여 정신과 맞닿아있는가 하는 점은 검증이 필요하다.

············

일제 신사참배의 강화와
한국 개신교

············

1932년 5월 15일 급진적 일본 해군부가 쿠데타를 일으켜 제국의 주도권을 장악하고 정당 정치를 말살하며 침략 전쟁 준비를 획책해 간다. 이 과정에서 한국의 국민을 일본화시키는 이른바 황국신민화

야욕을 완력으로써 확대해 나갔다. 줄곧 권고사항에 불과했던 신사참배는 이 시점 이후로 강제되기 시작한다. 이에 당시 3대 개신교단이던 성결교(1935년 제3차 총회 결의), 감리교(1936년 4월 10일자 감리회보에 신사참배 독려를 담은 총독부 통첩 게재), 장로교(1938년 제27회 총회 결의)가 순서대로 신사참배를 수용한다. '나 이외에 다른 신을 섬기지 말라'[2]는 십계명 율법을 어긴 이들의 주된 면피 논리는 "신사참배는 신앙과 무관한 국가의식"이라는 주장이었다. 그러나 신사참배는 명실공히 종교적 숭앙의 대상이 되는 신위의 정통성을 계승한 일본 왕에 대한 충성의 표시이기도 했다.[3]

　한국 개신교는 1876년 개항 이후 한국에 유입된 미국 근본주의 노선의 선교사가 토대를 쌓은 것이다. 고등비평과 인문주의의 도전에 방어기제로 형성된 근본주의는 성서무오설과 종말론, 내세 중심적 신앙을 지향했다. 이들은 국권상실기에 일제와 협력하며 한국 교인의 독립의식을 꺾었다. 을사늑약과 경술국치 중간 시점인 1907년에 평양대부흥운동을 벌여 한국 민중으로 하여금 주권 피탈의 실상을 잊게 하며 개인 회개와 영적 각성이라는 일종의 '엑스터시'[4]에 몰입케 했다. 이를 계기로 개신교회를 기반으로 독립운동의 교두보로 삼으려 했던 인사들이 대거 축출했거나 이탈했다. 1919년 3·1운동 당시 개신교회가 조직적 운동체로서 잠시 기능했으나 일제의 가혹한 탄압과 감시로 곧 '일망타진'되고 말았다. 이후 일제의 문화통치와 맞물려 교회는 정치의식을 상실한 타계화된 신앙 노선을 공고히

한다. 교회의 이 같은 노선에 불만을 품은 사회주의 무장 세력의 테러도 빈번했다.[5]

············

3 · 1운동 이후
정치 · 사회 현실에 대한 주기철의 입장

············

신사참배 거부의 아이콘이며, '순교자'의 표상인 주기철은 본래 공고한 민족의식을 교육받으며 성장했다. 1913년 평북 정주에 있던 오산학교에 입학한 주기철은 스승 조만식을 만났다. 일제와 화친하며 영혼구원만을 강조하던 미국 개신교 선교사 노선과는 달리 조만식은 "(우리가) 조선인에게 전도함은 혼령의 천당구원이 아니고 금세에서 민족적 교수를 위함이라"[6]고 발언하는 등 민족의식 함양에 교육적 주안점을 뒀다. 그러나 3 · 1운동 이후 주기철의 입장에는 변화가 있었다. 기독교 역사학자 민경배는 주기철과 유사한 인식을 가진 김인서의 언급—"나는 3 · 1 옥중에서 주님의 성소聖召를 받을 때에 우리 민족지도자들에게 받은 편협한 민족주의를 버리고 바울의 민족애를 배우기로 했다. 내 청춘의 생명으로 사수하던 민족운동을 꺾어버리고, 일본 정권하에서라도 내 동포에게 복음을 전하는 것으로 나의 독립운동을 삼았다"[7]—을 인용한 바 있다.

한국 개신교와 정치

주기철 목사는 세상의 일과 하나님의 일을 구분 짓는 이분법적 사고를 확고히 내재화했다. 이를 상징하는 것으로 부산 초량교회에서의 독립운동자금 지원 중단 지시 사건을 예로 들 수 있겠다. 주기철 직전 정덕생 담임목사 재임기에 초량교회는 독립운동가 안희제, 윤현진 등이 적籍을 두며 항일 인사의 근거지로서 각광받았다. 하지만 주기철은 이 기류에 반대했다. 고신대 교수 이상규는 "(주기철이) 민족독립이 교회가 수행해야 할 주된 과제이거나 사명일 수 없다고 인식했다. 그는 민족주의적 동기가 신앙보다 우선시될 수 없다고 본 것이다. 그래서 전임자와 다른 순수한 목양의 길을 추구했다. 그는 조국의 현실에 대해 무관심하지는 않았으나 민족주의자들과는 다른 시각으로 민족 문제에 접근했다. 구원받은 그리스도인 개개인이 복음과 그리스도에 충성하는 것이 민족의 현실을 타개하는 길이라고 믿고 있었다"[8]고 했다. 이와 관련해 2004년 한의사 고은광순은 "초량교회의 목사 정덕생은 오랜 기간 벽산 안희제 선생 등에게 독립운동 자금과 장소를 제공했지만 1926년 후임자로 부임한 주기철 목사는 독립자금 지원을 중단해버리고 한 푼도 지원하지 않았다는 사실"[9]이라고 주장했다. 이에 주 목사 차남인 영락교회 장로 고 주광조는 『국민일보』와의 인터뷰에서 "정확한 사실은 알지 못하지만, 알다시피 부친은 독립운동은 개인자금으로 해야지 하나님께 바친 헌금으로 해선 안 된다는 입장이었다"며 "그것어 유추해본다면 그럴 수 있을 것"[10]이라고 했다. 주 목사를 옹호하는 입장인 한국교회언론회 역시 주광조 견해에 힘을 실어 "주기철 목사가 '독립운동 자금을 즉시 중지시켰다'는 표현은 마치 주 목사가 독립운동을 방해라도 한 듯한 상황으로 몰아가고 있으나, 주기철 목사는 정·교의 분리를 원했던 것이지, 개인적인 독립운동에 대한 반대나 방해를 하자는 것이 아니었다"[11] 라고 했다. 주기철은 부흥사로서 철저히 타계적 입장이던 김익두와 이명식을 부흥강사로 초대해 초량교회의 종교적 영성을 증진시켰다.[12] 이후에도 주기철은 1936년 7월 평양 산정현교회에 부임하고는 "민족주의는 배타적 성격을 지니고 있고, 타민족에 대한 공격적 성격을 지닐 수 있기 때문에 민족주의는 우리 모두에게 정의justitia omnibus일 수 없다"[13]며 민족주의를 바울 표현으로 보자면 '배설물'[14]로 여겼다.

....

수난 국면에서
신사참배 반대의 사상적 배경

....

소속교단인 조선예수교장로회가 1938년 9월 10일 총회장 홍택기 명의의 성명으로 신사참배를 결의했으나, 평양 산정현교회로 부임한 교인 상당수는 신사참배를 거부했다. 목사로서 주기철이 선봉에 섰다. 이에 일본 기독교회대회 의장 도미다富田滿는 주기철에게 "국가는 국가의 제례를 국민으로서 제군에 요구한 데 불과하다. (…

한국 개신교와 정치

중략…) 기독교가 금압禁壓될 때에만 순교를 하란 말이다"[15]라고 이야기했다. 주기철의 답은 1938년 8월 두 번째 구속되기 전에 설교문에 있었다. "내 앞에서 다른 신을 두지 말라 하신 계명은 이 천지와 우주를 만드신 창조주의 명령입니다. 이같이 거룩하신 하나님을 우상이 무서워서 배반하는 행동을 하자는 모독배冒瀆輩들은 모두 이 자리에서 나가시오"[16]라고 못 박았다. 1939년 2월 주일예배 강단에 올라 "십자가를 진다는 것은 인간으로서 못할 일이다. 그러나 인간이 십자가를 지려고 하면, 십자가가 인간을 지고 간다. 그래서 갈보리 산상까지 갈 수 있는 것"[17]이라며 생을 건 각오임을 피력하더니 얼마 안 지나 "주님, 나 위하여 죽으셨거늘 내 어찌 죽음을 무서워 주님 모르는 체하오리까. 다만 일사각오一死覺悟 있을 뿐이외다"[18]라고 설교했다.

이를 종합할 때 주기철의 신사참배 거부는 정치적 상관성 즉 민족주의나 독립정신과는 무관해 보인다. 이상규도 "그의 삶의 행로를 결정했던 것은 신앙적 동기였지 결코 민족적 동기는 아니었다. 단적으로 말하면 그는 민족운동이나 독립운동을 하기 위해 고난과 투쟁의 길을 간 것은 아니었다. 주기철의 생애를 민족적 동기로 관찰할 경우 그의 신사참배 반대의 본래즈 의미 혹은 신앙적·신학적 동기는 오해 혹은 왜곡될 수밖에 없다"[19]고 했다. 특히 주기철이 신사참배 반대를 개인적 차원에서 했다는 점도 간과할 수 없다. 조직적 반대 운동 즉 사회저항 캠페인으로 확장시키지 않았다는 점이다.[20] 하지만 그를 따른 교인은 상당수 됐으며 1945년 8월 19일에 생존한 채

평양감옥에서 출감된 교인이 20명(총 50명)에 이른다. 이들 역시 우상숭배를 금하는 십계명의 규율에 철저히 따른 경우였다. 민경배 역시 "그는 현세적 삶과 제도적 사회 규범에 정치적 변혁 의도를 가지고 반발했던 혁명적인 이데올로기의 소유자가 아니었다"며 "그는 순교했지만 순국殉國한 것은 아니었다"[21]고 했다. 그는 1944년 4월 21일 밤 9시에 세상을 떠났다.

출옥 성도의 신사참배
거부 동기와 정치의식

주기철을 잃은 출옥 성도는 해방되고 출감하자 "교회를 재건해야 합니다. 지금 한국교회는 온통 마귀소굴입니다. 우상을 섬겼던 성직자(목사, 장로, 집사)들은 얼마 동안 직명 없이 자숙하는 기간을 가져야 하고, 그 예배당까지 모두 헐고 깨끗한 성전을 지어야 합니다"[22]라는 말로 '배교자'에 대한 책임 추궁 의지를 표명했다. 후대 사학자이긴 하나 양낙흥의 논리 ─ "그들(신사참배한 교인들) 모두를 신앙양심이 완전히 마비됐던 사람들로 쉽게 단정하는 것은 너무 극단적인 흑백논리식 판단이 아닌가? 신사에 참배했던 목사, 장로 등의 지도자들

대부분은 비자발적 참여자들로서 강요에 의해 어쩔 수 없이 굴복했던 이들이었던 것으로 봤다. 고난을 감당할 용기와 자신이 없어 타협, 훼절 내지 혼합주의적 변절을 선택했던 자들이었던 것"[23] — 는 출옥 성도와 대척점에 선 이들의 반박으로 정리할 수 있겠다. '비자발적 친일에 대해서 문제 삼는 것은 과도하다'는 논리는 친일 반민족 행위에 대한 역사적 책임 추궁을 희피하려는 태도와 맥락상 유사하다. 대통령 박근혜 또한 그러했다.[24]

출옥 성도는 끝내 사실상 결별의 포석을 뒀다.[25] 그리고 마침내 1946년 6월 12일 서울승동교회에서 열린 38도선 이남만의 장로교 총회에서 1938년 장로교 총회의 신사참배 결의를 백지화했지만 출옥 성도의 요구 즉 참배 책임자에 대해 근신과 회개 등의 권징 건의는 기각한 결론에 반기를 들고는 1952년 고신으로 갈라진다. 이는 장로교 최초의 분열이었다. 복기하보건대 출옥 성도를 중심한 교인들의 분리 명분은 '배교자'와의 공존 거부라 하겠다. 친일 반민족적 행위에 대한 책망과는 무관했다. 엄밀히 말하자면 일제로부터 신사참배 강요를 받지 않았다면 각을 세울 일이 없었다는 설명이다.

개신교의
탈정치화 흐름

그렇다면 한국 보수개신교인에게 탈정치화한 원동력은 무엇이었을까. 우선 전사前史를 짚어본다. 18세기 전래된 천주교에 대한 서슬 푸른 박해를 이미 인지한 미국 개신교 선교사들은 조선에 입국한 이후 왕실 보위에 최선을 다했다. 사실 그들이 직면한 조선 왕실은 청나라, 일본, 러시아에 돌아가며 휘둘리는 '종이호랑이'일 뿐이었다. 국운 쇠락의 원인은 오랜 쇄국정책에, 타락한 세도정치, 이에 반발한 민란 등의 국내 시국적 상황이 직접적이었겠지만, 오랜 기간 진리로써 확신한 성리학적 질서가 더 이상 권위를 얻지 못하게 된 면도 무관하지 않았을 것이다. 이런 가운데 등장한 미국 선교사에 의해 본격 전래된 개신교는 왕실은 물론, 민중에게 있는 그대로 신문물이었다. 근대적 의료시설인 병원과 교육기관인 학교 등이 핵심 매개였다. 물론 조선의 바다를 유린했던 그들의 맹렬한 군사력 또한 무시할 수 없을 힘이었다. 이러다 보니 당시 개화 분위기에 동조하던 한국의 지식인층은 개신교회를 거점으로 삼아 실추돼 가는 국권을 지키기 위한 결사 행동을 모색한다. 하지만 1905년 러일전쟁에서 승리한 일본이 곧바로 한국을 장악할 것으로 내다본 미국 선교사들의 한국 선교부는 가쓰라-태프트 밀약과 을사늑약 등의 정치·사회적

서 민족의식적인 성격을 완전히 배제할 수 없으리라고 본다. 신사참배 반대자들의 중심에는 하나님에 대한 절대적 순종과 민족에 대한 애정이 함께 자리 잡고 있었던 것"[30]이라는 견해도 있다. 그러나 무리한 판단으로 보인다. 주기철의 오산학교 수학 이후 신사참배 거부로 인한 순교까지 무려 20여 년의 켜울이 있고, 동문인 이광수나 한경직이 훗날 친일 필치 또는 신사참배로 훼절한 행태가 이를 뒷받침한다. 주기철은 또한, 3·1운동으로 인한 존재적 위기의 실감, 독립운동 진영과의 갈등도 경험했다. 스스로 민족주의와 결별했음도 공언했다. 그런 의미에서 민경배의 진단 즉 "신사참배가 우상숭배요, 가장 근원적 의미에서 기독교의 중추적 진리에 도전하고, 신앙의 원점에 도발하는 악마의 세력이라는 신앙 판단"[31]에 의한 것이라는 견해가 설득력이 있다.

물론 교회의 범주라는 제한적인 영역이지만 주기철 등의 신사참배 거부는 상당한 의미를 내재한다. 그 첫 번째 이유는 타협 없는 일사각오의 모본模本이라는 무형자산이다. 원칙과 소신을 지키기 위해 생을 걸 수 있다는 점은 한국교회사에서도 신앙적 전범으로 완성됐다. 두 번째, 정의의 기준점을 형성했다. 그를 비롯한 소수의 교인마저 교단 결의를 빙자해 참배에 동참했다면 배교 행위에 관한 한 옳고 그름의 근거가 불명확해지게 됐을 것이고 한국교회에는 친일 종교의 낙인이 선연히 박혔을 것이다. 그러나 주기철의 의거로 옳고 바름의 표상이 생성된 것이다. 셋째, 종교 자유의 가치를 새겼다는 점이다. '주기철 순교'는 종교인의 신념을 불가침의 영역에 두게 했고, 이후 권위주의 정부 아래에서도 '성역'으로서 자리하게 됐다.

그러나 신사참배 거부가 사회·정치의식과 별개의 범주로 묶이게 된 점은 여러 반성적 성찰의 주제를 제시한다. 우선 첫째, 독립운동으로 진화할 가능성을 차단했다는 점이다. 앞서 말했듯 일제의 요구가 신사참배 등 배교가 아니라, 침략전쟁 지원 및 종교기관의 국가기구화 등에 국한됐다면 교회가 과연 이마저도 저항했을까 하는 의문이 든다. 독립운동을 하나님의 뜻이며 정의의 실현으로 인식하지 못한 점이다. 그런 의미에서 맥락이 닿아있는 둘째는, 교회의 예언자적 기능을 포기했다는 점이다. 신사참배 여부와 무관하게 미국인 선교사에 의해 각인된 근본주의적 '정교관계 인식'은 로마서 13장("모든 권력에게 순종하라" 등)에 기반을 둔다. 주기철 목사와 출옥 성도는 일사각오의 자세로 신사참배를 거부했지만, '하나님으로부터 비롯된 권력'으로서의 일제의 권위를 인정했다. 1930년대에 주기철은 "주 목사는 대 일본제국의 신민臣民이 아니란 말이냐, 일본국민이기는 하다"[32]라고 했다. 그의 저항이 권력과의 대결이 아니라 개인 신앙의 보수保守에 국한됐음을 증명하는 것이다.[33] 따라서 '미친 운전자는 차를 세우게 해야 한다'는 시국 인식 속에 히틀러 암살이라는 극한의 투쟁을 선택하던 본회퍼의 정신과는 이질적이다. 불의한 권력이라도 일단 존중하고 보위하려는 그 자세는 군사 독재 권력이 교회와 유착될 시기, 즉 배교 등을 강요하지 않는 시점에 양자가 결탁한 경과에서 더욱 두드러졌다. 셋째, 교회가 계급적·기득권적 이익집단화 된다는 점이다. 개신교회 스스로 종교의 범주 안에서만 역할을 찾는 것은 사회 참여를 불온시하는 전통에서 비롯된 점도 있으나, 이를 불편해 하는 권위주의 정권과의 정치적 양해의 소산으로 볼 소지 또한 크다. 교회는 정권과의 사회·문화·제도적 기득권을 반대급부처럼 요구해 왔다. 이 같은 거래 또는 타협이 가능했던 시기에 교회는 현실 권력에게 힘을 실어줬고, 불가능했던 시기 그러니까 특권과 반칙을 거부한 민주개혁 정권에는 직접 저항을 통해 존재감을 발현했다. 이를 '탈정치' '비정치'의 정치화라 하겠다. 주기철과 출옥 성도의 투쟁이 특정 시기의 종교범주적이며 한시적인 공헌으로 그치지 않기 위해서는 이들의 의거 속에 탈착된 가치와 원칙이 무엇인지 헤아려야 할 것이다. 개신교회의 사회참여는 성속을 구분하는 빗장을 해체하고 시대와 작용하는 데서 빛으로 소금으로 그 의미를 키워갔다.

※ 이 글은 사단법인 한국종교문화연구소의 2015년 10월 종교문화포럼에서 발제한 것으로, 편집상의 필요에 따라 약간의 수정을 거쳐 실었다.

주석

1 신사참배를 거부하고 투옥됐다가 해방 후 출옥된 교인을 뜻함.
2 구약성서 출애굽기 20 : 1~3.
3 이 같은 내용은 98쪽을 참고하라.
4 김진호 등 민중신학자가 애용하는 표현이다. 그의 책 『시민 K 교회를 나가다』에 상술됐다.
5 이 같은 내용은 93쪽을 참고하라.
6 조만식, 「기독교인의 생활(4)」, 『기독신보』, 1935.10.2; 민경배, 『순교자 주기철 목사』, 대한기독교출판사, 1985, 44쪽에서 재인용.

7 민경배, 『순교자 주기철 목사』, 대한기독교출판사, 1985, 64~65쪽.

8 이상규, 「주목사, 시대정신에 무관심하지 않았으나 순교의 주요 동기는 '말씀 순종'」, 『교회연합신문』 제977호, 2014.7.6, 8쪽.

9 고은광순, 「부처, 예수, 단군이 만나다」, 『우먼타임스』 제313호, 2007.4.14.

10 김지방, 「'주기철 목사 창씨개명 했다' 칼럼 논란」, 『국민일보』, 2007.5.25, 26면에서 재인용.

11 한국교회언론회, 「저명인사의 기독교 안티적 행동」, 2007.5.11.

12 이만열, 「주기철 목사의 신앙」, 『한국기독교와역사』 제9호, 1998.9, 278쪽.

13 이상규, 「주기철 목사는 항일독립운동가인가」, 『기독교보』, 2015.5.28, http://goo.gl/DovG29에서 재인용.

14 신약성서 빌립보서 3 : 8.

15 神社問題とキリスト教, 戸村政博 編, 『日本近代キリスト教史資料』 I, 東京 : 新教出版社, 1976, 303쪽; 민경배, 『순교자 주기철 목사』, 대한기독교출판사, 1985, 64~65쪽에서 재인용.

16 안이숙, 『죽으면 죽으리라』, 신망애사, 1972, 431~433쪽; 민경배, 『순교자 주기철 목사』, 대한기독교출판사, 1985, 196쪽에서 재인용.

17 안용준, 『태양신과 싸운 이들』, 세종문화사, 1972, 319쪽에서 인용; 민경배, 『순교자 주기철 목사』, 대한기독교출판사, 1985, 214쪽에서 재인용.

18 김인서, 『일사각오 주기철 목사』 전집 5, 155쪽; 민경배, 『순교자 주기철 목사』, 대한기독교출판사, 1985, 215쪽에서 재인용.

19 이상규, 「주기철 목사의 신사참배 반대와 저항」, 『기독교 사상연구』 제4호, 1997, 199~200쪽.

20 위의 글, 227쪽.

21 민경배, 『순교자 주기철 목사』, 대한기독교출판사, 1985, 44쪽.

22 곽성혜, 「주류교회 권력을 떠나 여호와께로」, 『주간기독교』 제1420호, 2001.4.1, 3쪽에서 재인용.

23 양낙홍, 『한국장로교회사』, 생명의말씀사, 2008, 203쪽.

24 이와 관련해 뉴욕타임스는 2014년 1월 13일자 사설 "Politicians and Textbooks"에서 "She wants to downplay Korean collaboration with the Japanese colonial authorities and last summer pushed the South Korean Education Ministry to approve a new textbook that says those who worked with the Japanese did so under coercion"라고 지적했다.

25 양낙홍, 『한국장로교회사』, 생명의말씀사, 2008, 219쪽.

26 한국기독교역사연구소, 『한국 기독교의 역사』 I, 기독교문사, 1989, 255~256쪽.

27 이만열, 『한국 기독교와 민족의식』, 지식산업사, 1991, 349쪽.

28 Nym Wales and Kim San, Song of Arirang, Rampart Press, 1941, p.83에서 재인용 및 신채호, 『신채호집』 별권; 박정신, 『고쳐 쓴 한국 기독교 읽기』, 여울목, 2015, 140~141쪽.

29 송길섭, 『한국신학사상사―한국기독교 100년사 대계』, 대한기독교출판사, 1987, 300쪽; 김경재, 『김재준 평전』, 삼인, 2001, 47~48쪽.

30 이만열, 「주기철 목사의 신앙」, 『한국기독교와역사』 제9호, 1998.9, 303쪽.

31 민경배, 『순교자 주기철 목사』, 대한기독교출판사, 1985, 44쪽.

32 이상규, 「주기철 목사는 항일독립운동가인가?」, 『기독교보』, 2015.5.28, http://goo.gl/DovG29에서 재인용.

33 물론 정하은은 "근본주의 신학에 의한 사상의 동결 내지 교리에 의한 자기 소외의 희생"으로도 보며 그 의미를 평가절하하기도 했다. 정하은, 『한국 근대화와 윤리적 결단』, 대한기독교서회, 1968, 47쪽; 이상규, 「주기철 목사의 신사참배 반대와 저항」, 『기독교 사상연구』 제4호, 1997, 199쪽.

5장

분단 및 전쟁기
개신교의 좌표

해방기 국가와 종교의 관계
6 · 25 한국전쟁과 반공주의
이승만과 종교 간 협력 및 갈등 관계

해방기 국가와
종교의 관계

　일본 제국주의가 36년 동안 한국을 강제 점령하며 민중의 기본권은 물론, 역사, 언어를 박탈하고, 침략 전쟁 기간 동안에는 강제 노역, 징병, 위안부 강제 동원을 하는가 하면 재산, 물자, 곡식 등을 강탈했다. 이에 맞서 임시정부 및 독립운동 진영은 중국 등지에서 국권 회복을 위한 자치, 외교, 군사 활동을 벌여 나갔다. 이런 가운데 일제가 패망하자 임시정부 국무위원회 주석 김구는 "아! 왜적이 항복! 이것은 내게 기쁜 소식이라기보다는 하늘이 무너지는 듯한 일이었다"며 "걱정되는 것은 우리가 이번 전쟁에서 한 일이 없기 때문에 장래에 국제 간에 발언권이 박약ㅎ-리라는 것"[1]이라고 했다. 그런데 한국의 운명은 이보다 앞서 결정됐는데, 미국, 영국, 중국 등 3개국은 1943년 12월 "한국의 노예 상태에 유의해 '적절한 과정을 거쳐In due course'" 한국의 독자 정부 수립을 용인하겠다고 뜻을 모은다. 이 과정을 설명하며 박흥순은 '적절한 과정'이 뜻하는 바를 "신탁통치"로 판단했다.[2] 해방 후 한국 사람끼리 자치 정부의 이념과 형태를 놓고 효력 없는 논쟁을 벌이는 와중에 미소 양강은 북위 38도선을 기점으로 남과 북을 분할해 각기 지목한 인사를 수반으로 하는 정부를 수립케 했다.

미국은 북위 38도선 이남 남한 정부를 소련의 팽창 정책에 맞서는 아시아 지역 자유 진영의 최후 저지선으로 삼으려 했다. 한마디로 남한을 일본과 함께 친미 반공 국가로 설계하려 한 것이다. 하지만 해방 이후 남한 민중 사이에서 자주 독립국가에 대한 염원이 집약돼 갔고 심지어 새 정부의 형태로 사회주의를 지지하는 여론이 77%에 이르는 것으로 나타났다.[3] 미국이 지향하는 바와 결이 달랐던 것이다. 그러자 미국은 남한에서 거의 유일한 교두보인 개신교를 주목했다. 1945년 당시 한국 개신교는, 588,210명이던 불교(1943년 기준)보다는 적고 천주교의 122,106명보다는 많은 459,721명의 교인 수에 불과했으며,[4] 신사참배 허용에 대한 책임 소재를 놓고 극도의 분열상을 노출했다. 그런데 미국은 이를 자신의 목적하는 바를 실현할 호기로 판단했다. 즉 교회 내부의 갈등과 분열을 무마시킬 해소의 기제로써 친미 반공주의를 개신교에 결합하고자 했던 것이다.[5]

종교 정책과 관련해 미군은 이미 1943년 11월 4일 '육해군 군정 민정 공통편'을 통해 "종교를 포함한 현지의 관습을 존중하는 것"을 기본방침이라고 천명했다. 종교와 정치의 상호 간 불개입이 원칙임을 표명한 것으로 볼 수 있다.[6] 남한에 진주하면서는 "조선인의 인권 및 종교상의 권리를 보호함"[7]이라고 거듭 공언했다. 명실상부하게 정교 분리 원칙을 내세운 것이지만 이는 유명무실했다. 미군정은 개신교인을 집중 발탁했다. 신사참배 반대로 일제에 의해 축출됐던 대부분의 선교사와 이들의 가르침을 받은 한국인 목사 등 지한파 및

한국 개신교와 정치

친미 인사를 자문역으로 우선 기용했다.[8] "미군정의 부처장 19명 중에 기독교^{개신교}인이 11명에 이르렀"고,[9] 강인철 연구에 따르면 "한국인 행정 고문의 54.5%, 초대 한국인 국·차장 및 처장의 46.4%, 민주 의원의 35.7%, 입법 의원의 23.3%가 개신교인"이었다.[10] 과거 행적과 관련해서는 불문에 붙이는 분위기였지만 일제 침략 전쟁 중 노골적 반미를 선동한 개신교인은 배제됐다.

미군정은 또한, 개신교의 물적 트대를 튼튼히 하고자 했다. "종교 재산의 적산 처리에 있어서 가장 많은 혜택을 본 것"은 단연 개신교회였다.[11] 대한불교조계종은 "미군정이 '패전국 소속 재산의 동결 및 이전 제한의 건 등에 의해 적산을 군정청에 귀속했다. 1946년 5~12월 적산 관재처장에는 조선 최초 신학 박사이며 평양신학교 교수였던 기독교인 남궁 혁이 임명돼 미군정의 정책에 따라 적산을 임의적으로 불하했다. 그 결과 일본 교회, 천리교, 신도 등 일본 종교 관련 재산뿐만 아니라 당연히 불교 측에 할당됐어야 할 일본 불교 사찰 상당수가 개신교 측에 불하됐다. 나아가 병원, 주재소, 농장, 임야, 대지, 가옥 등 상당수의 적산도 개신교 측에 제공됐다. 예컨대 천리교 본부가 있던 동자동에는 조선신학교가 창설됐고, 가장 큰 천리교회가 있던 저동에는 영락교회가 들어섰다. 남산에 있던 조선신궁이 있던 자리에는 기독교박물관이 개관됐고, 고려신학교는 1947년 적산건물에서 개교했으며, 대한신학고^{현 안양대학교}도 서소문 소재의 적산가옥에서 문을 열었다. 그밖에 각 지방의 YMCA 건물, 상명학원 등 엄청난 규모의 적산이 특혜로 제공됐다. 미군정 당국은 1948년 9월 11일 체결된 '한미 재정 및 재산에 관한 협정'에 따라 귀속 재산을 한국 정부에 이관했는데, 한국 정부 또한 '귀속재산처리법' 등 어떠한 법률에도 종교 적산에 대해 명확한 정의나 규정을 하지 않으면서, 기독교계에 대한 불법적 특혜를 이어갔다"[12]고 지적했다. 이와 관련해 미군정의 적산 불하 원칙에는 일제 잔재 청산 취지가 담겨있다는 이견이 있다. 김경재는 "일제의 한국 식민 통치 기간에 일본의 천리교는 당국의 비호 아래 서울에서만 40여 곳이나 되는 교회당을 두고 번성하고 있었다. 천리교란 일본의 토착 종교 신도神道와 불교가 혼합해 1849년에 생겨난 일본 신도 계열의 신흥 종파로, 심리적 질병 치료, 자비행, 신전 참배 등을 강조하는 다신 숭배의 민간 신앙이다. 일본이 패망하자 대부분의 천리교 관장들이 맡고 있던 일본인들이 일본으로 돌아갔으나, 조선인으로서 일본 천리교의 신자가 돼 일제 36년 동안 그들에게 빌붙어 부귀영화를 누리던 사람들은 새 시대가 왔음을 깨닫지 못한 채 남은 천리교 재산을 소유하는 데 혈안이 돼 밤마다 음모를 꾸미는 실정이었다"[13]라고 했다.

사실 한국 개신교회는 미국 선교사에 의해 구조적 정신적 토대가 형성된 데다 일제 강점기부터 이미 반공주의로 사상적 무장을 한 터여서 미군정에게는 신학적·이념적 연대가 매우 용이한 대상이었다. 때를 같이해 소련의 개신교 탄압으로 이북의 신자가 대거 월남越南했다. 미군정은 이들에게 추가로 적산을 불하하며 조력을 아끼지 않았다. 반면 외형상 일본으로부터의 해방이지만 다른 외세의 진주가 본질이라며 미군정 체제를 불신했던 당시 민족 지향적 인사는 미국에 의해 소련 추종 세력과 연결된 좌파로 짐작됐고 따라서 대부분 배제됐다. "교단 내 좌파나 중도파의 세력이 강했던 불교와 천도교는 말할 것도 없고, 우파 성향 면에서 개신교와 가장 가까웠던 천주교조차" 소외됐다.[14] 이 모든 것은 남한 내 친미 반공 개신교 국가 건립을 위한 큰 그림 아래에서 기획된 것이다. 미국은 이를 실현할 주체로서 이승만을 염두에 뒀다.

이승만은 대한제국기인 1899년, 정부 전복에 가담한 데다 탈옥까지 범해 종신형에 100대 태형이라는 중형을 선고받았던 터다. 그런 그는 이후 미국인 선교사 도움으로 5년 8개월 후 출옥과 함께 도미渡美한다. 이미 1894년 말 입학한 배재학당에서 "한국 전도의 가장 모범적인 사례"로 육성케 하고 싶을 정도로 선교사에게 촉망받던 대상이었다.[15] 미국을 한국의 지주적 역할을 하는 나라로 평가하며, 미국이 일본과의 화친 노선을 취할 때에 자국 동포의 대일 의병 항쟁 및 의열 투쟁을 비판할 정도로 친미 의식이 투철했다.[16] 해방 직후인 1945년 11월 28일 조선기독교남부대회 주최로 정동교회에서 열린 임시정부 요인 환영 대회에서는 건국의 기초를 설명하면서 "성경말씀을 토대로 해서 (새 나라를) 세우려는 것입니다. 부디 여러분께서도 하느님의 말씀으로 반석 삼아 의로운 나라를 세우기 위해 매진합시다"라고 했다. 이를 소개한 유영익은 당시 현장에서 김구도 "경찰서

열 곳을 세우기보다 교회 하나를 세우자", "강한 나라를 세우려면 '성서 위에' 세우자"고 동조했다고 전했다.[17] 그러나 반외세 자주 독립 국가 건설 입장에 선 김구를 미군정은 종전 단계부터 협력 대상에서 배제했다. 개인 자격으로 귀국하게 한 것이 이를 상징한다. 반면 이승만은 한국을 지배하던 주한미군사령관 하지J. R. Hodge와 연합군사령관 출신의 맥아더D. MacArthur의 강력한 환대를 받았다. 정병준이 소개한 바에 따르면, 해외 독립 운동 인사 중 최우선적으로 입국을 승인받았고, 도쿄에서 수차례 환대받았으며, 맥아더 배려로 전용기에 탑승했고, 하지가 투숙하던 호텔을 썼으며, 무장 헌병에다 순종황제가 쓰던 리무진까지 배려받았다. 한국민의 주목을 받는 가운데 연합군 환영회에서는 당시 한국 통치자 하지로부터 극진한 경의를 받기까지 했다. 좌파 및 민족주의 인사가 당한 홀대와 극명하게 상반됐다.[18] 국내 정치적 기반을 다지려는 이승만에게 큰 조력이 됐음은 두말 할 나위가 없다. 이처럼 이승만이 미군정의 지지를 받은 것은, "그가 누구보다도 미국적 시각을 갖고 미국의 이익을 대변"했기 때문이다.[19]

미국은, 해방 후 38도선 이북을 통치하던 소련으로부터 미소 양군 퇴각 즉시 독립을 제안 받았으나 거부했다. 한반도 내 친미 반공 개신교 국가의 계획에 배치됐기 때문이었다. 이승만이 이같은 미국의 입장을 대변하다시피 했다. 소련 구상에 반대하며 단독 정부 수립을 위한 대민 설득에 나선 것이다. 나아가 1946년 12월 미군정을

대체할 수 있는 한국 민정을 승인해 달라고 유엔에 요청했다. 미군
정이야 표면적으로는 이승만의 개인 생각이라며 무관하다는 입장을
냈지만 여러 정황상 사전 교감 속에 나온 것으로 판단된다. 이승만
은 이전부터 "미소 협력의 불가를 내세워서 단정 노선, 북진 통일 노
선을 측근에게 공언"했고, 때를 같이해 주한미군사령관 하지의 정치
고문 굿펠로우Goodfellow도 "단정을 주장"했다.[20] 『동아일보』 4월 7일
자에는 주석主席에 이승만이 내정됐다는 내용과 함께 "미소공동위원
회에서 남북 통일의 조선자치정부수립안이 졸연히 해결되지 않아
미 점령 당국이 남조선에 한해 조선 정부 수립에 착수했다고 한다"[21]
는 기사가 나왔다.

　　미소의 동시 철군 및 유엔 감독 아래 총선 실시를 소련에 제안해
거절당하는 경과가 없지 않았으나 미국은 1948년 2월 26일 유엔소
총회를 통해 "가능한 지역에서만이라도 선거에 의한 독립 정부 수
립"을 결의하도록 함으로써 남한 단정 계획을 구체화한다.[22] 김구,
김규식이 이를 저지하기 위해 방북해 김일성 등 지도부와 만났지만
허사였다. 그렇게 해서 5월 10일에 남한만의 단독 선거가 진행돼 대
한민국 제헌 국회가 구성됐고, 7월 20일 출석 의원 196인 중 180표
의 압도적 다수표를 얻어 이승만은 초대 대통령으로 선출된다.

　　귀국 무렵만 해도 국내 인적 기반이 전무하다시피 했던 이승만이
3년 만에 남한 단독 정부 설치에 초대 대통령 피선이라는 괄목할 정

치적 성과를 거둔 것은 미군정의 뒷받침 없이는 불가능했다. 자주 국가의 수반이 됐지만 이승만은 여전히 대미 의존적 태도를 보였다. 미국인 선교사에 대한 당부 발언에서도 증명된다.

여러분들이 기억하듯이 지난 40년간 한국은 일본에 의해 사라지다시피해서black out 심지어 [한국의] 고통 받는 이들에게 박애주의적이며 인도적인 도움조차 전달될 수 없었습니다. 우리는 음식과 의복, 연료, 의료 장비 등을 필요로 합니다. 다가오는 겨울은 우리들에게 가장 중대한 시간이 될 것입니다. 우리는 바다 건너 있는 기독교 국가Christian lands의 친우들의 자애로운 마음에 호소합니다. 많은 문제들 중 가장 심각한 문제는 남북 간의 경제적 분단입니다. 한국은 정치적으로도 나뉘어져 있습니다. 소련의 훈련을 받은 붉은 군대Red Army는 남한을 공산화시키려고 위협합니다. 교육적으로 종교적으로 한국은 공격을 받고 있습니다. 공산주의자들은 우리의 기독교를 멸절시키려 하고 있고 영적·지적인 각성을 파괴하려고 하고 있습니다.[23]

이덕주는 이에 대해 "미국과 미국 교회에 대한 절대적 신뢰와 의존 자세는 또 다른 '제국주의' 확산의 도구로 이용될 수 있는 가능성이 있다"며 "특히 미국에 대한 '대안 없는Non alternative' 선택과 의존은 자주적인 사고와 행동의 폭을 좁혀 결과적으로 독립을 추구했던 국가를 미국의 '종속 변수Subordinate fluent'로 전락시키고 마는 위험성을 내포하고 있다"[24]고 했다. 민주-공산 진영의 대리전 양상이 된 6·

25 한국전쟁은 이같은 우려의 가시적 결과물이었다.

　이승만은 청년 시절부터 개신교 입국立國의 희망을 구체적으로 표시했다. 1890년 배재학당 재학시 학생 모임에서는 '우리나라 종교를 예수교로 함이 가可함'[25]이라는 제목으로 "영국이 예수의 나라 아닙니까. 미국이 예수의 나라 아닙니까. 세계 문명한다는 나라들이 다 예수의 나라들이 아닙니까. 의심 말고 걱정 말고 일들만 합시다"[26]라고 했다. 1904년에는 "지금 우리나라가 쓰러진 데서 일어나려 하며 썩은 데서 싹이 틔우고자 애쓰고 있는데, 기독교를 근본으로 삼지 않고는 온 세계와 접촉할지라도 참된 이익을 얻지 못할 것이다", "그러므로 우리가 기독교를 모든 일의 근원을 삼아 자기 자신보다 다른 사람을 위해 일하는 자가 돼 나라를 한마음으로 받들어 우리나라를 영국과 미국처럼 동등한 수준에 이를 수 있도록 최선을 다해야 할 것"[27]이라고 했다. 1913년에는 "세상 사람들이 항상 비평하는 말이 동양 사람은 천성 성질이 전제정치에 합당하므로 정치 혁명이라는 것은 당초에 이름도 모르나, 앵글로 색슨은 자유 동등의 사상을 가지고 태어났기에 서양 역사에만 혁명이 있다고 한다"면서 "이것은 인종의 성질 때문이 아니오. 종교의 성질 때문이다. 동·서양의 구별을 연구하는 자는 다 나의 의견에 동의할 것"[28]이라고 했다. 1919년 3·1운동 직후에는 "한국민들은 동양에서 처음 되는 예수교국을 만들고자 한다"[29]고 했다.

그리고 국가의 수반이 될 꿈을 키우며 해방 이후 개신교인과의 협력을 확대했다. 이승만은 1946년 반탁 운동 및 남한 단독 정부 추진 운동, 1947년 남한 단정 수립 및 총선거 관철 운동을 전개하는 과정에서 개신교 목사와 장로 그리고 권사들을 조직에 발탁, 기용했다.[30] 실제 이승만의 가까운 동료인 신흥우는 "공산당과 싸우려면 조직이 있어야 할 텐데 우리나라 방방곡곡에 교회가 있지 않소? 이 교회를 배경으로 해 활동하면 공산당 조직이라도 별 수 없을 것입니다"[31]고 했다.

1948년 5월 27일 국회의원 예비 회의에서 임시 의장으로 선출된 이승만은 "하나님과 순국선열과 3천만 동포 앞에 삼가 선서함"[32]이란 문구의 선서문을 채택했고, 5월 31일 제헌 국회 개원식에선 임시 의장직위로 "대한민국 독립민주국 제1차 회의를 여기서 열게 된 것을 우리가 하느님에게 감사해야 할 것입니다. 종교 사상 무엇을 가지고 있든지 누구나 오늘을 당해 가지고 사람의 힘으로만 된 것이라고 우리가 자랑할 수 없을 것입니다. 그러므로 하느님에게 감사를 드리지 않을 수 없습니다. 나는 먼저 우리가 다 성심으로 일어서서 하느님에게 우리가 감사를 드릴 터인데"라고 언급하더니 당시 제헌 국회 의원이자 감리교 서부연회장 목사 이윤영을 단상에 불러내 기도하게 한 데다,[33] 7월 24일 대통령 취임식에서는 '하느님의 은혜'를 되새기면서 "대통령 선서하는 이 자리에서 하느님과 동포 앞에서 나의 직무를 다하기로 일층—層 더 결심하며 맹서합니다"[34]라고 했다.

집권 이후, 이승만의 친개신교 성향은 국가 의전, 정책, 인사 등 구체적 통치 행위로 표출된다. 미군정부터 이어진 기조이지만 국가 기구 중요 직책에 개신교인이 중용됐다. 이승만 "초대 내각의 42.9%, 역대 장·차관 가운데 38%"를 이루는 것으로 나타났다.[35] 주목되는 점은 정보업무에서의 개신교 인맥인데, OSS전략사무국와 CIC방첩대, G-2정보참모부 등 미군 정보 기관 출신인 장석윤, 이순용, 장기영, 정운수, 임병직 등은 취임 후 2년까지 이승만 지근 거리에 있었다.[36] 특히 "장석윤과 정운수는 법적 근거도 없이 단지 이승만의 허가와 '고문' 자격으로" 업무를 수행했다고 한다. 일종의 비선 라인으로서 권한도 막강했다.[37] 이런 가운데 이순용과 장석윤은 1951년 치안 총책으로서 내무부 장·차관에 시차를 두고 각각 임명됐다. 시간이 갈수록 이승만 정부 인사의 개신교 편중 현상은 심화됐다. 1954년 이승만의 종신 출마를 가능케 하는 개헌안이 '사사오입' 시비 끝에 통과될 때부터 불교인이 장관으로 임명된 사례를 찾기 힘들다.[38] 1953년 11월 재편된 자유당에서 '3인 집행위원회'의 이갑성, 배은희, 이기붕은 핵심 실세로 부상하는데, 이들 모두 개신교 신자이고 특히 배은희는 장로교 목사였다.[39] 물론 당시만 해도 고등 교육 수혜의 분포나 민주주의에 대한 경험과 훈련, 해외 특히 미극과의 외교적 관계성 등을 따져볼 때 개신교 인사의 발탁 빈도가 높은 것은 불가피한 측면이 있다.[40] 그런 의미에서 초창기 개신교인의 정부 참여를 특혜와 편중 여부로만 재단하는 것은 무리가 있다는 지적도 있다.

그러나 일부 국가 제도 운용 등에서 나타난 명징한 종교 색채는 여전히 문제적 행보로 적시된다. 1951년 2월 공식 도입된 군종제도가 대표적인데, 시행 3년 뒤, 전체 장병 중 개신교인 비율이 20%로 신장되는 결과를 낳았다.[41] 이외에도 주일 성수를 우선시해 일요일 국가 행사를 최소화했다. 이런 가운데 1949년 7월 17일 제헌절이 일요일인 관계로 기념일을 하루 늦추는 일이 벌어져 국회에서 논란이 됐다. 국회의원 장홍염은 "구미의 식은 어떻게 됐는지 모르겠습니다만 정부에서는 일언반사一言半辭도 없이 월요일로 작정했다는 것은 대단히 실책"이라고 하면서 "우리의 독립선언기념일인 3월 1일이 만약 일요일이면 3월 2일 날 식을 거행해야 하겠습니까? 만약에 8월 15일이 일요일이라고 하면 8월 16일 날 해방 기념일을 맞이해야 하겠습니까? 구미의 식은 구미식이요 우리식은 우리식이올시다. 우리 대한민국에는 구미식이 적용되지 않으리라고 봅니다"라며 문제제기했다.[42] 국가 의식을 개신교 격식에 부합하게 진행했으며, 성탄절을 국경일로 지정하고 국기 배례를 주목례注目禮로 변경했다. 이뿐 아니라 형목제를 도입함으로써 수감자를 상대로 한 전도 활동을 허용했고, 개신교계 학교 특히 신학교 등의 설립 규제를 완화했으며, 6·25 한국전쟁을 계기로 외국의 구호물자와 자금에 대해 한국 기독교연합회(추후 한국기독교교회협의회로 개칭, 이하 NCCK)로 하여금 배분역을 담당케 했다.[43] 가장 괄목할 부분은 개신교 전도를 위한 지상파 방송인 기독교방송CBS을 허가했다는 점이다. 개신교 전도 방송은 이미 미군정 시기부터 국영 중앙방송국(이하 KBS, 1973년 공영방송 '한국방송공사'로 개편됨)의 일개 프로그램을 통해 송출됐는데 이승만 집권기 이후로는 독자적 방송 매체로서 분립하도록 한 것이다. 설립 허가는 순탄했고 운영 자금 지원까지 이뤄졌다.[44] 특기할 것은 초대 국장인 미국 선교사 디캄프E. O. DeCamp인데, 그가 정부 수립 전 반공으로의 전향 작업을 전담하는 미군정 현장 수행인의 2세였다는 점이다.[45] 게다가 미국교회협의회NCC 산하 라디오및시청각복음전도협의회RAVEMCO의 거국적인 지원이 뒷받침됐다.[46] 따라서 기독교방송 허가는 미국의 친미 반공 개신교 국가 건설 전략과 동조同調돼 있었다고 봐야 한다. 기실 라디오를 통한 프로파간다의 위력은 이미 제2차 세계대전 당시 독일 나치 선전상 괴벨스P. J. Goebbels의 선전 선동술을 통해 입증이 된 바, 미국 정부와 개신교계는 라디오를 통한 방송 전도와 반공사상 확산에 관심을 가졌고, 특히 아시아 지역을 중심으로 네트워크를 확장하는 데 공력을 들였다. 1956년 미국의 팀TEAM선교회가 주체가 된 한국복음주의방송현 극동방송에 대한 허가도 같은 맥락으로 봐야 한다. 한국복음주의방송은 기독교방송과 달리 반공노선과 개신교 전도를 노골화했는데, 1954년 허가 청원서에 명시한 설립 목적에 "기독교의 복음과 자유 세계의 소식을 전함으로써 공산주의와 항거함"[47]을 명기했다. 당시는 미국 NCC의 국제기구인 세계교회협의회WCC에 대한 용공 시비[48]가 제기됐고, 이에 대응하는 중도 우파 노선의 교회 연대 기구로 전국복음주의자협회NAE가 활동을 본격화한 시점이었다. 전국복음주의자협회의 후원을 받은 한국복음주의방송은 중공과 서해 건너 마주하는 인천 논현동에 송신

소를 두고 20kw 고출력으로 AM 전파를 송출했다.[49]

이승만 정부의 종교 편향성은 개신교 우대만이 아니라 비개신교
도 차별에서도 지적된다. 한국 불교계는 이승만 집권기에 정화유시
淨化諭示로 극심한 탄압을 받았다고 주장한다. 정화유시는 1954년 정
부가 친일 불교를 타파한다는 명분으로 불교 교단과 사찰에서 대처
승을 축출하고 독신 비구승이 그 역할을 대신하도록 하는 조치다.
문제는 비구승이 최대 1,000명에 불과하며, 대처승은 무려 7,000여
명에 이른다는 점이다.[50] 이는 결국 이승만이 개혁이라는 미명 아래
불교 교세의 현저한 위축을 도모한 것 아니냐는 의혹을 낳는다. 이
는 비구승 측이 종단 내 주도권 경쟁에서 열세로 몰릴 때마다 경무
대에 찾아가 이승만으로부터 유시를 받아냈고 그 횟수만 8회였다는
점을 보더라도 알 수 있는 것이다.[51] 이승만의 정화유시 배경과 관련
해 이재헌은 "이승만이 불교계의 분쟁에서 왜색 불교를 타파한다는
명분을 들고 나온 것은 해방 이후 친일파를 정죄하지 못하고 오히려
그들을 정권의 지지 기반으로 삼아 정권의 정통성이 취약하다는 국
민의 비판 여론을 환기시키고 호도하기 위한 고도의 정치적 계산이
깔려 있는 것"[52]이라고 했다. 2011년 7월 18일 조계종 불교사회연구
소가 개최한 '불교와 대통령 이승만'이란 제하의 종책 토론회에 참
석한 민족문제연구소 연구실장 박한용도 "불교 정화의 명분이었던
왜색 불교 퇴치라는 명분은 이승만이 기독교계의 친일 인사들을 중
용한 것을 보자면, 이는 정치적 명분일 뿐이었다"[53]고 했다. 그러나

같은 자리에 참석한 뉴데일리 이승만연구소 공동 대표 이주영은 "이 승만은 '천상, 천하의 질서를 마음대로 바꿀 수 있어도 내 모친의 종교는 바꿀 수 없다'며 모친의 종교인 불교를 아껴 대통령이 돼서도 종종 절을 찾았다"며 "이승만이 기독교 신앙인으로서 나라를 이끌어가려 한 것은 사실이지만, 1950년 농지개혁법에 의해 사찰들이 소유한 농지를 잃게 됐을 때 이미 농민들에게 분배된 사찰의 농지를 초법적 조치를 통해 다시 환수해 사찰로 돌려주게 하면서까지 불교계를 도왔다"[54]고 반론을 제기했다.

불교 외에도 차별과 억압을 받은 종교가 상당했다. "(이승만) 단정 수립에 비판적이었던 유교와 대종교, 천도교 등은 국가로부터 여러 불이익을 당해야만" 했고, 6·25 이후에는 전란 피해까지 더해 "몰락에 가까운 심각한 타격"을 경험했다.[55] 특히 대종교는 해방 이후부터 서울운동장에서 열렸던 개천절 행사를 강화도 전등사로 옮겨 가 지내야 했으며, 대통령의 참석 등은 임기 내내 기대할 수 없었다. 이뿐 아니다. '기미독립운동 연호'를 써야 하니 '단기연호檀紀年號'는 폐기해야 한다는 주장과, 단군이 신이 아닌 인간이기에 단군신앙은 '미신迷信'에 불과하다는 지적을 경험하기도 했다.[56] 이승만 임기 중 '미신'으로 매도당한 무속인의 고충은 상당했다. 이승만의 측근이며 목사인 이윤영은 "1950년 3월까지 재임하는 동안 '미신타파주간'을 정하는가 하면 '신생활운동'을 전개하고, 무당 조합을 해산하고 '무당계몽대회'를 개최하는 등" 신앙심과 애국심이 혼재된 듯 미신 일

소에 나섰다.[57] 개신교단의 미움을 사는 인사는 여지없이 표적이 됐다. 1959년 12월, 대법원은 기성 개신교단으로부터 이단으로 규정된 전도관(천부교) 교주 박태선에 대해 "하느님 은혜를 많이 받으려면 헌금을 많이 해야 한다"고 설교해 여러 교인의 재산을 가로챘다며 형법상 사기죄를 인정했다. 김지방은 이에 대해 "정도의 차이가 있을 뿐 오늘날 일반 교회에서도 공공연하게 (헌납을 요구하는) 설교로 전파되고 있지만 정부가 일일이 규제하지 않는다"[58]고 했다.

해방 전 37만이었던 개신교세는, 이승만 취임 2년차인 1950년에 남한만 그 수가 60만에 이르렀고, 그가 물러나던 1960년에는 160만을 헤아리게 됐다. 이 통계를 소개한 유영익은 "대한민국은 한국 역사상 최초의 기독교인 통치자였던 이승만 대통령의 기독교 장려 정책에 힘입어 우리나라 역사상 처음으로 기독교 정권의 탄생을 경험했고 나아가 아시아 굴지의 기독교 국가가 된 것"[59]이라고 평가했다.

미군정의 친미 반공 개신교 국가 건립 구상과 이승만 집권기 개신교 우대 기조의 국정 운영을 현 시기의 정치 의식과 사회 규범의 잣대로 재단裁斷하는 것은 무리다. 명문화된 정교 분리 원칙을 위배하고, 종교 다원성을 인정한 대한민국 헌법 정신을 유명무실하게 한면은 있지만 이 역시 현실적 한계에 기인한 점임을 부정할 수 없다. 우방 미국의 경제 외교적 조력이 절실한 데다, 공산주의 체제와 군사적으로 대치하던 엄중한 국면이고, 국가 요직에 발탁할 가용 인적 자원이 매우 빈약한 터여서 과도기적 모순이 불가피하다는 것이다. 그런 의미에서 미군정과 대한민국 정부의 가교 역할을 하며 친미 반공 친개신교 노선을 명징하게 추구했던 초대 대통령 이승만의 행보가 일반의 지적대로 기회주의와 사대주의로만 단정할 바인지는 되돌아 볼 여지가 있다.

낙후된 근대성과 미개한 문명으로 중국, 러시아, 일본 등에 무시당하는 조국의 미래를 안타까워한 이승만은 개신교 선진국인 영국과 미국 모델을 민족의 활로로 설정했다. 이같은 의도는 "우리도 오늘부터 깨달아, 우리 손으로 힘을 들여 나라를 영국과 미국처럼 만들어 놓고, 세계 각국에 선교사를 파송해 야만과 미개한 인종들에게 전도할 건데"[60]라는 언급에서 상세히 드러난다. 이승만은 민족 전체가 낡은 유교적 관습을 버려야 하며 개신교 전통에 기초한 서구적 가치를 수용해야 한다고 봤다. "지금 우리나라에 이런 이치를 아는 자도 우리 예수교인뿐이오. 이런 사정을 근심할 자도 예수교인뿐이라. 이 몇만 명의 교인들이 발 벗고 나서서 주야로 일을 해도 2천만 잠자는 동포들을 하루아침 저녁에 깨우칠 수 없을 것"[61]이라고 밝힌 부분이 그렇다. 기실 이 입장은 집권기 개신교와 개신교인을 우대했던 태도에 녹아있다. 이승만에게 서구적 가치란 "인간에게 주어진 자유권·자주권·평등권 등을 보호하기 위해 국가가 설립됐"으며, 이 정체를 실현하고 유지하며 계승하는 방법으로 "교육을 통한 국민 의식의 개혁"을 제시했다.[62] 계몽적 입장은 이 발언에 개입돼 있다. "우리도 어서 바삐 깨달아 남의 노예 대접도 받지 말고 다른 사람을 노예로 삼지 말며, 우리가 다른 사람을 대할 때 자기 자신을 대하듯해 어느 누구도 평등한 권리가 침해당하지 않도록 해야 할 것이다."[63]

국교를 부정하고 민주주의 헌법 질서를 따르는 정부 체제에서 특정 종교가 특혜를 입고, 반대로 다른 종교가 차별을 입는다면 이는 명백한 부조리다. 하지만 개신교 장로였던 대통령 이승만의 1·2·3공화국 재임기에는 명징한 현실이었다. 그런데 대통령으로서 이승만의 종교적 입장은 '두 왕국론'보다는, 개신교인과 비개신교인으로 구분하는 '두 국민론Two Nation Theory'에 가깝다. '두 국민론'은 1980년대에 가서야 정의된 것인데, 영국 대처 총리가 신자유주의 정책을 펼치면서 이에 저항하는 노동자 계급을 도태시키려는 정략으로 정명됐다. '배제의 정치'를 기틀로 삼는 '두 국민론'은 요컨대 정부가 추구하는 정책에 수긍하면 국민으로서 예우해줄 것이나, 그렇지 않으면 모든 공공적 혜택으로부터 도태시킨다는 것이다. 그러나 이는 국민 간 갈등을 부추기고 사회 통합을 위한 비용을 증가시키면서 서구 사회에서 용도 폐기됐다. '개신교 국가라야 민족의 장래가 보장된다'는 '민족지사' 이승만 인식에 우국충정憂國衷情의 진정성이 개입됐다 하더라도, 유구한 전통과 역사로 축적된 한국적 가치를 맹목적으로 부정하고 '패권覇權의 종교'로서 개신교를 각인시켜 민주공화국의 가치를 훼손한 것은 '대통령'으로서 마땅히 비판 받을 일이다. 4·19혁명 직후에 나온 『기독교사상』 1960년 6월호에서 목사 강신명이 한

말이다. "이(승만) 박사가 애국자요, 혁명가였던 것은 사실이나, 20년 간의 실정은 그가 정치가는 아니었다는 것이 밝혀졌습니다."[64] 이 시기에 각종 기록과 보도물에 나타난 한국 개신교회는 마치 13세기 이후 모든 황제 위에 군림하며 강력한 지배력을 행사하던 로마 천주교회를 떠올리게 한다. 공산주의에 가장 큰 피해를 입었고 이에 대적하는 대표적 종교로서 이념적 사명에 경도된 듯 보인다. 이승만 정부의 성패는 곧 반공주의의 성패이며 이는 개신교회의 성패라는 인식을 느끼게 하는 것이다. 그러나 정부 및 교회의 역할과 기능에 관한 16세기 루터의 인식에만 근접했어도 이승만 정부의 몰락으로 인한 사회윤리적 책임을 함께 지는 일은 최소한이었을 것이다.

....

6 · 25 한국전쟁과
반공주의

....

반공주의는 신학일까. '반反'을 표방하는 주장이 독자적 사상 체계로 성립한 사례는 흔치 않다. 또 신학에는 신, 그리스도, 인간, 구원, 교회에 관한 모든 관념 등이 개입돼 있어야 한다. 그러나 한국 개신교회에서 반공주의는 신학 그 이상의 가치로서 신조화돼 있다. 이러한 문화교차 과정은 어떤 국가관과 종교관으로 표면화될까.

　　류대영은 미국 보수 개신교계가 19세기 초만 해도 "노예제도 폐지를 위해 애쓴 사람, 여권 신장에 힘써 오늘날 여성주의의 선구자가 된 사람들이 많이 있었다. 금주 운동, 교육 보급, 감옥 개선, 빈민 구제 등에 적극적으로 나서 그런 활동을 전 사회적인, 혹은 전 국가적인 개혁 프로그램으로 만든 사람들도 복음적 기독교인"이었다고 봤다. 그런데 신신학의 발호 및 도전으로 사회 현실로부터 도피하고 타계적 신앙에 몰입하는 근본주의 신앙이 보수 신앙의 대세를 장악하게 된다. 때마침 공산 진영 영토적 확산에 박차를 가하는 소련이 위협적으로 대두되면서 미국 보수 교회는 '무신론적 공산주의'를 '진화론과 더불어 성경과 하느님의 권위에 도전하는 사탄의 주무기'라고 인식하며 정면으로 맞선다.[65] 1950년 미국 상원의원 매카시J. R. McCarthy의 '공산주의 추종자 명단'이 무차별 폭로되고 교회에 부화뇌동한 것도 같은 맥락이었다.

　　해방 후 한국의 반공사상은, 미군정과 이승만 정부 체제의 정당성을 대변하는 기제가 됐다. 그러나 종래의 반공사상은 1948년 분단보다는 1953년 종전에 형성된 것으로 봐야 한다. 박명림이 "1948년의 38선은 아직 잠정적 분할선이었다면 1953년의 분할선휴전선은 비로소 고정적 항상적 분할선으로 등장해 사실상의 국경으로 자리 잡게 됐던 것"이라며 "국가 형성에서 가장 중요한 요인의 하나라고

한국 개신교와 정치

할 수 있는 국민 형성과 관련해 국가에 대한 충성 의식, 즉 국민 의식을 확고하게 구축한 것도 한국전쟁을 지나면서부터였다. 국민으로서의 관념과 의식이 확고해진 이 시점에서야 비로소 남한과 북한의 구성원들은 자기 체제에 대한 충성을 확고하게 인식하기 때문이다. 국민 형성은 더 말할 필요도 없다 하겠다. 흔들리지 않는 대한민국 의식의 범위 형성. 국가영토territorial boundary와 집합적 국민 정체성 및 집합 의식＝국민됨nationhood이 비로소 일치하는 계기를 만들어 준 것이 한국전쟁. 나아가 국민 의식 속에 국가와 정권, 정부가 일치하는 효과를 가져왔다는 점은 이승만 체제로서는 커다란 정치적 이익이자 소득"[66]이라고 했듯, 전쟁을 경험한 이후의 반공은 누가 뭐랄 것도 없이 한국민 내면의 확신에 기초했다.

이를 위해 정서적 토대를 닦은 민간 차원의 주체는 미국의 경우와 마찬가지로 개신교회였다. 해방 전 단계까지의 반공은 무신론이나 유물론 등 기성 교리와의 괴리에 더해, 일본과 대결하는 소련에 대한 진영적 반감 정도인 저준위의 금기에 그쳤다.[67] 요컨대 이 시기까지 공산주의는 사변적 위협에 그칠 뿐, 실상으로 체감되는 것은 아니었다. 그러다가 해방이 되고 거신교계는 신사참배로 인한 배교 책임 추궁론으로 몸살을 앓고 있었다. 근본주의 신학 노선에 비춰 일본 귀신에게 배례를 한 것이 해명의 여지를 허용하지 않자, 탈출구를 잡지 못했던 교회 지도자는 김형수 표현대로 "형편없는 보수주의"에 경도되며, "자기 모멸감을 회피하는 기복적 경향"을 명확히 해갔다.[68] 그리고 얼마 안 지나 "진정한 악마"가 따로 있다며 교인으로 하여금 이를 표적으로 삼게 했다.[69] 이는 바로 공산주의였다.

반공이 실체로서 수용된 계기는 38선 이북 지역의 '토지 개혁'이었다. 이북의 임시인민위원회는 1946년 3월 5일, 4%의 지주가 58%의 총 경지 면적을 소유하고 있고, 70%의 농민이 소작 상태인 부조리를 바로잡겠다며 '북조선 토지 개혁에 관한 법령'을 발표한다. 무상 몰수와, 무상 분배의 원칙에 따라 지주 계급을 사실상 퇴출하고 빈농과 중농이 농민의 대다수를 차지하도록 하는 일대 극약 처방은 지주 토지 몫의 80%를 몰수하고 총 경지 면적의 52%를 회수하는 결과를 낳았다.[70] 38선 이북의 자산가 중 지주 계급은 부동산 공여 요구에 반발했지만 토지 개혁은 수순대로 진행됐고 이 과정에서 모욕, 강탈 등의 압박과 횡포도 수반됐다.[71] 이에 반발한 지주 계급 상당수는 월남하게 된다. 그러나 이들의 규모를 계량화할 지표가 부재하다. 분단에서 종전기까지의 월남자 전체 규모를 집계한 통계조차 없기 때문이다. 그래서 일부에서는 500만 명이 남쪽으로 옮겨왔다고 주장하지만 이는 과장돼 보이고, 학계에서 정부 발표 인구 통계 등을 감안해 추산한 바에 따르면 최소 60여만 명에서 최대 130여만 명까지 가늠된다는 것이다.[72] 주목되는 또 다른 조사는 '한국전쟁 중 월남자를 대상으로 한 이주 동기'를 설문했던 '한 표본조사'다. 결과는 정치 제도와 사상을 꼽은 의견이 38.7%, 토지 개혁에 의한 재산 강탈 19.0%, 국군의 피난 권유 25.0%, 기타 의견 17.3%로 나타났다.[73] 이런 가운데 강인철은 "1945년 해방 당시 전체 개신교 신자의 60% 가량인 20여만 명이 북한 지역에 살았는데, 이들의 35~50%에 해당하는 7만~10만 명이 1945~1953년 사이 남한으로 이동했고, 이들은 남한 개신교 인구의 대부분을 차지하는 장로교와 감리교에서 교회 권력을 장악하며 개신교 내부의 여론을 주도했다"는 분석을 제기했다.[74]

이들은 신앙의 자유를 찾아 월남했다고 주장한다. 신의주에서 목회하다가 1945년 월남한 목사 한경직은 1948년 유엔한국임시위원단을 상대로 북한 주민의 종교 상황과 집단 이주 이유에 대해 "월남한 이북인은 첫째 사상이 전혀 달라서 왔고, 둘째는 공산주의자들과 같이 할 수도 없으며 노력할 수도 없기 때문"[75]이라고 했다. 그러나 북측 목사 강량욱[76]은 1947년 "목사들 중 일부는 '월남한 개신교인 지주들'이 북한의 '종교 박해에 관한 거짓말'을 퍼뜨리고 있는데 그들이 걱정하는 것은 신앙이 아니라 토지"[77]라고 반대되는 입장을 밝힌 바 있다.

이런 양측의 주장 모두 진실에 기반한 것일 수 있다. 기실 이북의 집권 세력인 북조선인민위원회 역시 선언적으로나마 종교의 자유를 약속했다. 하지만 어디까지나 '사회주의 혁명' 추진에 방해가 되지 않는다는 전제였다. 이런 와중에 지주 집단은 자신을 겨냥한 토지 개혁에 소극적이나마 반발과 저항으로 대응했다. 그리고 개신교인이 상당수 속한 이들은 인민위원회에 의해 혁명 추진에 방해되는 집단으로 규정되고 여지없이 핍박당한다.[78] 이에 반해 인민위원회에 협조한 개신교인도 있었는데, 이들은 1946년 11월 북조선기독교도연맹의 주축이 된다.

이렇게 해서 월남한 개신교인은 가장 강력한 반공사상의 증언자이고 전파자로서 존재감을 확립한다. 월남자의 교육 수준은 평균 이상치로 추정된다. 통계에 따르면, 1943년 당시 평안, 황해, 함경도의 사립학교 수는 264개교로, 80여 개에 불과한 남한을 압도했다. 1944년 기준으로 조선의 미취학자가 전체 2/3에 해당했다. 여기서 주목되는 점은 전국의 유수한 각종 사립학교의 70%가 이북에 집중됐고, 대부분이 개신교 계열이었다는 점이다.[79] 게다가 신사참배 거부로 추방당한 미국 개신교 선교사에게서 학교를 인수한 실업인의 영향을 받은 터라 친자본, 친일 노선 역시 강했던 것으로 추정할 수 있다.[80] 이들 중 일부는 서북청년회를 구성해 남한 내 무장 활동을 전개했고, 또 다른 일부는 남한의 정치, 경제, 종교 등의 분야에서 한국 보수 세력의 근간을 형성했다.

한편 이들의 반공사상이 어떤 맥락에서 형성됐는지는 한경직의 삶이 잘 보여준다. 1945년 해방 이후 38선 이북 지역에 소련군이 진주하고 공산주의 국가 수립 의도를 확연히 하자, 한경직은 공산주의 견제를 위한 수단으로서 동료 목사 윤하영과 더불어 기독교사회민주당을 창당한다. 하지만 소련군의 노골적인 적대감을 못 이기고 1945년 11월 1일 38선 이남 서울로 이주해 12월 27명의 월남한 신자와 함께 베다니교회^{현 영락교회}를 설립한다. 영락교회는 예배처소 이상의 의미를 지녔는데 피난처이며 삶의 터전이었다.[81] 한경직의 위상은 다른 월남자와 달랐다. 한경직은 미국 유학파로서 "미국 정계의 보수, 반공주의적 인사들과 특별한 관계를 갖고" 있었고, 북장로교회의 든든한 뒷받침을 받던 터였으며, "해방 정국과 한국전쟁을 전후한 시기에 반공주의를 대표하는" 월남자의 수장이었다.[82] 한경직은 설교에서 "자유 민주 국가의 첫째 되는 원수는 공산당입니다. 우리는 이 자유를 확보하려면 이 자유의 첫째 되는 원수를 격멸해야 합니다. 그러므로 우리는 하느님의 영광을 위해, 또 인간의 존엄성을 위해 이러한 사상을 뿌리뽑아야 합니다"[83]라고 했다. 공산주의가 애초 천명했던 인본주의적 이상理想 사회의 건설과 무관하게, 재산을 강탈하고, 민중을 압살하며, 양민 학살까지 서슴지 않는 등 종말론적 적그리스도에 가까운 만행을 저질렀다고 주장한다.[84] 또 다른 설교에서 그는 "공산주의라는 말을 타고 사회 정의와 무산자 해방이라는 간판을 내걸고 인간의 최대 본능인 물욕에 호소해 인간을 동물로 환원還元케 하며 하느님도 모르는 유물론적 견지에서 인간 생명을 보아 테러, 방축放逐, 약탈掠奪 등을 일삼고 기독교를 박멸하려는 자로 이는 소련을 통해 들어옵니다"[85]라고 했다.

한국에서의 종교적 반공 논리에 대해 강인철은 "첫째, 공산주

세력을 사탄 내지 적그리스도와 등치시키는 '사탄론', 둘째, 세계적 냉전 체제에서 공산주의 세력과 대결하는 '자유민주주의 진영의 최전선'이라는 한반도의 지정학적 위치와 깊은 연관을 두며 전쟁을 '하느님이 한민족을 선택해 특별한 사명을 부여하신' 계기이자 징표였다는 '반공주의적 선민 의식', 셋째, '한반도 중심의 세계 구원'이라는 관념을 축으로 하는 '종말론적 구원론', 넷째, 공산주의자들에 의해 희생된 이들을 순교자로 성화하고 숭배하는 '순교담론' 등으로 나타났다"[86]고 했다. 손태규는 "개신교는 공산주의가 무신론적이며 전체주의적이라고 주장한다. 공산주의자들은 신을 부정하고 따라서 종교를 반대하며 나가서 교회를 박해한다는 것이었다. 그리고 공산주의는 전체주의로서 스스로가 개신교가 가진 신의 전체성을 탈취했다는 것이다. 동시에 전체주의는 신만이 가진 전체성, 혹은 완전성을 자신들의 사상과 지도자에게서 보려고 한다는 것이었다. 이렇게 개신교는 아마겟돈 전쟁의 논리에 따라서 선한 국가인 미국을 지원하고 악의 국가인 소련과 동유럽 국가들의 공산주의에 반대하는 활동을 하는 것이 곧 선교적 과제, 기독교 선교였다. 따라서 악마에게 사로잡힌 무신론적이고 전체주의적 세계를 붕괴시키고 그 자리에 복음을 전파하고 교회를 세우는 것이 곧 예수의 지상 명령 즉 선교의 사명을 다하는 것이라고 생각했다"[87]고 했다.

맹목적 반공주의는 남북만이 아니라 개신교계 내부에서도 강경한 편 가름 현상을 낳았다. NCCK의 국제기구인 WCC가 1958년 중

화인민공화국에 대한 공인과 함께 유엔 가입 지지 입장을 표명하고, 공산주의와의 평화 공존 정책을 펴도록 미국 정부에 건의했으며, 그 선전비로 3,500만 달러를 쓰기로 했다는 출처 불명의 주장이 번지자 이미 1951년 고신, 1953년 한국기독교장로회(이하 기장)이 갈라져 나가 이미 삼분된 대한예수교장로회는 1959년 또 한 번 분리된다. NCCK 탈퇴를 주장하는 박형룡 등 보수파는 '합동', 이에 동조하지 않은 나머지 세력은 '통합' 교파로 분립한 것이다. 1961년 성결교도 WCC 용공성 시비로 기독교대한성결교회와 예수교대한성결교회로 분열됐다.

내세 지향을 뚜렷이 하는 한국 개신교 보수주의 신앙이 그나마 확고하게 표명하는 사회 정치적 입장은 반공주의다. 그러나 대부분 공산주의 정치 세력에 대한 체험적 분노가 주류를 이루고 있고, 사상적 본질과 관련한 연구와 토론은 금기시된다. 그러나 따지고 보면 사회주의의 이론적 정체성이 '말세의 징조'로 매도될 만큼 기독교와 현격하게 괴리되는 것은 아니다. 성서와 역사의 경과를 따져보더라도 하느님의 관심은 자본보다 노농勞農에 쏠려있음을 한경직도 인정했다. "사회 사상이란 안경을 통해 기독교를 생각해본다면 기독교의 동정은 오히려 노농勞農에 있습니다. 그것은 4복음에 기록된 예수의 행적을 봐서, 혹은 성경의 교훈을 봐서, 혹은 초대 교회의 유무상통제도를 비롯해 수도원 같은 제도를 만들며 내려온 기독교의 역사를 봐서 잘 알 수 있는 것"이라면서 "공산주의도 노농 계급 해방

운동이고, 기독교도 노농 계급에게 복음과 해방을 주는 종교인데 항상 서로 반대하는 지경에 있는 것은 무슨 까닭입니까?"[38]라고 했다. 나아가 유토피아 세계의 건설 이론도 사회주의와 성서의 맥락이 유사하다. 기실 성서는 신구약을 막론하고 공유를 강조하는 공산주의보다 물질에 치중하는 자본주의를 좀 더 경계한다. 구교형은 이와 관련해 "개인의 소유와 처분을 인정하"나, 이를 추구하는 "노력이 공의와 함께 가지 않으면 화를 부르고(미가 2:1), 개인의 소유권도 하느님이 보장하는 인간의 다양한 권리 중 하나"지만, "개인의 권리들은 항상 공공의 필요나 다른 이들의 생존권에 우월하지 않으며"(출애굽기 23:10~11, 레위기 19:9~10, 신명기 24:10~13), 이중 "부동산은 처음부터 자유로운 매매 대상에서 제외됐고(레위기 25:23), 공동체의 필요와 공익을 위해서는 얼마든 제한받았다"고 했다.[89] 강자의 탐욕이 용인되고 약자의 고통이 방치되는 것은 성서의 원리와 충돌하는 것이다. 영국 윤리학자 프레스턴R. Preston은 『자유 사회와 도덕 질서 *The Moral Order of a Free Society*』에서 "민주적 자본주의와 결합된 자유는 너무 개인주의적이다. 시장도 통제하지 않고 버려두면 노동을 단순한 생산 수단으로 보고 토지와 자본도 비인간적으로 사용하게 된다. 우리는 개인이 자기 멋대로 행동하지 못하도록 시민들이 서로 주고받을 수 있는 건강한 사회 구조를 만들 필요가 있다"면서 "자유를 강조하는 만큼 평등도 강조해야 한다"[90]고 했다. 이덕주는 "사회주의에 장점만 있는 것은 아닙니다. 단점도 있습니다. 그건 자본주의도 마찬가지입니다. 이미 그 한계와 문제점이 드러날 만큼 드러난 자본

한국 개신교와 정치

주의와 사회주의의 장단점을 상극이 아닌 상생의 관점에서, 배타가 아닌 포용의 논리로 정리하고 종합할 때 두 이념과 체제가 대화하고 협력할 수 있는 제3의 영역이 마련될 수 있을 것입니다"[91]라고 했다. 이 말이 공감을 얻으려면 성서의 가르침이 현존하는 사상과 이념에 초월한다는 진리의 자긍심이 전제돼야 할 것이다.

이 시기의 교회는, 성서에 준거해 무엇이 옳고 그른지 주체적으로 연구해 판단하기보다는, 분별된 정치 이념적 피아에 따라 체제 진영 논리에 몰입하고 안주했다. 이는 북한에서도 발견된 현상이었다. 김흥수 주장에 따르면, "불의와 죄악을 제거하기에 어떤 것도 아끼지 말라고 하신 예수 그리스도의 가르치심을 받들고 정의로운 우리의 승리를 위해 영웅적 인민군대에게 비행기, 탱크, 함선을 더 많이 헌납하기 위한 기금 거둘 운동을 교도들 사이에서 더욱 맹렬히 전개하자"며 1950년 남침 전쟁 동참을 선동한 황해도 신천 서부교회 목사 김익두는 기독교도연맹총회 초대 총회장을 지냈고 비행기, 탱크, 함선 기금 10만 원을 김일성에게 헌납했음에도 10월 중순부터 퇴각하는 인민군에 의해 살해됐다고 한다. 한 증언에 의하면, 종전 당시 이북에 남은 목사 수는 20명도 되지 않았다고 한다.[92] 한국전쟁기에 남북한 교회가 자본주의와 공산주의로 극명하게 갈린 것 같지만 관변성만은 경이적으로 일치했다. 전쟁이라는 특수한 상황이라고는 하지만 종교가 주체성을 상실한 채 국가 권력에 문제 인식 없이 예속되던 시대의 단면이다.

이승만과 종교 간
협력 및 갈등 관계

   1948년 대한민국 정부 수립 후 출범한 반민족행위특별조사위원회는 '반민 피의자'로 657명을 적발했다. 강인철은 이중 김길창, 양주삼, 정춘수, 주요한 등 개신교만 38명이 추출되며, 이는 불교 5, 천도교 3, 유교 2, 신도 2, 기타 2명 등 나머지 종교의 총합을 능가하는 것이라고 했다.[93] 해방 후 개신교 지도자의 일제 강점기 당시 행적은 교회 내부에서도 첨예한 논란거리였다. 신사참배를 거부하다 수감돼 해방 후 출감한 '출옥 성도' 50여 명은 '반민 피의' 특히 배교한 교회 지도자를 상대로, "첫째, 교회의 지도자들은 모두 신사참배를 했으니 권징勸懲의 길을 취해 통회 정화한 후 교역에 나갈 것. 둘째, 권징은 자책이나 자숙의 방법으로 하되, 목사는 최소한 2개월간 통회 자복할 것. 셋째, 목사와 장로 휴직 중에는 집사나 평신도가 예배를 인도할 것. 넷째, 교회 재건의 기본 원칙을 전국에 전달해 일제히 실행하게 할 것"[94] 등을 요구했다. 그러자 신사참배안 가결 당시 총회장이던 목사 홍택기는 "교회를 지키기 위해 나섰던 사람"의 "고생도 다르지 않다"며, "신사참배 회개의 문제는 개개인이 하나님과의 직접 관계에서 해결"[95]해야 한다며 거부했다. 그런데 이 갈등은 반민족 행위에 대한 쟁론적 맥락이 아니라 배교로서의 우상 숭배를 교회

법적으로 권징하려는 양상이었다.[96] 신사참배 거부로 혹독한 고문을 당해 끝내 옥사한 '순교자' 목사 주기철의 의거도 본질은 애국애족과 달랐다. 목회 활동 당시 교인에게 독립 자금 지원 중단을 지시한 사례가 있을 만큼 주기철의 태도는 타계적이었다. 이와 관련해 주기철의 차남 주광조는 "정확한 사실은 알지 못하지만, 알다시피 부친은 독립 운동은 개인 자금으로 해야지 하느님께 바친 헌금으로 해선 안 된다는 입장"[97]이라고 밝힌 바 있다. 한국적 신학 기풍 즉 근본주의의 핵심 기치인 정교 분리 기조가 여기서도 강력하게 작동된 셈이다. 이같은 배교 논란은 1951년 고신으로의 장로교단 분리로 종식됐지만, 이보다 앞서 이승만 정부의 반민족행위특별조사위원회 해체 즉 반민 피의자의 사면으로 가닥이 잡혔다. 그보다 더 선행되기로는, 한반도 내 친미 반공 개신교 국가의 건설을 추구하며 한국 교회 단합을 도모하기 위해 개신교 우대 정책을 펼친 미군정의 구상이 있었다.

이승만 정부 체제의 성과와 교회의 존재 목적을 일체화하다시피 한 개신교는 선거 국면에 적극 임했다. 1952년 8월 5일 실시된 제2대 대통령 선거 국면에서 『기독공보』는 '위대한 민족의 영도자, 호교 정치의 업적도 찬연, 기독교인은 명심 투표하라' 제하의 기사에서 NCCK 입장을 인용하며 대통령 이승만이 "일. 국기 경례를 주목례로 했고, 이. 국군에 종군목사제를 대통령령으로 했고, 삼. 국가 의식을 기독교식으로 지령"[98]한 공로가 있다며 '기독교계'의 '혼연일체' 지지를 호소했다. 또한 NCCK 기독교선거대책위원회는 당해 선거를 "기독교 대 반反기독교의 엄숙한 선거 결전決戰"[99]으로 규정하더니, 전국적인 조직망을 구성해 선거 직전 주일인 8월 3일에 전국 교회가 일제히 조국 재건과 정·부통령 선거를 위한 기도회를 개최하도록 했다. 부통령 러닝메이트 선출 과정에도 개입했다. 이승만이, 출마를 위해 내무부장관직을 내놓기까지 한 유력 주자 이범석을 배제하고 개신교 인맥인 목사 함태영을 천거하자, 개신교인인 후임 장관 김태선은 함태영 부통령 추대 운동을 벌였고,[100] 개신교계 역시 기독교 각 단체 선교 후원회 명의의 '전국 기독교인에 고함'이라는 성명에서 "대통령 선거에 있어서는 민족의 영도자이시며 우리 기독교인이신 이승만 박사께서 압도적 다수로 재선되실 것은 거의 틀림없는 사실"이라며 부통령 선거와 관련해 "우리가 기독교 출신 입후보자 중에서 그 어느 분이 기독교 표수 이외에 가장 많은 부동표를 획득하고 있느냐 하는 것입니다. 왜 그런고 하니 가장 많은 부동표수에다 우리 전국 기독교 표수만 집중시키면 우리가 기독고인 중에서 당선될 수 있는 법이 되는 까닭입니다"[101]라는 광고를 『기독공보』에 실었다. 이런 노골적인 선전전 끝에 '함태영 부통령'은 현실이 됐다. 이후인 8월 19일 NCCK는 "기독교인 정치협의회의 결성을 촉진해 기독교인의 의사를 정치에 반영시킬 것"을 결의했다. 이를 소개한 최종고는 "이때 누(군)가(가) 정치와 종교의 분리를 주장했다면 시대의 이단아가 됐을 것이다. 이만큼 이 시대의 한국 개신교는 정치로 몰입해 있었고, 따라서 한국 정치 자체를 기독교^{개신교}인이 장악해 기

한국 개신교와 정치

독교화해야 한다고 생각했기에 특별히 기독교 정당 같은 것은 생각해볼 필요조차 없었다. 당시 주요 기독교인이 참여하고 있던 자유당 자체를 기독교 정당이라고 생각하그 있었는지 모른다"[102]고 했다. 대한예수교장로회 총회가 1954년 인수한 『기독공보』는 3대 대통령 선거가 목전이던 시점의 사설에서 '하느님을 두려워하는'[103] 후보를 정부통령 자격 조건으로 제시하며 이승만을 측면 지원했다. 1960년 이승만 정부 붕괴의 핵심 단초가 된 제4대 정·부통령 선거 즉 3·15 직전에는 '자유당정부통령선거중앙대책위원회' 명의의 '대통령에 리승만 박사로 부통령에 리기붕 선생을'이란 제목의 광고 게재를 승인했다. 이 광고는 "선거에 대한 교회의 엄정 중립"을 강조하면서도 "다음에 교인들은 기독교 정신(진리, 자유, 정의)을 정치에 반영시킬 수 있는 인물과 반공 정신이 철저한 인물을 지지하자"고 밝히더니 "개신교 '원로'인 이승만을 대통령으로 뽑자"고 주장했다.[104] 이기붕은 이승만과 같은 교회인 정동저 일감리교회 권사였다. 위원회는 이 광고에서 민주당 부통령 후보였던 장면이 천주교 신자인 점을 들어 "기독교는 공산주의와 싸우는 것은 물론 가톨릭과도 싸워 이겨내야 한다"고 주장하기도 했다.[105] 1960년 2월 18일, 한국 개신교 지도자는 "반도호텔에 모여 자유당 정권에 대한 지지와 충성"은 물론 목전의 선거 승리를 다짐한다.[106]

노골적인 (친)정부 입장과 대조듸게 정권의 실정과 부패에 대한 교회 차원의 비판은 극도로 자제됐다. 이는 정부 비판이 공산주의를 이롭게 하며 교회 부흥을 저해하는 반反개신교적 언사로 규정될 공산이 컸던 당시 상황을 표징한다. 그만큼 정권과 교회가 이익 공동체로 유착된 것이다. 다만 간헐적으로 빈약한 개신교적 사회윤리관에 대한 질타의 목소리는 제기됐다. 『기독교사상』 1957년 12월호에는 "오늘날 우리들의 현실의 파토스πάθος적 성격과 비극적 요소는 진지한 인사들로서 '도적질하지 말라', '왼편 뺨을 돌려 대라'는 개인윤리에 대해 이를 의심하고 심지어는 냉소적 태도를 취할 수밖에 없게 하는 심각성이 있음에도 불구하고 교회의 강단은 사회악의 사회학적 요인에 대한 아무런 신학적 반성도 없는 고답적인 '수신도화修身道話'만 하고 있는 것이 일반적인 실정이다. 이와 같이 교회는 이 비참한 현실의 신학적 설명을 하지 못하고 있을 뿐만 아니라 한걸음 더 나가 그리스도교의 진리가 새 한국의 건설에 있어서 사회적 원리를 구체적으로 제시하는 것과 같은 것은 더욱 하지 못하고 있다. 다시 말하면 오늘날 우리 교회의 긴급한 과제 가운데 하나는 하루속히 우리 현실의 지침이 될 '기독교 사회윤리'를 수립하는 일이라 하겠다"[107]라고 한 지적이 담긴다. 그러나 이런 소극성은 1960년 4·19 이후로 급반전한다. 3·15부정선거가 계기가 됐는데, 이승만이 대통령직 사퇴 입장을 밝히기 전에 발행된 1960년 4월호 『기독교사상』의 권두언 중 일부다. "그리스도의 계명 중 가장 중요하고도 절대적인 것이 '네 이웃을 내 몸과 같이 사랑하라'는 것이다. 이웃에게 전도해 영혼만을 '천당'에 보내는 것이 이웃 사랑이 아닐 것이다. 내 이웃은 현재 이 역사적 한국적 현실에 살고 있는 사람이다. 그리해 그 이웃을 진정으로 사랑하려면 그가 안심하고 행복스럽게 살 수 있는 사회적 경제적 및 정치적 터전을 마련해 줘야 하는 것이다. 좀 더 살기 좋은 나라를 만들기 위해 우리 기독교인들에게는 예언자적 통찰력과 용기를 가지고 더 적극적으로 이와 같은 문제에 관여해 노력할 의무와 사명이 있는 것이다."[108] 이승만이 물러난 이후 시점에 있은 좌담에서는 좀 더 통렬해진다. 신학자인 목사 김재준의 말이다. "교회와 국가의 문제는 대단히 어려운 것입니다. 그러나 교회의 국가에 대한 태도는 '가이사의 것은 가이사에게, 하느님의 것은 하느님에게 드리라'[109]는 예수님의 말씀 중에 밝히 드러나고 있다고 봅니다. 교회와 정치는 혼합할 수 없습니다. 해방 전 일정日政 때에는 그때의 특수 사정 때문에 교회와 정치의 구별이 잘 됐는데 해방 후에는 정치적 사정이 달라져서 그 구분이 명백치 못하게 됐습니다. 그리스도의 '교훈은 원래 종말론적이다'. 그의 길은 십자가의 길이었습니다. 교회가 이 십자가의 길을 걷는 한 교회의 권위가 서는 것인데, 콘스탄티누스 대제 때에 교회가 공인돼 십자가의 길을 버리게 돼 지상적 안일과 영화를 즐기게 됨으로써 교회는 드디어 권위와 자주권을 잃고 말았습니다. 해방 후 외지에서 김구 선생이나 김규식 박사가 귀국해 정동교회에서 기념 예배를 볼 때에 '우리는 기독교인이니 기독교적으로 정치하겠다'고 약속하자 이로부터 교인들은 저들 정치가들을 '자기 집안'이란 그릇된 생각과 기분 때문에 사리를 밝히지 못하고 바른말도 못하게 됐습니다. 이(승만) 박사도 교회를 정치적 도구로 이용했던 것은 부인 못할 사실입니다. 교회가 바른말을 못했고, 또 이 박사와 대결 못했다는 것은 실로 후회막심한 일입니다. 교회가 너무 정치에 가까이하면 교회가 참교회 노릇을 못하게 되는 것입니다."[110]

이승만의 하야로 개신교계는 매우 당혹스러운 처지가 됐다. 이미 여러 차례 대통령 선거에 개입해 후보 이승만을 도왔고 이에 대한 반대 급부 성격의 각종 특혜를 입은 것은 대중으로 하여금 교회를 관변 단체로 인식시키기에 충분했다. 이런 상황이라면 개신교 지도자는 4·19를 계기로 통렬한 역사적 참회와 바른 정치 의식 각성을 선도적으로 수행했어야 했다. 박정신 주장대로 "정치 권력과 짝해 권위주의 반공 체제를 떠받들었던 지난날을 반성하고 기독교의 초월성과 변혁성"을 회복해야 했다. 하지만 여전히 권력과의 홀로서기에 대해 두려워했다.[111] 이는 군사 정부 및 직선제 하의 보수주의 정치 세력과의 연대 과정에서도 명징하게 드러났다. 하지만 반공주의 노선의 정치 세력과 끊임없이 연대와 협력의 선을 유지하려는 개신교회의 의지는 천주교 도입기의 극심한 박해와 일제의 신사참배 압박, 이북 해방 공간에서의 축출 등 각종 트라우마의 결과로 해석된다. 한국의 1세대 개신교 지도자는 반공주의와 국가, 개신교를 일체화했듯, 교회와 자신과 하느님을 한 몸체로 여겼다. 따라서 근간이 보장되지 못해 교회가 무너진다면 자신은 물론, 하느님에게 배역背逆하는 것이라고 여겼다. 이같은 인식이 이후 정통성이 결여된 정부 출현기에도 교회가 정권에 협력할 수밖에 없는 이유로 작용됐다. 그

러나 4·19혁명을 통해 주권재민主權在民의 가치를 체현한 세대에게
는 이같은 지도자의 행태가 보신保身과 기득권 집착으로 간주됐다.
견고하지 못한 교회의 기틀이 배태한 염려와 공포가 국가와의 의연
하고 건강한 관계 설정에 장애가 된 것이다.

주석

1   김구, 『백범일지』, 필맥, 2008, 299~300쪽.

2   박홍순, 「유엔을 통해서 본 해방정국」, 『현대사광장』 제4호, 2014.12.23, 36쪽.

3   이는 1946년 9월 미군정이 남한지역 8,800명을 다상으로 바람직한 사회체제에 대해 실시한 자체 여론
    조사로서, 사회주의 77%(사회주의 70%, 공산주의 7%), 자본주의 14%로 나타났다. 문맹률이 70%나
    되는 상황에서 사회주의 지지세가 압도했던 이유로 박태균은, 소작인과 지주가 2 : 8로 나뉘던 때에
    사회주의자들이 농지개혁을 주장해 인기를 얻었고, 일제 강점기에는 비타협적인 투쟁을 해 지지세를
    확보한 데다, 사회주의 노선을 걸었던 지도자 여운형의 명망이 어우러진 것이라 분석했다. 박태균,
    「[강정구 교수 파문 어떻게 볼 것인가] 서울대 박태균 교수가 보는 '강 교수 주장'」, 『중앙일보』,
    2005.10.24, 5면.
    『조선일보』는 1947년 7월 6일자에서 "장차 수립될 임시정부는 어떠한 형태의 것이어야 하며 어떠한
    정책을 실시해야 할까 하는데 대해서 국민의 관심은 실로 크다"며 조선신문기자회에서 7월 3일 오후
    5시부터 한 시간 동안 서울시내 주요 지점 10개소에서 통행인 2475명을 상대로 여론조사를 실시했다.
    주요 결과는 다음과 같다.
    가. 국호 : 조선인민공화국(70%), 대한민국(24%) 기타(1%), 기권(4%)
    나. 정부형태 : 인민위원회(71%), 종래제도(14%), 기타(10%), 기권(5%)
    다. 토지 개혁 방식 : 무상몰수 무상분배(68%), 유상매입 유상분배(17%), 유상매입 무상분배(10%),
    기권(5%)
    이와 관련해 조돈문은 "해방공간에서 미국의 개입이 없었다면 한국사회는 조선인민공화국이 정부 기
    능을 수행하며 사회주의 국가 수립됐을 것이고, 생산현장은 자주관리위원회에 의한 주체적 경영이,
    농촌은 무상몰수 무상배분 등의 혁명적 농지개혁이 이뤄졌을 것"이라고 전망했다. 「국호는? 정권형
    태는?」, 『조선일보』, 1947.7.6, 2면; 조돈문, 「역사연구의 역사추상형 접근방법－가치중립적 연구와
    이데올로기적 공격」, 교수노조, 민주화를위한전국교수협의회, 학술단체협의회, 한국산업사회학회,
    한국산업노동학회 긴급학술토론회 국가보안법과 강정구 교수 필화사건에서 발제, 2005.10.15 참조.

4   노치준·강인철, 「해방 후 한국종교의 특성과 변화」, 『한국현대사와 사회변동』, 문학과지성사,
    1997, 223쪽 참고 교회 수는 2,793개, 성직자 수 5,923명이었음.

5   연규홍, 「해방 정국과 기독교 건국운동」, 『한국교회사학회』 제14집, 2004, 95~100쪽.

6   『육해군 군정 민정 공통편람』, 9~14쪽; William P. Woodard, *The Allied Occupation of Japan 1945-1952 and
    Japanese Religions*, 1972; 김범준, 「해방공간 미군정의 불교정책 연구」, 『선문화연구』 제3권, 2007, 301쪽.

7   「태평양미국육군총사령부포고 제1호」, 『미군정법령집』, 1945-1948, 내무부치안국, 1956, 1쪽.

8   강인철, 『해방 이후 4·19까지의 한국 교회와 과거 청산 문제』, 『한국기독교와 역사』 제24호, 2006.3,
    80쪽.
9   허명섭, 『해방 이후 한국 교회의 재형성』, 서울신학대 출판부, 2009, 155쪽; 박명수, 「해방 후 한국 정
    치의 변화와 다종교사회 속의 기독교」, 『한국교회사학회지』 제29집, 2011, 251쪽.
10 강인철, 『한국의 개신교와 반공주의』, 중심, 2007, 201쪽.
11 박명수, 「해방 후 한국 정치의 변화와 다종교사회 속의 기독교」, 『한국교회사학회지』 제29집, 2011,
    252쪽.
12 『대한민국 종교 차별 사례집 1945~2011』, 대한불교조계종 자성과쇄신결사추진본부 종교평화위원
    회, 2012, 8~9쪽.
13 김경재, 『김재준 평전』, 삼인, 2001, 77쪽.
14 강인철·박명수, 「대한민국 초대 정부의 기독교적 성격」, 『한국기독교와 역사』 제30호, 2009.3,
    92~93쪽.
15 고정휴, 「독립운동기 이승만 외교노선과 제국주의」, 『역사비평』 제31호, 1995 겨울, 133쪽.
16 "우리는 어떤 반일적인 내용도 가르치지 않는다. 다만 보편적인 인류애를 강조할 뿐이다. 이 지역 일
    본인 신문들은 내가 반일 감정을 일으킨다는 오해를 하지 말기를 바란다"(호놀룰루 스타블레틴,
    1915.6.17, 이승만 영문 기고문 中) 이외에도 1932년 이봉창·윤봉길 의사의 의거에 대해서도 "어리
    석은 짓들"이라고 평가했고, 항일 의열투쟁에 대해서도 부정과 조소를 보냈다. 전국언론노조KBS본
    부, 『KBS본부노보』, 2011.10.5, 3면.
    "우리나라 신민들이 일본에 대해 깊이 감사히 여길 바로다", "일본이 종시 독립 뜻목을 존중히 여기
    며 강토를 완전히 보호하기 담보한다하니 이는 일본이 대한에 대한의 후의……." "우리가 지금 와서 일
    본을 믿게 만 여기면 우리에게 해가되고……."(「독립정신」), "나는 대동합방론을 주장하는 자들과 여
    러 번 비밀회견을 한 적이 있다."(「청년 이승만 자서전」), "오랜만에 귀국해 보니 '시원한 것'이 세 가
    지입니다. 첫째는 임금이 없어진 것이요, 둘째는 양반이 없어진 것이요, 셋째는 상투가 없어진 것입
    니다."(『뉴데일리』 소개, 2010.9.4) "옛날의 은둔국은 사라졌습니다. 3년이 채 안 돼 조선은 전통이 판
    을 치던 느릿느릿한 나라에서 생기 넘치고 번잡한 산업중심지로 변했습니다."(『워싱턴포스트』 인터
    뷰, 1912), "상항에서 스티븐슨을 죽인 장인환, 전명운 그리고 하얼빈에서 이등을 죽인 안중근은 일
    국의 명예를 더럽힌 범죄적 암살자"(김현구, 「우성유전」 中 1910년 네브래스카에서 이승만 발언) 전
    국언론노조KBS본부, 『KBS본부노보』, 2011.5.18, 7면.
17 유영익, 『이승만 대통령 재평가』, 연세대 출판부, 2006, 408쪽.
18 정병준, 『우남 이승만 연구 ― 한국 근대국가의 형성과 우파의 길』, 역사비평사, 2005, 458~459쪽.
19 박인규, 「해방 60주년에 되돌아보는 '이승만의 길'」, 『프레시안』, 게시일자 : 2005.8.6.,
    http://goo.gl/35QNqo
20 김삼웅, 『독부 이승만 평전』, 책보세, 2012, 173~174쪽 등을 참고
21 AP합동통신, 「남부조선에 단독정부수립설」, 『동아일보』, 1946.4.7, 1면.
22 이상규, 「[이상규의 새롭게 읽는 한국교회사] (67) 남한 정치 상황과 정부 수립」, 『국민일보』, 게시일
    자 : 2012.6.18, http://goo.gl/RaUr5H
23 Harold H. Henderson(Acting Secretary) to the Korea Mission, "President Syngman Rhee's Message to the
    Korean Missions Conference," 1948.12.1, RG 140-2-29, PCUSA, 1; 안종철, 「미군정 참여 미국선교사
    관련 인사들의 활동과 대한민국 정부수립」, 『한국기독교와 역사』 제30호, 2009.3, 24쪽에서 재인용.
24 이덕주, 「이승만의 기독교 신앙과 국가건설론」, 『한국기독교와 역사』 제30호, 2009.3, 81~82쪽.
25 유영익, 『이승만 대통령 재평가』, 연세대 출판부, 2006, 409쪽에서 재인용.
26 리승만, 「샹동청년회의 학교를 셜시」, 『신학월보』, 1904.11; 이덕주, 「이승만의 기독교 신앙과 국가
    건설론」, 『한국기독교와 역사』 제30호, 2009.3, 64쪽에서 재인용.
27 이승만, 김충남·김효선 풀어씀, 『독립정신』, 동서문화사, 2010, 274~275쪽.

28 이승만,『한국 교회 핍박』, 청미디어, 2008, 175쪽.

29 리승만, 「상동청년회의 학교를 설시」,『신학월보』, 1904.11; 이덕주, 「이승만의 기독교 신앙과 국가
건설론」,『한국기독교와 역사』 제30호, 2009.3, 64쪽에서 재인용.

30 유영익, 「우남 이승만의 기독교 건국 리더십」,『신앙과정치』 제1호, 2009.3, http://goo.gl/wpDXTP
참조.

31 전택부,『인간 신흥우』, 대한기독교서회, 1971, 267쪽.

32 조현, 「이승만, 미군정 이어 개신교를 국가차원서 우대」,『한겨레』, 2011.7.21, 23면에서 재인용.

33 『제1회 국회속기록』 제1호, 국회사무처, 1948.
이윤영 기도문 : "우주와 만물을 창조하시고 인간의 역사를 섭리하시는 하느님이시여, 이 민족을 돌
아보시고 이 땅에 축복하셔서 감사에 넘치는 오늘이 있게 하심을 주님께 저희들은 성심으로 감사하
나이다. 오랜 시일 동안 이 민족의 고통과 호소를 들으시사 정의의 칼을 빼서 일제의 폭력을 굽히시
사 하느님은 이제 세계만방의 양심을 움직이시고 또한 우리 민족의 염원을 들으심으로 이 기쁜 역사
적 환희의 날을 이 시간에 우리에게 오게 하심을‥저희들은 믿나이다. 하느님이시여,‥남북이 둘로
갈리어진 이 민족의‥고통과 수치를 신원해 주시고 우리 민족 우리 동포가 손을 같이 잡고 웃으며 노
래 부르는 날이 우리 앞에 속히 오기를 기도하나이다. 하느님이시여, 원치 아니한 민생의 도탄은 길
면 길수록 이 땅에 악마의 권세가 확대되나 하느님의 거룩하신 영광은 이 땅에 오지 않을 수밖에 없을
줄 저희들은 생각하나이다. 원컨대 우리 조선 독립과 함께 남북통일을 주시옵고 또한 우리 민생의 복
락과 아울러 세계 평화를 허락해 주시옵소서. 거룩하신 하느님의 뜻에 의지하야 저희들은 성스럽게
택함을 입어가지고 글자 그대로 민족의 대표가 됐습니다. 그러하오나 우리들의 책임이 중차대한 것
을 저희들은 느끼고 우리 자신이 진실로 무력한 것을 생각할 때 지(智)와 인(仁)과 용(勇)과 모든 덕(德)
의 근원이 되시는 하느님 앞에 이러한 요소를‥간구하나이다. 이제 이로부터 국회가 성립이 돼서 우
리 민족의 염원이 되는 모든 세계만방이 주시하고 기다리는 우리의 모든 문제가 원만히 해결되며, 또
한 이로부터서 우리의 완전 자주독립이 이 땅에 오며 자손만대에 빛나고 푸르른 역사를 저희들이 정
하는 이 사업을 완수하게 하야 주시옵소서. 하느님이 이 회의를 사회하시는 의장으로부터 모든 의원
일동에게 건강을 주시옵고 또한 여기서 양심의 정의와 위신을 가지고 이 업무를 완수하게 도와주시
옵기를 기도하나이다. 역사의 첫걸음을 걷는 오늘의 우리의 환희와 우리의 감격에 넘치는 이 민족적
기쁨을 다 하느님에게 영광과 감사를 올리나이다. 이 모든 말씀을 주 예수 그리스도 이름을 받들어
기도하나이다. 아멘."
이 또한 같은 문헌에 기록돼 있으며, 개신교회 설고 예화로 인용됐다. 일례로 구리두레교회 은퇴목사
김진홍은 공저서『세상을 바꿔라, 예수의 심장으로!』(규장, 2012)에서 "제가 국회도서관에 가서 그
기도문 전문을 옮겨 쓰면서 얼마나 가슴이 뜨거워지고 눈에서 눈물이 났는지 모릅니다. 우리 대한민
국은 기독교 국가가 아닌데도 불구하고, 대한민국 국회의 국회 회의록 첫 페이지에 목사님이 민족과
백성과 겨레의 미래를 위해 간절하게 드린 기도가 기록돼 있는 것입니다. 기도로 첫 국회를 시작한 역
사가 우리나라 국회의 역사입니다"라고 평했다. 1대 국회의원 208명 가운데 개신교인은 21%에 해당
하는 44명이었는데 당시 인구대비 신자 비율은 0.5%에 불과했다.

34 『대통령이승만박사담화집』, 공보처, 1953.

35 강인철,『한국의 개신교와 반공주의』, 중심, 2007, 202쪽.

36 강인철·박명수,「대한민국 초대 정부의 기독교적 성격」,『한국기독교와 역사』 제30호, 2009.3,
97~98쪽.

37 김수자,『이승만의 집권 초기 권력기반 연구』, 경인문화사, 2004, 211쪽; 정병준,「이승만의 정치고
문들」,『역사비평』 제43호, 1998 여름, 164쪽.

38 강인철·박명수, 앞의 책, 104쪽.

39 위의 책, 103쪽.

40 서정민,「한국기독교의 현상(現狀)에 대한 역사적 검토」,『한국기독교와 역사』 제31호, 2009.9,

267~268쪽 참조.

41　『대한민국 종교 차별 사례집 1945~2011』, 대한불교조계종 자성과쇄신결사추진본부 종교평화위원회, 2012, 20쪽. 김진호는 "(당시) 개신교는 엘리트 군인과 사병 모두에서 최대 신자를 보유한 종파가 됐다. 그리고 한경직 목사는 처음부터 이 제도의 도입과 운영에서 주도권을 쥐고 있었다"고 했다. 김진호, 『시민K, 교회를 나가다』, 현암사, 2012, 73쪽.

42　『제4회 국회속기록』 제12호, 국회사무처, 1949.

43　유영익, 「우남 이승만의 기독교 건국 리더십」, 『신앙과 정치』 제1호, 2009.3, http://goo.gl/TNgFoi 참조.

44　『기독교방송』, 1985.4, 30~32쪽; 엄요섭, 『교회와 사회』, 종로서적출판주식회사, 1986, 320~321쪽.; 『자유신문』, 1950.5.28.; 강인철 · 박명수, 앞의 책, 110쪽.

45　이성민 · 강명구, 「기독교방송의 초기 성격에 관한 연구—1954-1960」, 『한국방송학보』 제21-6호, 2007.11, 415~416쪽.

46　이성민, 『기독교방송 설립과정과 초기 성격에 관한 연구 1948-1960』, 서울대 석사논문, 2007, 46쪽.

47　극동방송40년사편찬위원회, 『극동방송40년사』, 1996, 44쪽.

48　2013년 세계교회협의회 부산 총회 당시 한국기독교총연합회 등은 WCC 용공시비를 제기했다. 이에 대해 기독교방송은 기획 기사를 통해 반박했다. 그 내용은 이러하다. "WCC가 용공이라고 주장하는 단체나 개인의 신학적 배경의 중심에는 매킨타이어(C. McIntyre)라고 하는 미국의 극우 반공주의자이자 근본주의 신학자가 있었다. 매킨타이어는 WCC가 1948년 암스테르담에서 창립할 당시 국제기독교협의회, ICCC란 단체를 조직해 WCC를 용공으로 매도하기 시작했다. WCC가 창립총회를 가진 지 3년 뒤인 1951년 우리나라에서도 국회의원 25명이 WCC가 용공단체이고 회원교단인 '대한예수교장로회총회'도 용공이라는 내용의 성명서를 발표했는데 이것이 한국 교회에서 WCC를 용공으로 매도한 최초의 사건이다. 이러면서 WCC가 보내주는 전쟁 원조물도 의심해야 한다는 주장을 펴기에 이르렀다. 매킨타이어의 선전에 말려든 이승만 대통령도 전쟁 중단을 촉구하는 WCC의 요구를 무시하고 북진통일을 주장하면서 WCC를 용공으로 몰았던 것이다. 정병준 교수(서울장신대 교회사)는 그의 연구 논문에서 '매킨타이어는 한국 교회에 두 가지 악영향을 끼쳤는데 첫째, 근본주의 신학을 확장시키고, 재정지원을 통해 장로교 분열, 침례교 분열, 성결교 분열에 개입했고, 교회 분리주의자들을 양산시켰고 둘째는 냉전 상황에서 한국 교회 안에 WCC에 대한 흑색선전을 했다'고 밝혔다." 고석표, 「WCC＝용공, 게릴라 지원단체 주장은 허구」, 『CBS크리스천뉴스』, 게시일자 : 2013.4.10, http://goo.gl/g0nIJl

49　방송 전도 기회를 동등하게 부여하라는 타 종교의 요구를 수용해 노태우 정부는 1989년 천주교계의 평화방송, 불교계의 불교방송을, 김영삼 정부는 1997년 원불교 원음방송을 허가했다.

50　진월, 『현대사회에서 종교권력 무엇이 문제인가』, 동연, 2008, 216쪽. 대처승과 대립했던 비구승의 규모를 두고 편차가 크다. 1955년 승려대회 참석한 숫자라며 1118명(『불교신문』, 2015)이라는 견해가 있는가 하면, 200~400명(『법보신문』, 2008), 문교부장관을 만나 대통령의 의중인 '불교개혁'을 실행하라고 압박한 비구승 수라며 제시한 40명(김경집, 2013)까지 제각각이다.

51　노치준 · 강인철, 「해방 후 한국사회 변동과 종교」, 『광복50주년 기념 논문집』, 광복50주년기념사업위원회, 1995, 191쪽 참고 비구승측은 1956년 이승만에게 대통령 재출마를 호소하고, 북진통일 시위도 전개하며, 1960년 3 · 15선거 당시에는 종단 차원에서 부정개표에 가담하기도 했다.

52　이재헌, 『이승만 정권의 종교 정책과 불교정화』, 「불교와 국가 권력 갈등과 상생」, 조계종출판사, 2010, 263~264쪽.

53　조현, 「이승만, 미군정 이어 개신교를 국가차원서 우대」, 『한겨레』, 2011.7.21, 23쪽에서 재인용.

54　위의 글.

55　강인철, 「해방 이후 4 · 19까지의 한국 교회와 과거 청산 문제」, 『한국기독교와 역사』 제24호, 2006.3, 92쪽.

56　『서울신문』, 1949.10.5.; 강인철 · 박명수, 「대한민국 초대 정부의 기독교적 성격」, 『한국기독교와

역사』제30호, 2009.3, 109쪽.

57 위의 글, 114쪽.

58 김지방, 『정치교회』, 교양인, 2008, 20쪽.

59 유영익, 「우남 이승만의 기독교 건국 리더십」, 『신앙과정치』제1호, 2009.3. http://goo.gl/wpDXTP

60 이승만, 「교회경략」, 『신학월보』, 1903.11; 이든주, 「이승만의 기독교 신앙과 국가건설론」, 『한국기독교와 역사』제30호, 2009.3, 56쪽에서 재인용.

61 이승만, 「대한 교우들의 힘쓸 일」, 『신학월보』, 1904.8; 이덕주, 앞의 글, 57쪽에서 재인용.

62 하유식, 「대한제국기 이승만의 정치사상과 대외 인식」, 『지역과 역사』제6호, 2000.4, 28쪽.

63 이승만, 김충남·김효선 풀어씀, 『독립정신』, 동서문화사, 2010, 86쪽.

64 최문환·강신명·이창로·문익환·신애균·전호윤·윤성범·김춘배·김관석·손명걸·조요한·박상증 등, 「한국정변과 교회의 반성」, 『기독교사상』제33호, 1960.5, 50쪽.

65 류대영, 「2천년대 한국 개신교 보수주의자들의 친미 반공주의 이해」, 『경제와 사회』제62권, 2004 여름, 61~63쪽.

66 박명림, 「한국의 국가건설과 국민형성」, 한국사회사학회 한국학중앙연구원 공동주최 제13차 국내학술회의에서 발제, 2009.9.4~5.

67 류대영, 「2천년대 한국 개신교 보수주의자들의 친미 반공주의 이해」, 『경제와 사회』제62권, 2004 여름, 67쪽 참조.

68 김형수, 『문익환 평전』, 실천문학사, 2004, 263쪽.

69 김진호, 「한국 개신교, 자리잡기와 자리 찾기」, 『한국종교를 컨설팅하다』, 모시는사람들, 2010, 122쪽.

70 역사학연구소, 『함께 보는 한국근현대사』, 서해문집, 2004, 275~275쪽 참조.

71 김진호, 『시민K, 교회를 나가다』, 현암사, 2012, 55쪽 참조.

72 이수강, 「월남자·월북자 숫자는 얼마나 되나」, 『오마이뉴스』, 게시일자 : 2000.11.30., http://goo.gl/CTKcyV

73 조형·박명선, 「북한출신 월남인의 정착과정을 통해서 본 남북한 사회구조의 비교」, 『분단시대와 한국사회』, 까치, 1985, 150쪽.

74 조현, 「해방 후 월남 기독교인이 교회 장악」, 『한겨레』, 2007.10.23, 23쪽.

75 『조선일보』, 1948.1.30, 1면에서 재인용.

76 김일성의 외할아버지 강돈욱의 육촌 동생으로, 장로교 목사이며 최고인민회의 1~5대 대의원을 연임했다.

77 류대영, 「김일성과 기독교, 기독교인」, 『한국 근현대사와 기독교』, 푸른역사, 2009, 220쪽.

78 백용기, 「해방과 한국의 정치적 개신교」, 『신학논단』제69집, 2012.9, 146쪽 참고

79 조형·박명선, 앞의 글, 151쪽.

80 김평선, 「서북청년단의 폭력 동기 분석─제주 4·3 사건을 중심으로」, 『4·3과 역사』제9,10호, 2010.12, 279쪽.

81 『영락교회 50년사』, 1998, 68쪽.

82 김진호, 『시민K, 교회를 나가다』, 현암사, 2012, 72~73쪽.

83 한경직, 「순국 영령들의 무언의 말씀」, 1974.6.5 설교; 영락교회, 『만남』제329호, 2001.6, 14쪽.

84 한숭홍, 「한경직의 생애와 사상 II」, 『목회와 신학』제38호, 1992.8, http://goo.gl/txojFu

85 한경직, 『한경직 설교전집』12권, 기독교문사, 1987, 347쪽, 1947.4.20 설교

86 강인철, 「해방 이후 4·19까지의 한국 교회와 과거 청산 문제」, 『한국기독교와 역사』제24호, 2006.3, 78쪽.

87 손태규, 「기독교 역사에서 본 종교의 권력화」, 『현대 사회에서 종교권력, 무엇이 문제인가』, 동연, 2008, 77~78쪽.

88 한경직, 『한경직 설교전집』1, (사)한경직목사기념사업회, 2009, 92~93쪽.

89 구교형, 『뜻으로 본 통일 한국』, IVP, 2014, 151쪽.

90 이덕주, 『기독교 사회주의 산책』, 홍성사, 2011, 61쪽에서 재인용.

91 위의 책, 39쪽.

92 김흥수, 『해방 후 북한교회사』, 다산글방, 1992, 498~508쪽.

93 이강수, 『반민특위 연구』, 나남출판, 2003, 340~421쪽의 부록 반민 피의자 명단; 허종, 『반민특위의 조직과 활동-친일과 청산 그 좌절의 역사』, 선인, 2003, 380~431쪽의 별표를 참조. 강인철・박명수, 「대한민국 초대 정부의 기독교적 성격」 중 반민특위 취급자의 친일 경력과 처리 내용, 『한국기독교와 역사』 제30호, 2009.3, 116쪽.

94 김양선, 『한국기독교해방십년사』, 1956, 45~46쪽; 민경배, 『한국기독교회사』, 연세대 출판부, 2007, 547쪽에서 재인용. 전술했듯, 민경배는 이와 관련, 1982년판에서 홍택기의 주장을 '반박 못할 정연한 논리와 신학'으로 극찬하고는, 출옥 신자를 향해서 '겸손과 공동체 의식이 없으며, 은총의 신비가 결여됐다'고 지적했다. 그리고 '교회의 심판주가 하느님인데 인간이 권징과 자숙을 운운한다'며 비판했다. 그러나 2007년판에는 홍택기 주장에 대해 '나름의 논리와 신학이 있었다'며 극찬 어조를 하향조정하고, 출옥 신자에 대해서는 해방 1년 무렵에 발생한 장로교단 분열 사태를 두고 '견책을 명하지 못하게 만들었다'는 애매한 표현으로 예기(銳氣)를 누르고는, '오직 하느님만이 심판주요, 그가 섭리 수행의 주권자라는 사실이 확인돼야 한다'고 순화했다. 민경배, 『한국기독교회사』, 대한기독교출판사, 1982, 454쪽과 민경배, 『한국기독교회사』, 연세대 출판부, 2007, 548쪽 참조.

95 김양선, 앞의 책, 47쪽; 민경배, 앞의 책, 548쪽에서 재인용.

96 장로교단의 이념적 좌표를 나눌 때 대한예수교장로회 고신은 강경 보수로 통한다. 성경 무류설을 신봉하며, 주일성수 및 주초(酒草)금지 원칙을 엄격하게 준용한다.

97 김지방, 「'주기철 목사 창씨개명 했다' 칼럼 논란」, 『국민일보』, 2007.5.25, 26쪽에서 재인용.

98 『기독공보』, 1952.8.4, 1면.

99 최종고, 『제1공화국과 한국개신교회』, 연세대 국학연구원, 1985, 667쪽.

100 이와 관련해 한홍구는 "이렇게 개헌을 해놓고 이승만은 고령을 이유로 출마하지 않겠다는 쇼를 펼쳤다. 원내 자유당이 사라져 같이 '원외' 란 표지를 뗄 수 있게 된 자유당은 이승만의 출마를 요구하는 탄원서 서명운동을 벌여 350만 명의 서명을 받아냈다. 그런데 이는 완전히 쇼였다. 이 쇼를 벌린 이유는 여당인 자유당이 자신의 러닝메이트로 부통령 후보에 공천한 이범석을 물 먹이기 위한 계산에서였다. 족청이라는 거대한 조직을 배경으로 한 이범석은 반이승만 세력을 제압하기 위해 필요한 존재였지만, 사냥이 끝난 뒤에는 부담스러운 존재였다. 이승만은 그가 부통령에 당선되는 것을 원하지 않았다. 이승만은 여당인 자유당의 공천을 받은 이범석 대신 무명의 함태영을 밀었다"고 했다. 한홍구, 「자유당의 저주는 풀리지 않는가」, 『한겨레21』 제585호, 2005.11.15., http://goo.gl/hczdbm

101 『기독공보』, 1952.8.4, 1면.

102 최종고, 『제1공화국과 한국개신교회』, 연세대 국학연구원, 1985, 670쪽.

103 『기독공보』, 1956.4.30, 1면.

104 임희국, 「제1공화국시대(1948-1960) 장로교회의 정치 참여, 이와 관련된 한경직 목사의 설교」, 『장신논단』 Vol.44 No.2, 2012, 33쪽.

105 강원룡, 『역사의 언덕에서』 2, 한길사, 2003, 341쪽.

106 변상욱, 「정치판에 몰리는 지도자들, 그 실상과 허상」, 『기독교사상』 제541호, 2004.1, 38쪽.

107 편집부・이호설・김주병, 「한국 교회의 반성」, 『기독교사상』 제5호, 1957.12, 58쪽.

108 편집부, 「3・15 선거를 치르고 나서」, 『기독교사상』 제31호, 1960.4, 11쪽.

109 마태오의 복음서 22:22.

110 최문환・강신명・이창로・문익환・신애균・전호윤・윤성범・김춘배・김관석・손명걸・조요한・박상증 등, 「한국정변과 교회의 반성」, 『기독교사상』 제33호, 1960.5, 52~53쪽.

111 박정신・박규환, 「박정희 시대 한국 개신교의 자취」, 『현상과인식』 제116호, 2012.5, 42쪽.

한국 개신교와 정치

6장

산업화 시기 보수 진보 개신교계의 형성

보수 개신교의 국가주의 노선
민주화운동과 진보 개신교
복음주의와 민중신학의 형성 과정

보수 개신교의
국가주의 노선

1960년 이승만이 대통령직에서 물러나고 내각제 개헌을 통해 총리 장면이 집권하는 4·19혁명 과정에서 개신교는 비판의 표적이 됐다. 그 배경과 관련해 신학자이자 목사인 문익환은 "3·15 선거를 신의 섭리 중에 잘 됐다고 '당선 축하 예배'를 본 교회도 있다니 무슨 면목으로 사회에 대할 것인가"[1]라고 했다. 백중현에 따르면, 실제 3·15 직후 정동제일교회는 "이승만과 이기붕의 당선 축하 전보를 발송하고 3월 마지막 주일 예배를 당선 축하 예배"로 하기로 예정했다. 감리교회 권사이며 당시 이화여자대학교 총장이던 김활란은 3·15 부정 선거에 따른 소요가 확산되자 서울 시내 대학 총장 모임에서 "4·19는 우리가 교육을 잘못시켜 발생한 것이니 모두 이승만 대통령에게 사과하러 가자"고 말하기까지 했다.[2] 이같은 행보를 예의주시했던 '혁명 주역' 대학생은 개신교 역시 타도할 구체제로 인식했다.[3] 이같은 시중의 정서를 인식한 2010년 감리교 4·19선언문에는 "50년 전, 대통령 이승만과 부통령 이기붕이 감리회 장로라는 것과 대한민국 제1공화국이 감리교인 정권이라는 것에 취해 정치 권력과 교회 간의 정교유착政教癒着을 맺었다. 국가의 권력과 교계 기득권이라는 독주를 마시고 취한 우리는, 4·19 당시 많은 시위대가 광화문의 감리회관에 돌을 던지고 야유를 보내는 중에도 눈을 뜰 수가 없었다"[4]는 내용이 있다. 강원룡은 "자유당 정권과의 밀월 관계 때문에 기독교계는 그 무렵 쏟아지는 비난과 공격을 감수해야 했다. 사실상 많은 기독 학생들이 4·19에서 주도적 역할을 담당했음에도 불구하고 부정 선거에 기독교가 협력했다는 이유 때문에 기독교 전체가 싸잡아 비난을 당했던 것이다. 그 때문에 종로 기독교회관 앞에서는 부정 선거 협력에 대한 항의 데모가 벌어지기도 했다. 또 기독교에 대한 항의로 서울운동장에서 벌어진 4·19 희생자 위령제도 불교식으로 치러졌다"[5]고 증언했다. 교회와 4·19 주도 세력 간의 원만치 못했던 관계는 당시 최대 개신교회였던 영락교회 1960년 10월 16일 목사 한경직 설교에서 추론된다. "어떤 사람들은 이 시대가 '데모 만능 시대'라고 말합니다. 시가지 행진은 말할 것도 없고 무슨 연좌 데모나 농성 데모니 단식 데모니 해서 이런 것들이 각계 각층에서 일어나 도무지 그칠 줄을 모릅니다. 어떤 사람들은 우리가 사는 시대를 '자유 범람의 시대'라고 말합니다. 즉 자유 홍수 시대올시다. 문자 그대로 우리가 사는 이 시대는 대단히 혼란스러워서 이성을 잃은 것 같습니다."[6]

4·19로 집권한 민주당 장면 정부는 그러나, 이듬해인 1961년 5·16 군사 쿠데타로 붕괴된다. 4·19 이후로 사회 정치적 행보에 신중했던 개신교는 즉각적이다시피 환영 입장을 내놓았다. 『기독공보』는 5월 29일자 사설에서 "자유를 희생하더라도 방종한 무리들이

숙정되는 것을 보고 싶다. 우리는 권위 있는 정부 밑에 있게 돼 행복하다"[7]고 평가했고, '주간 수상' 코너를 통해 "이제는 사회를 어지럽히던 모든 악의 요소 뿌리를 뽑게 됐다. 이제는 백성의 가려운 곳을 긁어주며 백성들이 치고 싶어 하는 것을 쳐주며 백성들이 숙청하고 싶어 하는 것을 쳐주게 됐다. 백성들의 뜻과 통하는 정치, 그것이 곧 민주주의가 아니겠는가"[8]라며 찬사를 표시했다. 같은 날 NCCK도 조속한 민정 이양을 전제하면서도 "금번 5·16 군사 혁명은 조국을 공산 침략에서 구출하고 부정과 부패로 기울어져가는 조국을 재건하기 위한 부득이한 처사"[9]라며 옹호했다. 주목되는 점은, 6월 10일 국가재건최고회의가 관변 조직인 대한민국 국가재건국민운동본부를 창설하면서 중앙 위원으로 목사 김재준, 전 오산고교장 유영모, YWCA 총무 이희호, 사상계 사장 장준하, 종교인 함석헌 등 혁신 지향적 개신교 지도자의 이름을 명단에 올린 것이다.[10] 군이 가장 선진화된 사회 집단이고, 분단 대치 상태에서 최우선될 가치가 체제 질서 확립이며, 정변 주도 세력의 민정 이양 약속이 전제됐다는 인식은 당시 지식인 사회에서조차 5·16을 군부의 권력 찬탈과 무관한 것으로 인식케 했던 것이다. 5·16 상황이 반영된 『기독교사상』 7월호에서 신학자 현영학은 "그들(혁명군) 중 한 대변인이 말한 바와 같이 그들도 군사 혁명이 좋아서 일으킨 것이 아니었다. 부정과 부패 때문에 생겨진 민생고를 방관할 수 없었고, 따라서 쉴 새 없이 남한을 노리고 있는 북한 공산 정권에게 농락당하는 것을 앉아서 보고만 있을 수 없었기 때문에 부득이 취해진 수단이었다. 그러므로 그들은 혁명 과업이 완성되는 대로 곧 군 본연의 임무로 돌아갈 것을 약속했던 것이다. 이제 혁명이 일어난 이 마당에 우리는 이번 혁명이 하루 속히 그 목적을 달성하고 진정한 민주주의 기반을 마련하는 데 성공하기를 바라는 바"[11]라고 했다. 강원룡은 "솔직히 말해서 나는 5·16이 터졌을 당시 군사 혁명이 성공하기를 바랐던 사람의 하나다. 물론 원칙적인 면에서는 무력에 의한 군인들의 쿠데타를 결코 지지할 수 없었지만, 당시 우리나라가 처했던 상황을 고려할 때 차선적 선택으로서 그것을 받아들일 수밖에 없다는 생각에서였다"[12]라고 했다. 게다가 5·16 직후에 권력을 강탈당한 입장에 선 대통령 윤보선마저 군부에게 "올 것이 왔다. 군사 혁명은 불가피한 것이다. 앞으로 잘 수습해 달라"[13]고 했다. 그러나 김재준의 참여와 관련해서는 이견이 있다. 김재준은 "8·15 해방과 대한민국 정부 수립 이래, 진짜 공정 선거를 거쳐 민의를 대표한 정부는 '장면' 정권이 처음이었으니 만큼, 그것은 '국민'의 정부요, 장면 자신의 정부가 아니었다. 그러므로 반란 군인들이 아무리 협박한다 하더라도 '장면'으로서는 자기 맘대로 그 정권을 송두리째 반란자에게 내줄 권한이 없는 것이었다. '역적 반도야! 물러나라! 나는 3천만 국민으로부터 위임받은 나라의 주권을 역적에게 내어 줄 수 없다!'라고 한 번 호통하고 죽었어야 할 것이 아니겠느냐!"[14]라고 말했다. '역적', '반란자'로 묘사한 점을 감안한다면 김재준이 일시적으로나마 5·16 주도 세력과 협력했다는 주장조차 설득력을 잃는다. 게다가 김경재는 김재준이 5·16을 '군사 반란'이라고 불렀고, 민정 이양에 대해서도 "권력의 본질상 거의 불가능한 것"[15]이라고 봤다고 뒷받침했다. 함석헌 역시 5·16 직후에 "그 때(4·19)는 맨주먹으로 일어났다. 이번은 칼을 뽑았다. 그때는 믿는 것이 정의의 법칙, 너와 나 사이에 다 같이 있는 야심의 권위, 도리였지만, 이번은 믿은 것이 연鍊 알과 화약이다. 그 만큼 낮다. 그 때는 민중이 감격했지만 이번은 민중의 감격이 없고 무표정이다. 묵인이다. 그 때는 대낮에 대놓고 행진을 했지만 이번 은 밤중에 몰래 갑자기 했다. 그만큼 정신적으로는 낮다",[16] "혁명은 민중의 것이다. 민중만이 혁명을 할 수 있다. 군인은 혁명 못 한다. 아무 혁명도 민중의 전적 찬성, 전적 지지, 전적 참가를 받지 않고는 혁명이 아니다. 민중의 의사를 듣지 않고 꾸미는 혁명은 아무리 성의로 했다 해도 참이 아니다. 또 민중의 의사를 모르고 하는 것이 자기네로서는 아무리 선이라 하더라도, 또 사실 민중에게 물질적인 행복을 가져온다 하더라도, 그것은 성의는 아니"[17]라고 비판했다. 그렇다면 김재준, 함석헌의 국가재건국민운동본부 중앙위원 임명은 명의 도용 가능성을 추론케 한다.

이런 가운데 한경직, 김활란 등 일부 개신교 지도자가 6월 말 미국으로 건너가 박정희가 주도한 쿠데타의 불가피성을 설명했다.[18] 『동아일보』는 이 사절단이 "비공식적인 것이나 정부의 찬성을 받고 있다"고 전했다.[19] 이와 관련, 한경직은 "장도영 씨는 주례해준 적도 있어 잘 알고 있어 그가 외무장관이 돼 협조해달라고 할 때 협조 하겠다 했습니다. 그 당시 미국에서는 군사 정권을 반대하고 있었으므로 김활란, 최두선 씨와 함께 대표단이 돼 미 국무성에 가서 덜레스^{J.} F. Dulles 장관을 만나기도 하는 등 협조적이었습니다"[20]라고 했다. 이무렵 군사 정부는 자신에 대해 불신하는 미국의 입장을 지지로 반전시키기 위해 대미 교섭력이 막강했던 교회의 지원을 갈구했다. 강인철은 "한국 개신교가 한국민과 미국을 연결 짓는 가장 중요한 통로 중 하나였는데, 이같은 상황은 국가에 의해 정교하게 통제되는 사회 영역에서 종속 대상 국가와 연계된 개신교 분파가 누리는 '예외적인' 특권과 자율성을 시사한다"[21]고 했다. 실추된 사회적 위상을 회복하며 새 정권과의 협력 관계를 형성하기 위한 개신교회의 노력은 박정희와 미국 사이에 가교 역할로서 충분했다. 그러나 개신교계 일각에서는 박정희를 흔쾌하게 여기지 않았다. 남로당 활동 등 그의 공산주의 유관 의혹이 지워지지 않았기 때문이다. 이런 가운데 월남자로서 반공 노선이 확고했던 강원룡은 1967년까지 박정희가 좌파 세력과 관계 유지를 했다며, 내무장관으로서 1967년 총선과 대선을 치러 낸 엄민영이 실은 좌파고, 부인이 이북에 있다는 의심을 품었다. 강원룡은 그래서, 자신을 전담하는 형사 김재국에게 내사를 제안했고 얼마 후 착수했다는 후문을 접했다. 그런데 그 내사는 곧 적발됐고 김재국은 제주도로 좌천됐다.[22] 한편 1963년 대통령 선거에 출마한 박정희는 "얼마나 많은 지성인들의 건설적인 발언을 '매카시즘'적인 수법으로 탄압해왔는가를 똑똑히 알고 계실 것"이라며 자신의 남로당 전력을 문제 삼는 상대 후보 윤보선의 공서가 '색깔론'에 다름 아니라고 규정하고, "자기들의 정치 지반인 전근대적인 유제^{遺制}가 위협을 당하면 '용공'이니 '빨갱이'니 하는 상투적인 술어로 상대 세력을 학살시켰던 것이 한국적 '매카시즘'의 아류들이 저질러 온 행적"²³이라며 강도 높게 질타했다. 논란을 뒤로 하고 공화당 후보 박정희는 10월 15일 치른 5대 대통령 선거에서 민정당 후보 윤보선에 불과 1.5%차로 따돌리고 당선된다.

개신교와 박정희의 초기 관계는 그리 매끄럽지 않았다. 한일국교 정상화 논란 국면인 1965년 7월 1일 김재준, 한경직, 함석헌, 강신명, 강원룡 등 개신교계 지도자 215명은 '한일국교정상화에 대한 우리의 견해'라는 제목으로 "불순 저열한 외세에의 예속과 추종을 배격한다"는 내용의 성명서를 발표하는데, 대통령 박정희와 국회의장 이효상 및 국회의원에게 한일협정이 "한국의 항구적인 신식민지화를 불가피하게 하는 결과를 가져 왔다"²⁴며 비판했다. 개신교 지도자들의 이같은 입장 표명은 "해방 이후 계속돼 온 반역사적 형태와 침체상을 일시에 불식한 사건",²⁵ "오랫동안 정치와 타협해온 교회가 보인 용기 있는 행동"²⁶이라는 호평을 낳았다. 흔치 않은 정권 비판 발언이었기 때문이다. 하지만 박정신은 이를 두고 "나라 곳곳에서 한일협정 반대 운동이 일어나고 계엄령이 선포되는 지경"임에도 "이렇다 할 움직임을 보이지 않다가 한일기본조약이 가조인되고 비준 반대 시위가 전국으로 번져나가자, 그제야 (NCCK의) 이름으로 '한일 국교정상화에 대한 우리의 견해'를 발표했으며", "그나마도 '한일 회담 가조인에 관한 의견 차이를 거국 외교의 입장에서 재조정하고 여야 사이에 극한 투쟁만은 피해 주기를 바라는' 온순한 요청을 담는 데 그쳤다"고 지적했다.[27] 그나마 주도 세력의 핵심인 한경직, 강원룡, 조동진 등은 훗날 명단에서 이름을 뺐다.[28]

이후 박정희는 베트남전 파병을 추진한다. 이와 관련한 개신교계의 입장은 보수 혁신 계열 모두 일치됐다. 혁신계 인사의 기고가 활발했던 『기독교사상』은 살상殺傷을 경계한다고 전제했지만 "이것(베트남 전쟁)은 월남의 자유에만 국한된 과업이 아닌 전 아시아에 산재한 자유 진영의 운명과 직결된 중대사임을 알아야 한다. 그러므로 무엇보다도 시급한 요청은 합헌적인 정부가 수립될 때까지 우선 단결해 과업을 수행하는 일이다"[29]는 입장을 시론 즉 사설 형식으로 밝혔다. 베트남전쟁에 대한 한국 교회의 시각은 미완된 한국전쟁의 연장전이었다. 이분법적 논리로 악마적 공산 세력에 맞서는 자유 우방의 성전聖戰으로 인식된 것이다.[30] 한 가지 주목할 점은 파월군을 십자군에 비유한 부분이다. NCCK는 1966년 8월 '파월백마부대 환송연합예배'를 열어 이들을 "자유의 십자군"[31]으로 호칭했고, NCCK 총무 길진경도 '임마누엘 소대를 지체'로 가지고 있다는 이유를 들어 '신앙의 십자군'으로 명명했으며, 『교회연합신보』는 '평화수호의 십자군'으로 표시했다.[32] 학살, 약탈, 침략 등 기독교 역사에서 오점으로 남는 십자군전쟁을 파월군에 비유한 점은 역사에 대한 무지 또는 오해에서 비롯된 것으로 보이지만, 시사하는 바가 적지 않다. 한국 평화박물관 초청으로 2015년 4월 내한한 베트남전 민간인 학살

피해자 응우옌티탄NGUYEN THI THANH은 "모든 주민들이 잠들어 있던 오전 4~5시쯤 포격이 시작됐다. 한국군이 집과 땅굴을 수색해 모든 사람들을 끌어 모으더니 총을 난사하고 수류탄도 던졌다. 곳곳에 신음 소리와 고통 소리가 가득했다. 가족과 함께 땅굴에 숨어 있었는데 한국군이 수류탄으로 위협하며 나오라고 명령했다. 하지만 한 명한 명 나갈 때마다 한국군이 가족들을 총으로 쏴 죽였다. 너무 무서웠다"[33]고 했다.

베트남전쟁 참전으로 박정희는, 미국에 의해 자유 진영의 '병참기지' 역할을 강제당해 공산 진영의 표적이 되는 위험 부담을 감당하는 대신 자본주의적 발전 기반 즉 자본과 기술, 수출 시장을 제공받는 "냉전형 발전"을 택한다.[34] 이는 미국의 동북아시아 자유 진영 허브 구축 전략의 일환이기도 했다. 이는 박정희의 사상 논란에 대해 무신경으로 일관하는 미국의 태도를 의아해 한 강원룡이 1960년대 후반 주한 대사 하비브P. Habib로부터 들은 이야기에 담겨 있는 맥락과 일치한다. 하비브는 "그 때 우리들이 내린 결론도 그(박정희)가 좌익 사상을 가지고 있는 것이 틀림없다는 것이었어요. 그런데 가만히 그의 사람됨을 살펴보니까 이념보다는 권력에 더 철저한 사람이더군요"라고 말하면서, "미국이 지금 한국 정부에 대해 바라고 있는 것은 크게 두 가지예요. 하나는 월남전에 정규군을 보내주는 것이고 다른 하나는 일본과의 관계 정상화입니다. 알다시피 지금 미국의 월남전 개입에 대해 세계 여론이 좋지 않습니다. 미국의 참전을 놓고

백인과 황인 간의 전쟁이라고 선전하는 목소리도 높아요. 이럴 때 아시아 국가인 한국에서 참전해주면 우리 입장에선 월남전이 백인과 황인과의 전쟁이 아니라 공산 세력과 반공 세력의 싸움이라는 걸 주장할 수 있습니다. 따라서 우리는 한국이 월남전에 계속 참전해주기를 바라는데 이를 박 대통령이 적극적으로 받아들이고" 있다며, "대북 관계에 있어서도 박 대통령은 미국과 보조를 함께 취하고 있으니 안심해도 됩니다. 현재 미국으로서는 박 대통령이 계속 필요하니 다른 세력들을 지원할 이유가 없는 것이지요. 먼 장래에는 미국의 태도가 어떻게 변할지 몰라도 지금으로서는 박 정권을 계속 지지할 수밖에 없습니다"[35]라고 했다.

교회 밖으로 4·19, 5·16 등 두 차례의 정변이 1년 사이에 연달아 발생하고, 교회 안으로 장로교와 성결교가 둘로 쪼개지는 등 교단 분열상이 극에 달하던 혼란기였지만 '친미'와 '반공주의'의 의미는 개신교 보혁 진영 모두에게 변함없이 공유됐다. 이 정치·사상적 노선은 성서적 전통과 예수의 가르침과 역사적 논리적 연관성이 없음에도 개신교에서는 진리 체계에 준하게 우대됐다. 이런 가운데 박정희가, 실패했다면 내란범으로 처리됐을 위험천만한 군사 쿠데타로써 한국 정치 전면에 출현한다. 그는 자발적으로 만저우군관학교에 들어가 미국 등 연합국에 대적했던 일본군 장교를 지냈고, 훗날 전향했다고 밝혔지만 해방 공간에서 남로당 일원으로서 공산주의에 협력했던 인물이었다. 그러나 그의 집권 과정에서 개신교회는 총력 지원으로 뒷받침됐다. 이승만 집권기의 정치 권력과의 부적절한 관계를 청산하고 성서적 정통성에 기초한 예언자적 위상을 회복하는 노력은 여전히 미약했다. 개신교 주류 지도자 집단은 미국과의 교섭력에 있어 한국 최고의 채널을 보유하고 있는데다 일제 강점기부터 반공주의의 사상적 구심점이 된 특질特質을 살려 박정희를 끌어안았다.

친미 반공주의라는 사상적 궤적과 개신교 근본주의의 신학 노선으로는 이해할 수 없는 일련의 박정희 정부와의 작용은 국가주의라는 기제에서 균형점을 잡는다. 로마서 3장 16절을 관용구처럼 인용하던 당시 교회는 '한국적 특수성'을 감안하지 않은 민주주의는 불가하다며 현실적 위협인 공산주의에 맞선 체제 보위를 지지했다. 이는 박정희의 '민족적 민주주의', '한국적 민주주의'의 이론을 뒷받침하는 것이다.[36] 이와 관련해 조갑제는 "박정희는 한국이 서구식 민주주의를 그대로 수용할 수 없는 이유를 두 가지로 보았다. 첫째는 역사 발전 단계상 전前근대적 봉건시대의 잔재가 남아 있고, 둘째 공산주의자들의 침투가 계속되는 비상 사태이므로 현실에 맞는 민주주의를 해야 한다는 것이었다. 그는 국가의 수호를 민주주의의 수호보다 위에 놓은 것이다. 생존의 문제가 자유의 문제보다 우선한다고 보았다"[37]고 했다. 이 관점은 국가가 기본권 위에 있다는 일본 군국주의에서도 발견된다. 태평양전쟁이 한창이던 시기에 일본 제국주의에 동조하는 입장에 선 목사 후지와라 후지오藤原藤男는 "국가는 법에 의해 일관된 하나의 굳건한 공동체이기 때문에 궤도 없는 개인의 자유를 허락하지 않는다. 개인의 자유는 국가의 조화와 질서를 문란하게 하지 않는 한 자유롭다"며 이는 "질서가 없는 곳에 개인의 자유도 없기 때문"[38]이라고 했다. 기실 기독교는 국가주의와 접목될 때에 가장 강력한 정치성을 발산한다.

국가주의와의 동조同調는 놀랍게도 교회 성장의 동력이 됐다. 박정희가 이승만에 상응되는 공공적·정책적 특혜를 개신교계에 부여했다는 평가는 많지 않다.[39] 그러나 박정희의 집권기 개신교세 성장세는 괄목할 만하다. 한국종교사회연구소는 "1960년에 5,011개이던 교회가 1970년에는 12,866개로 늘어나더니 1980년에는 21,243개로 증가했으며, 1960년에 60만 수준이던 개신교인 수가 1970년에는 300만 명 수준으로, 1980년에는 700만 명에 육박했다"[40]고 했다. 그러나 이 모든 성장의 주력이자 상징은 세계 최대의 교회로 부상된 여의도순복음교회와 담임목사 조용기다.

1958년 설립자인 최자실 자택에서 예배 모임을 갖기 시작한 이 교회는 서울 대조동, 서대문, 여의도 순으로 교회당을 확장, 이전하며 전대미문의 성장을 이어간다. 신자 수가 최고점에 이를 때에는 대략 80만으로 추산됐다. 조용기 장남인 전『국민일보』회장 조희준은 보유 중인 교회 부동산 규모가 8,000억에 이르며, 부친이 설교하는 날의 여의도교회 헌금수령액이 15억에 이른다고 밝힌 바 있다.[41]

조용기는 성장에 대한 강한 의지가 있었다. 1961년 한국에서 제일 큰 교회를 세우기로 작정했다는 조용기는 "당시에 서울에서 제일 큰 교회는 Y교회였다"며, "하루는 아무도 모르게 자를 가지고 Y교회로 갔다. 정확한 교회 면적을 재어보기 위함이었다. 나는 교회 내부의 길이와 넓이를 재어보고 의자 수도 세어보았다. 2,000명 이상을 한꺼번에 수용할 수 있는 넓이였다. 나는 야심에 차서 속으로 말했다. '나는 이보다 더 큰 교회를 짓고 말 것이다. 그리고 주님께서 교회를 사람들로 가득 차게 해주실 것'"[42] 여기서 Y교회는 영락교회를 지칭한다.

조용기가 명예총재인 교회성장연구소의 소장 홍영기는 "영락교회 성장에는 정치적 요인이 중요하지만, 순복음교회는 사회경제적 요인과 더 밀접하게 관련된다"고 말하며, "1960년대에 국가가 주도한 개발 정책의 결과, 빠른 속도로 도시로 유입된" 이농민을 "(서울) 중랑구, 관악구, 성북구, 성동구, 광진구, 서대문구, 영등포구 등 한강 지류나 야산에 무허가 주택 단지를 형성하며 집단 거주"케 했는데, "기초 생활을 위한 최소한의 조건도 갖춰지지 않은 주거지와 노동 조건 속에서 혹독한 삶을 살아가야 했던 사람들, 학대와 폭력이 난무한 야만적 도시 생활 속으로 내던져진 사람들에게 국가는 거의 아무런 기회도 제공하지 않았고, 단지 그들을 산업예비군으로 하는 저임금 체제를 유지하는 데만 급급' 할 때에 교회가 접촉했다는 것이다.[43] 김진호는 그런데, 순복음 현상의 다른 측면으로 '성공지상주의'

를 거론하며, "도시 빈민으로 편입된 이농민들에게 현실의 불리한 여건을 극복하는 데 필요한 삶의 적극적인 의지로 이해될 수 있었"지만, 이는 "가난하고 병든 사람의 구원에 관한 신학이 아니라, 부유하고 또 건강 관리 체계의 수혜를 잘 누리고 있는 이들이 자신의 풍요를 정당화하는 데도 유용한 신학으로 여겨질 수 있다"고 했다.[44]

한국 사회 압축 성장기인 1970년대에 국가의 평균 경제 성장률이 9.2%였는데, 여의도순복음교회 또한 1972년부터 1981년까지 평균 9.3% 교인수 성장세를 나타내며 묘한 조화를 이뤘다.[45] 조용기의 이같은 성과는 박정희 경제 성장 공식과 닮아 있다. '교세 급성장'은 '압축 경제 성장'과 등식을 이뤘고, '카리스마 지향의 목회 기법'은 '1인이 구심되는 권력 집중'과 다름 아니며, '교회의 대형화'는 '재벌 중심의 경제 구조'와 조화를 이뤘다. 이는 "작은 교회가 아름답다는 말은 목회에 실패한 이들이나 하는 변명"[46]이라는 조용기 입장에 잘 녹아있다. 기업의 이윤 구조와도 일치한다. 노동자 수, 매출, 사내 유보금 등 기업의 규모를 가늠하는 양적 척도가, 교인 수, 봉헌금 수금 규모, 축적된 교회 예금으로 노골적으로 대칭되는 현실은 어제 오늘의 일이 아니다. 기실 전후 빈곤한 조국의 현실에서 '부강'은 다른 모든 가치에 우선했다. 그런 의미에서 미국의 원조를 염두에 둔 친미 권위주의 통치 노선과, 무능과 무질서를 다잡은 군사 정변, 한국 근대화의 물꼬를 튼 한일 수교 및 베트남 참전에 이의를 달기란 쉽지 않다. 여의도순복음교회 성장에 대한 비판 담론은 조용기의 신앙관이 이단과 닮아 있다며 1983년 대한예수교장로회 통합(이하 예장 통합)에 의해 사이비로 규정될 때까지 존재하지 않았다.[47]

　이 지점에서 '두 왕국론'이 국가와 교회의 역할과 기능을 구분하는 기초 원리에 대한 고찰이 필요하다. 무분별한 성공 및 성장 담론이 간과하는 사회윤리적 문제에 대해 교회가 간파했어야 하는 것이다. 물적 성취가 반드시 하느님의 영광을 대변하는 것인지, 이로 인해 제약되는 민주주의와 인권의 가치는 어떻게 보장할 수 있을지 교회는 대안을 갖고 있어야 했다. 일본 정치철학자 난바라 시게루南原繁는 "국가 공동체는 더 이상 그 자체가 최고의 가치를 갖는 것이 아니고, 최고의 규범은 정치적 국가 생활을 초월해 존재한다. 이 의미에서 그리스도교는, 국가 또는 그 주권자를 그 자체 그리스도교적 의미의 하느님 나라 또는 하느님과 같은 의미로 신화神化하는 근거와 여지는 없다고 말해야 한다"[48]며 국가 위에 기본권과 신이 있다는 논리를 폈다. 그러나 국가주의를 신성화하는 데다, 폭발적 교세 신장과 압축적 경제 성장에 고무된 한국 개신교회는 번영신학으로 동조하며 교회는 '유물론'의 늪에 함몰돼 갔다.

민주화운동과
진보 개신교

베트남전 파병을 기점으로 미국의 지지를 받게 된 박정희는 빠르게 권력 기반을 안정화시켰고, 정부와의 유대 기조를 강화하던 개신교계는 1966년부터는 대통령 조찬기도회를 개최해 협력 관계를 확고히 했다. 이를 주도했던 한국대학생선교회[CCC] 대표 김준곤[49]은 "박정희 대통령이 이룩하려는 나라가 속히 임하길 빈다"(1회), "우리나라의 군사 혁명이 성공한 이유는 하느님이 혁명을 성공시키신 것이다"(2회) 등 의례적 격려로 간주하기 힘든 정파성 농후한 내용의 설교를 했다.[50] 유신 이후 첫 기도회(6회)에서는 "10월 유신은 하느님의 축복을 받아 기어이 성공시켜야 하겠다"며 "외람되지만 각하의 치하에서 일어나고 있는 전 군 신자화 운동[51]이 종교계에서는 이미 세계적 자랑이 되고 있는 그것이 만일 전 민족 신자화 운동으로까지 확대될 수만 있다면 10월 유신은 실로 세계 정신사적 새 물결을 만들고 신명기 28장에 약속된 성서적 축복을 받을 것"[52]이라고 했다.

그러나 이것이 개신교 전체 입장을 대변하는 것은 아니었다. 이전 시기와는 달리 체제 저항적 성직자 집단이 출현했기 때문이다. 목사 김재준, 사상가 함석헌, 목사 박형규 등 에큐메니컬 진영을 주

활동무대로 삼던 인사의 경우가 그렇다. 이들은 1969년 박정희가 주도한 3선 개선에 반대하고 6월 5일 당시 제1야당 신민당과 재야 세력이 주도한 3선개헌반대범국민투쟁위원회에 참여하며 헌법 개정 반대 입장을 분명히 했다. NCCK는 9월 8일 "우리는 국론의 분열과 국력의 약화를 초래할 삼선 개헌 발언에 대해서는 깊은 우려와 유감의 뜻을 표한다"고 밝히고, "헌법의 존엄성은 누구보다도 입법부가 지켜야 하며 국민을 대표한 선량들은 역사의 심판 앞에 부끄럽지 않는 확고한 결단을 내려야 할 것이다"[53]는 성명을 발표함으로써 거들었다. 진보 개신교계의 시국 투쟁이 본격화되자 주류 입장에 선 김윤찬, 김준곤, 김장환, 조용기 등 보수 개신교계 목사는 "기독교인은 성경의 가르침을 따라 날마다 그 나라의 수반인 대통령과 그 영도자를 위해 기도해야 하며, 기도함이 없는 비판은 비생산적이며 비기독교적"[54]이라며 반대하고 나섰다. 보수 개신교단 연합체 대한기독교연합회DCC는 9월 5일 '개헌에 대한 우리의 소신'이라는 제목의 성명에서 "우리들 기독교인은 정교 분리의 원칙에 입각"해 "개헌에 대한 박정희 대통령의 용단을 환영"[55]한다며 3선 개헌 지지 입장을 표시했다.

진보 개신교계가 사회적 발언을 내놓으면 보수 개신교계가 그에 반대되는 입장을 표명하는 식의 주거니 받거니 공방은 전형성을 띠기까지 했다. 이는 진보 교회의 입장이 개신교계 전체의 의견으로 비춰져서는 안 된다는 보수 교회의 의도가 개입된 것이다. 한국기독학생총연맹KSCF이 주도한 1973년 4월 22일 남산부활절연합예배 전단 살포 사건과, 한국기독학생회 학생사회개발단 학생들이 주축을 이룬 1973년 10월 범국민적 유신헌법 철폐 데모가 사회적 파장을 낳았을 때였다.[56] 이 사건으로 구금된 이들의 석방을 위한 노회연회, 교회, 개신교 단체 차원의 선언, 성명, 탄원, 서명 운동이 줄을 이었고, 각종 예배, 기도회 등 예전禮典 형식을 빌린 시위가 다각도로 전개됐다. 반反독재 운동의 기초 자원으로서 조직, 소통 수단, 결속력은 이렇게 교회 내에 형성돼 갔다.[57] (공안 규율의 통제 범위에 진보 개신교계도 포함됐지만 비종교권 운동 세력에 대한 압박과 동일할 수는 없었다는 점에서, 민주화 운동 세력은 진보 개신교계와 연대하게 되고,[58] 교회는 이들에게 거점 등을 제공하며 협력했다.[59]) 이들의 연대를 심상치 않게 지켜본 보수 교계는 용공 의혹을 제기하며 공박을 이어갔다. 보수 8개 교단 협의체인 한국예수교협의회KCCC는 1974년 11월 25일 '기독교 반공 시국선언문'을 발표하고, "북괴가 휴전선 비무장지대에 비밀 땅굴을 파고 기습 남침을 기도하는 비상 시국에 일부 성직자들이 반정부적 선전과 데모를 선동하는 것은 비성경적이며, 북괴 공산집단을 이롭게 하는 이적 행동"[60]이라고 비판했다. 김준곤은 공산주의 세력이 진보 개신교의 외피를 두르고 사회 혼란을 가중시킨다고 주장했다. 그는 7월 17~19일 제3차 세계기독교반공대회에서 '기독교와 공산주의의 갈림길에서'란 제목의 기조 연설을 통해 "과거 3~4년 동안 수천 수백의 모임들과 간행물들에는, 가난한 자와 눌린 자와 고통 받는 자들에게 해방을 주자느니, 현실 참여, 사회 정의, 역사 의식, 인간화, 민주, 인권 등의 말들로 꽉차 있었으며, 크리스마스와 부활절 설교에서 전하는 예수의 상(像)은 혁명가와 해방자로 부각됐다. 교회라는 이름을 등에 업은 사람들에게서 성명서들이 잇따라 나왔으며 마치 줄다리기 모양으로 위정자들에게 맞서 물리적 시위를 계속 떠벌렸다"며 "공산주의자들은 오늘의 기독교 내부에 회색 지대 교두보를 구축"했는데 "우리가 느끼는 것은 민중 조직 운동이니, 제2 해방 운동이니 하는 허울 좋은 언어의 나열은 결국 공산주의적 민중 조직, 민중 봉기 운동을 다른 말로 표현한 것뿐이라는 사실"[61]이라고 주장했다.

그러나 보수 교회의 관변적 메시지가 개신교계 안에서만 유통되면서 확장성의 한계를 보이자, 진보 교회에 대한 공안적 접근에 신중했던 박정희 정부는 기조를 바꿔 직접 통제에 나선다. 문화공보부 장관 윤주영은 1971년 1월 31일 대통령 연두 순시석상에서 "순수한 종교 활동 및 신앙의 자유는 최대한 보장하고 적극 지원하겠지만, 종교인들에게 현행법을 위반하는 정치 활동의 특권이 없다"[62]고 주지시켰다. 진보 개신교계를 향해 정부-보수 교계 간 협력 기조를 모델로 한 관계 변화를 압박한 것이다. 1974년 5월 1일에 열린 7회 대통령 조찬기도회에서 박정희도 전달 25일 전국민주청년학생총연맹(이하 민청학련) 사건에 개신교계 인사들이 다수 관여돼 있다는 중앙정보부장 신직수의 수사 결과 발표 내용을 거론하고는 "북한 공산주의자들이 통일 전선 형성의 일환으로 종교계에 침투하려고 기도하고 있다"며 종교계 전반에 경고했다.[63] DCC도 진보 교회의 상징축인 NCCK 메시지에 확산성을 결여시킬 목적으로 11월 27일 '시국에 대한 우리의 견해'란 성명서를 통해 "한국기독교교회협의회는 한국 개신교를 대표할 수 없다"며, "수십 개 교파 중 불과 6개 교파이며 교세는 전체 교인의 1/3도 미달하는 사실은 자타가 공인하는 바"[64]라고 비난했다.

한편 이 무렵 정부, 진보, 보수 교회 간에는 성명전을 통한 '국가와 종교' 토론이 전개됐다. 단초를 제공한 주체는 국무총리 김종필이었다. 11월 9일 한국기독실업인회 2차 전국 대회에서 "하느님으로부터 그 권위가 비롯되는 민주 정부에 대해 미워하거나 두려워하는 이가 있다면 그것은 곧 악을 행하는 자일 것입니다. 악을 행하면서도 그 악의 비롯됨을 뉘우칠 줄도 모르고 스스로 행하는 그 악이 마치 남에게서 연유한다고 주장하는 교역자가 있다고 한다면 이는 하느님의 구제를 받을 수 없는 자일 것"[65]이라고 발언했다. 그러자 진보 개신교계는 반박했다. 한국기독교사회문제연구원에 따르면, NCCK는 11월 18일 성명을 통해 "국가에 대한 충성과 특정한 정권에 대한 충성이 반드시 일치될 수 없다"고 전제하면서 "그 권세가 하느님의 공의를 저버려 자기 권력의 한계를 넘어서고 국민에게서 위탁받은 책임에 충실하지 않을 때 기독교인은 하느님 말씀의 대변자로서 이를 비판하고 시정해야 할 책임이 있다"고 주장했다. 개신교 60여 명의 성직자와 신학자도 '한국 그리스도인의 신학적 성명'을 발표하고는 "절대화된 권력이 인간의 권리를 유린할 때 그리스도 교회는 그것에 대한 투쟁을 감행할 수밖에" 없으며, "교회가 가난한 자눌린 자의 편에 서서 그를 억압된 데서 해방시키고 그들의 기본을찾아주려는 직접적 사명을 실천함에 있어 그것이 정치 활동으로 나타나는 것은 불가피하며 따라서 정치 권력과 긴장 관계에 놓이지 않을 수 없다"고 주장했다. 이 논란에 진보적 천주교 사제도 가세했는데, 11월 20일 천주교정의구현사제단은 '사회 정의 실천 선언'을 발표하며 가난한 자, 억눌린 자의 해방을 선포하는 하느님 나라는 내세만이 아니라 현세의 구조 변혁을 포함하며 복음 선포는 현실 정치와 분리될 수 없다는 입장을 분명히 했다.[66] 정부와 진보 개신교계 간논쟁에 DCC도 한몫했다. 11월 27일 같은 성명서에서 "국가는 하느님이 설립하신 인간 사회의 창조적 질서임을 믿는다고 하면서도 조건부를 말하고 있다. 그러나 우리의 견해는 조건부가 있을 수 없다고 본다. 예수님께서 가이사의 것은 가이사에게 하느님의 것은 하느님에게 라고 말씀하심으로써 세상 권세에 대한 크리스천의 자세를밝혔다고 본다. 우리 교회는 민주주의 정권에 대해서 종교와 정치는분리한다는 기본 처지를 굳게 지키고 있다. 로마서 13장에 명시된모든 권세는 다 하느님이 정하신 바라고 한 것은 그것을 증거하고있다. 바울로 사도가 로마서를 기록하고 있던 당시의 로마정부는 제왕 정치이며 세계를 무력으로 점령한 국가이다. 만일 기독교회가 로마 정권에 대해 폭력으로 저항했더라고 하면 오늘날 교회사는 그 양상을 달리했을 것이다. 예수님이나 바울로는 교회의 존립 이후가 세상적 정권 투쟁이 아니라 인간 영혼의 구원에 중점을 두었기 때문에 점령자나 피점령자나 그들의 영혼이 죄와 사망에서 구원받는 일에 전력을 기울였던 것"[67]이라고 반박했다. 맥락이 간과된 "문자적인 독법"에 그친 로마서 13장 해석의 전형이었다.[68]

비신자이기는 하나 박정희는 대통령으로서 보수 교회와 과거 어느 때보다 긴밀한 관계를 형성하고 있었다. 이미 5·16 때 큰 덕을 입은 바 있었는데, 1974년 미국인 목사 오글G. E. Ogle 추방 사건을 해결하는 과정에서도 탄탄한 공조 시스템을 확인했다. 오글이 이른바 인민혁명당 재건위원회 즉 전국민주청년학생총연맹 사건이 고문에 의해 조작됐다는 사실을 폭로하자, 정부는 그의 신병을 확보해 비행기에 탑승시켜 강제 추방한다. 미국인이고 종교인이라는 점이 신경 쓰인 정부는 폭로 문제와 무관하다고 전제하며 선교사 비자로 들어와 대학에서 강의한 사실의 불법성을 강조했다.[69] 그러나 미국 교계가 대대적으로 문제 삼았고, 자칫 외교적 갈등으로 비화될 태세였다. 이때 개신교 네트워크가 가동됐고, 한국십대선교회 대표와 아세아방송[70] 사장을 겸하고 있던 대표적 지미 인사인 목사 김장환[71]이 나서게 됐다. 그는 수차례 미국으로 건너 가 방송 출연과 강연을 통해 "목사 중에 구속된 사람은 오글이 유일하며, (그는) 순수 복음을 전하는 목사가 아니"[72]라고 역설했다. 특히 1975년 미국 CBS TV 토론 프로그램에 출연할 당시를 회고하면서는 "'나를 포함한 대부분의 한국 목사들은 순수한 복음을 전파할 때 탄압받지 않습니다. 종교의 자유가 없다면 1973년 320만여 명이 모인 전도 대회는 어떻게 열릴 수 있었겠습니까? 나는 한국에 복음 방송사를 세우면서 정부의 주요 인사들과 군 장성들로부터 적극적인 지원을 받았습니다. 종교의 자유가 없는 나라라면 이게 어떻게 가능한 일입니까?' 계속된 설전 속에서, 정치는 어떨지 몰라도 적어도 순수 복음을 전파할 때는 아무런 제약을 받지 않는다는 우리의 주장을 그들이 뒤엎을 수는 없었다"[73]라고 말했다. 이같은 김장환 주장에 호응해 보수 개신교계도 한국이 종교자유를 보장하는 나라라고 역설했다. 한국기독교시국대책위원회는 1977년 4월 26일 "일부 해외 반한反韓 인사들이 미국 등지에서 선교 자유와 인권 문제를 내세워 한국 실정을 비판해, 지나친 선동과 비방을 하는 과격한 행동은 유감스러운 일로, 한국 안보에 지장을 초래케 할 것을 염려해 저들의 각성을 촉구하는 바이다"[74]라는 성명을 냈다. 그런데 개신교 19거 교단이 동참한 한국기독교지도자협의회도 1975년 7월 29일에 발표한 '한국 교회 선언문'에서 "최근 수년간 북괴의 남침 위협이 계속되고 이같은 불안한 정치적 상황 때문에 취해진 긴급조치로 인해 인권과 신앙의 자유를 주장하던 성직자가 추방된 것은 매우 불행하고 유감된 일이다. 그러나 이같은 상황이 외국에 불충분하게 보도돼 한국 교회가 정부로부터 심한 박해와 제약을 받는 것처럼 알려진 더 대해 사실과 달리 아직까지 한국의 교회는 정부로 인해 신앙이나 침해를 받은 일이 없고 선교 활동도 큰 제약 없이 자유로이 계속하고 있다. 다만 약간의 제약이 있다면 이는 오늘날 대한민국이 직면한 위기적인 정치 현실 때문"이라고 했다. 그러면서 8개 항의 선언문을 냈는데 그 첫 번째는 "우리는 오늘 현실에서는 대한민국의 주권 없이는 이 땅에 교회도 있을 수 없음을 인정하고 현 시국 하에서는 신앙 수호와 국가 안보를 우리의 제일차적인 과업으로 간주한다"[75]고 했다. 그런데 여기서 주목되는 점은 협의회 참여 교단 중에 예장 통합, 기독교대한감리회(이하 기감), 기장 등 NCCK 가맹 교단이 포함됐다는 점이다. 이보다 앞선 4월, NCCK에 대한 정권적 차원의 공안 수사가 진행되는 국면에서 총무 김관석과 박형규, 조승혁, 권호경 등 여러 명의 목사가 선교 자금을 정치범 구호 등 다른 용도에 썼다며 업무상 횡령 혐의로 구속된 사건이 벌어졌다. 이런 와중에 구속된 성직자의 가맹 교단이 '선교의 자유가 보장됐다'고 강변한 점은 해당 시기를 전후한 정부의 압박이 상당했고 또 주효했음을 의미하는 것이다. 기실 선교 자금 횡령 사건 역시 공작성이 다분했다. 중앙정보부가 경찰이 맡는 사건에 관여하더니, 기대보다 못한 판결이 나올 것으로 예상되자 담당 판사의 뒷조사까지 감행했던 것이다.[76] 이는 교회 연합 기관에 대한 정부 차원의 첫 공안 사건으로 평가된다.

박정희가 상정하는 가장 이상적인 '국가와 종교'의 구도는 정부가 공산주의와 체제 경쟁을 벌일 때 종교는 국민을 반공사상으로 총화 단결하는 것이었다.[77] 그런 의미에서 보수 개신교계는 박정희의 기대치에 적극 부합했다. 신앙을 애국심으로, 또 체제에 대한 순응으로 순치시켰던 보수 개신교는 나아가 국가주의마저 내재화하려

했다. 기독교와 무관한 이순신 우상화가 그 맥락 가운데 하나다. 목사 박형룡은 "충무공이야말로 죽도록 충성해 나라를 건지고 국민을 안전하게 지키고, 충성의 상징으로 이 민족의 마음속에 영원히 살아 있어 충성의 광채를 찬란히 비추어주는 이 민족의 태양"[78]이라 했다. 개신교 전교 이전의 한국적 전통에 대해 무시하던 기조를 상기하면 그리스도와 아무 상관없는 역사 속 인물을 미화하는 태도는 정략적 의도로 해석할 수밖에 없었다. 일각에서는 이순신이 갖고 있는 반일 이미지를 통해 박정희의 친일 이미지를 희석하려 했고, 이순신의 구국 영웅적 이미지를 통해 군 출신 인사의 집권을 합리화하려 했으며, 조정 대신의 당파 싸움을 통해 신민당의 대정부 저항을 정쟁으로 치환하려 했다는 분석을 제기했다.[79] 이 맥락이라면 보수 교회에게 박정희는 협력해야 할 국가 지도자의 가치를 상회하는 셈이다. 1972년 문교부가 전국 학교에 시행토록 강제한 '국기에 대한 맹세' 지침도 국가주의에 관한 추가적 논점을 형성한다. 훗날 '국기에 대한 맹세와 경례를 반대하는 인권·사회단체'가 지적했듯 이는 "신사참배와 함께 강요됐던 황국신민 서사와 다름없는 일제 잔재"로서 "애국심을 강제나 훈육을 통해 강요해서는 안 된다"는 입장에서 "법을 통해 국기에 대한 존중과 애호를 의무화하고 강제하는 것은 시민 정치적 권리에 관한 국제규약 18조(사상·양심·종교의 자유)와 대한민국 헌법 19조(양심의 자유), 20조(종교의 자유), 아동의 권리에 관한 협약 14조(아동의 사상·양심·종교의 자유)를 위반하는 것"이라는 비판이다.[80] 배교 논란 중심에 선 신사참배로 인해 큰 내상을 입은 보수

교회는 이와 유사한 '국기에 대한 경례' 제정 당시 전혀 문제를 제기
하지 않았다.

반공주의로 중무장한 한국 보수 개신교계가 이념 대치 상황을 극
대화했지만, 나라 밖에서는 심상치 않은 기류가 형성되고 있었다.
대표적으로 서구 강대국의 영토 경제적 팽창주의가 이 나라들의 기
독교 선교론과 한 몸이었다는 점을 인식하며 이를 교정하기 위한
'미시오 데이Missio Dei' 즉 '하느님의 선교론'이 대두됐던 것이다.[81] 사
회 선교 및 정치신학으로도 명명되는[82] 이 선교론은 그리스도인의
소명인 복음 전파를 실천적 영역에서 구현하는 것으로, "스토트J.
Stott"가 예시한 대로 "인권, 환경, 남북 문제, 핵 문제, 노동, 인종 차
별, 빈곤, 남녀 평등, 낙태, 동성애, 민주주의의 수립 등" 다양한 의제
를 포괄하고 있다.[83] '하느님의 선교'는 1952년 독일 국제선교협의
회IMC대회에서 정립된 것으로, "전도가 중심이 되는 교회의 양적 성
장이 선교의 궁극"이 돼서는 안 되고 "'이 세상을 선교의 장으로 하
는 하느님의 선교'로 봄으로써, 선교의 주체는 교회가 아니라 하느
님이시고, 그 범위도 정치, 사회, 경제, 문화의 세계로까지 확장돼야
한다"[84]는 의견이 모였다. WCC는 같은 입장의 IMC와 1961년 통합
한다. 그리고 1968년 스웨덴 웁살라 총회에서 "우리는 평화를 앙망
하는 사람들의 부르짖음과 굶주리고 착취당한 자들의 빵과 정의를
요구하는 소리와 인종 차별의 희생자들의 인간의 존엄성을 부르짖
는 호소 그리고 수백만 명으로 늘어가는 삶의 의미를 추구하는 사람

한국 개신교와 정치

들의 부르짖음을 들었다. 하느님은 이들의 부르짖음을 들으시고 우
리를 심판하신다. 그는 또한 자유키 하라고 말씀 하신다"[85]며 온전한
사회 참여만이 선교의 진정성이 입증될 수 있다고 설파한다. 1969
년에 열린 WCC 캐나다 몬트리올 대회는 급기야 구조 악에 대한 직
시와 함께 정치 혁명의 가능성도 논의됐다.[86] 때를 같이해, 자유와 인
권을 자각한 세계 지성이 프랑스 5월혁명 등 1960년대를 저항의 세
기로 형성하고, 이에 천주교회가 교회의 사회 참여를 강조한 제2차
바티칸 공의회와 남미 해방신학으로 호응하면서 대세를 이뤄갔다.
한국 장로교 형성에 주도적 역할을 한 미국 장로교회도 분열과 세속
화 논란으로 신학적 고비를 맞아 주류를 이뤘던 근본주의가 퇴조하
고 사회 선교를 강화하는 혁신 노선이 대세를 이루게 됐다.

한국 에큐메니컬 운동 즉 NCCK 진영이, 전래 이후로 내재화한
친권력 노선의 정교 분리 원칙을 포기한 것은 이런 지구적 인식의
전환과 무관하지 않다. 국면적 특수성을 따지자면, 이익 공동체로서
국가와 교회의 관계가 4·19를 통해 그 본질을 드러냈고, 자본 확보
와 물량 축적이 인권, 기본권 등 초부적 권리에 우선되는 권위주의
적 산업화가 가속화되고 있었으며, 제2차 세계대전에 이어, 6·25
한국전쟁, 베트남전쟁 등 열강의 전쟁터로 변모되면서 공동체적 위
기를 맞고 있는 아시아의 현실이 분단, 파병 등으로 한국에까지 영
향을 미치고 있었다는 점 등이다. 특정 대상에 국한됐으나, 박정희
정부와 혁신 계열 교계 인사 사이에 불편한 관계도 '국가와 종교'에

관한 인식 변화의 주요한 동기로서 작용했다. 김경재는 집권과 함께 지식인 그룹을 통제하던 박정희가 "언론 기관, 대학, 종교계에 대한 회유, 억압, 압살에 무자비할 정도로 철저했다"며 "수많은 진보적 종교 지도자들이 옥고와 수난을 당했다"고 말했다.[87] 이 흐름에 작용해 NCCK는 1969년 박정희의 3선 개헌 시도를 기점으로 정치 투쟁에도 나서며 정교 분리 원칙을 재정립한다. 요컨대 정교 분리란, 단순히 정치에 대한 종교의 저항 기능을 무력화하는 것이 아니라, 종교가 정치에 대해 독자성을 갖고 견제적 기능을 수행하는 것에서 정당하다는 것이다. 이는 박정희와 연대하고 있던 보수 개신교계를 향한 비판적 입장으로도 해석된다.

세계 개신교회가 적극적 저항권에 눈을 뜨게 된 보다 근본적인 계기는 히틀러 암살을 기도企圖했던 1945년 본회퍼의 희생이었다. 이와 관련해 유석성은 본회퍼의 결행이 이후 "WCC 운동의 뒷받침"으로 작용했고, "유럽의 정치신학, 남미의 해방신학, 민중신학" 등에도 "상당 부분 영향"을 끼쳤으며, 한국어 번역서 『나를 따르라』가 1965년에 출간된 이후인 1970년대에 민주화 운동에 참여한 한국 시민에게 "많은 이들이 큰 용기와 위안"을 줬다고 했다.[88] 하지만 "유신헌법을 고치자는 말만 해도 사형"에 처할 수 있었던 당시 삼엄한 시국 환경은 한국 민중을 여전히 얼어붙게 했다.[89]

교회 또한 그랬다. 지유철은 "1970~1980년대 일부 진보적인 교단의 교회를 제외한 거의 모든 한국 교회에서는 교회에서 신문을 소지하거나 보는 일이 일종의 금기"였다며 "설교에서 정치 이야기를 하는 목사는 은혜 없는 자유주의자로 매도당했고 성도가 정치 문제에 관심을 가지면 왕따를 각오해야 했다"[90]고 했다. 엄밀히 이야기해 교회 내에서 시국 논의가 사라졌다기보다, 정권을 불편하게 하는 저항, 비판의 화두가 종적을 감춘 것이었다. 문제는 이러한 '풍토'에 억압적 기제가 자리하고 있었다는 점이다. 조병해 증언에 따르면, 1972년 11월 14일 기독교방송 직원 예배 시간에 청년 프로듀서 조성호는 성경 봉독 후에 "법과 권력, 자유와 인권, 민족과 역사 등에 관한 이상적 가치와 현실적 좌절의 고뇌"를 각 시대별 사상가의 어록을 통해 광범위하게 인용하더니 유신 체제를 간접 성토했다. 그의 발언 중에는 "국왕은 모든 사람 위에 존재한다. 그러나 신과 법 위에 설 수 없다", "의무의 중압으로부터 우리를 해방시켜줄 수 있는 것은 양심뿐이다", "독일 나치 시대에 대학과 언론이 무기력했을 때 오직 기독교만이 인권을 위해 나치 권력에 반항했다"가 있었다. 이는 어디까지나 민간 기업의 사내 종교 행사에서의 행동이었다. 하지만 조성호는 사내에 상주하던 보안사령부 요원에게 붙잡혀 갔고, 계엄법 및 포고령1호 위반죄가 인정돼 징역 6월을 선고받고 복역했다. 이는 "유신 이후 최초의 언론인 구속 사건"으로 기록된다.[91] '말할 권리'마저 앗아가는 상황은, 프랑스 5월혁명보다 8년 앞서 4·19를 통해 민주주의를 경험한 한국 청년 상당수에게 깊은 모멸감을 심었다. 이로써 생성된 울분은 월남자가 세운 극보수 성향의 영락교회에도 확대된 터였다.

때마침 1970년 11월 노동자 전태일이 근로기준법의 준수 등을 요구하며 스스로 목숨을 끊는다. 이 교회 청년신도회장이며, 크리스찬아카데미 간사 최종고는 전태일의 시신을 거두어 주었으면 하는 바람을 교회에 수차례 요청했지만 자기 교회 신자가 아니라는 이유로 끝내 거절당했다.[92] 그의 선배격인 오재식은 당시 담임목사(한경직)가 "'자살한 사람의 장례는 교회에서 할 수 없으며, 그가 그리스도인이라면 출석하고 있는 교회에 가서 하는 것이 원칙'이라며 거절했다"[93]고 전했다. 그러나 사건의 파장은 상당했다. 이 교회 대학생회는 1971년 7월 전태일 추모예배를 가진 뒤 7개 항의 비판을 담은 대교회 성명서를 발표하면서 스스로 해산했다.[94] 최종고는 대자보에서 "이미 '사원과 같은 교회'로 된 이상 영락(교회)에는 멋있는 설교자가 있어야 한다. 미국의 포스딕H. E. Fosdick 목사와 같이 그가 한 번 설교하면 경제학자는 경제학의 입장에서, 사회학자는 사회학의 입장에서, 정치학자는 정치학의 입장에서 그 설교를 분석해 다시 발표할 수 있을 만큼 권위 있는 설교가 나와야 한다. 영락이 교인수가 많아서 자랑하기 이전에 그날의 메시지가 한국 사회에 얼마만큼 강력한 호소력을 가질 수 있느냐에 따라 자랑해야 할 것"[95]이라며 한경직을 공개 성토했다. 이에 대해 한경직은 "'우리 목사들은 예언할 사명과 선지자의 사명이 있으니 정부가 잘못하면 강단에서도 치고 때리고 나쁘다고 해야 한다.' 보통 사람들은 다 그렇게 생각하는데 나는 그렇게 생각할 수 없단 말이요. 왜 그러느냐. 공산당이 없으면 나도 그러갔는데"[96]라며 반응했다. 북한 공산주의와 대치하는 국면에서 교회의 시국 불간섭은 정당하다는 취지였다.

이와 유사한 한경직의 입장은 여러 국면에서 표명됐다. 1972년 박정희가 유신헌법 개정을 국회 해산권을 발동한 채 강행하자 한경직은 윤보선, 백낙준, 유진오, 이희승, 김수환, 김재준 등 원로 15인 중 일원으로 12월 13일 시국 간담회에 참석해 "민주주의의 회복과 대통령 면담을 요구"했다.[97] 다큐 '한경직' 제작진이 미국에서 입수한 자료에는 그가 "주요 교단장들고- 함께 박정희 대통령에게 긴급조치 해제와 구속 인사 석방을 요구하는 내용을 담은 건의"를 한 것으로 돼 있다.[98] 이같은 입장과는 사뭇 상반되게, 영락교회 청년 상당수가 유신헌법 반대 투쟁에 나서려고 하자, 한경직은 반대했다. 훗날 "유신헌법 만들 때 영락교회 청년들도 데모하려 해서 막았습니다. '잘못된 것은 잘못한다고 말해라. 진정서를 보내든지 온전한 방법으로 하라. 사회 불안을 조성해 공산당에게 기회를 주는 일은 절대 하지 말라'고 했습니다"[99]라고 진술했고, 이보다 앞선 시기의 인터뷰에서는 "나는 막았단 말이요. 절대 못 한다고 했시요. '잘못하는 것은 잘못한다고 말을 해라. 진정서를 보낸다든지. 온전한 방법으로 하지, 사회 불안을 조성해 공산당에게 기회를 주는 일은 절대 하지 마라'고 했시요."[100]라고 언급한 바 있다. 이와 관련해 양현혜 등은 한경직의 판단을 정권과의 철학을 결여한 결탁이 아닌, 개신교적 "건국 신앙의 구조적 모순에서 오는 비극적 선택"으로 봤다.[101] 박정희와의 한시적 견해 차이를 극복한 한경직은 훗날 "새마을운동, 경제 부흥

하는 것을 보고 '바로 저것이 한국의 살길이다. 질서를 위해서는 당분간 군인들에게 맡길 수밖에 없다. 바로 그 질서가 한국 복음화에도 도움이 된다'"[102]는 언급처럼 한국적 현실에 따른 협력 기조를 확고히 했다.

사회 현실에 불간섭함으로써 발생한 여분의 역량을 한경직은 전도에 힘썼다. 소속 교단 대한예수교장로회가 1957년부터 산업 전도를 시행할 때, 영락교회는 1964년부터 파송 목사 조지송을 지원했다.[103] 이때까지만 해도 산업 전도는 현장에서 환영받았다. 사주가 교인이면, 일요일 공장은 기계 소음 대신 찬송가 소리가 울려 퍼지는 예배당이 됐다. 교계 또한, 기회의 땅이라 동경하며 상경했지만 고독과 향수에 젖은 어린 노동자를 교인으로 끌어안을 호기라고 판단하고 관심과 지원을 아끼지 않았다.[104] 하지만 노동자의 입장은 달랐다. 사주의 신임을 받는 산업 전도자 상당수를 사용자 쪽으로 여겼다.[105] 성경 공부 등 사목적 차원의 추가 접근마저 용이하지 않았다. 실제 사주는 산업 전도자가 노동자에게 순종과 성실을 가르치는 것만을 원했다. 이런 가운데 노동자는 산업 재해와 임금 체불, 퇴직금 미지급 및 해고 심지어 구타 등의 부조리에 노출돼 있었다. 조지송 등은 이런 식의 전도 활동은 무의미하다고 간주했다.[106] 그래서 산업 전도의 명칭을, 도시산업선교회라는 전담 기관 명칭에서 따와 산업 선교로 고친 것을 기점으로, 노동자에게 노동 3권을 알려주고, 현장의 불의와 무질서를 바로잡기 위해 사측과 싸우는 것을 마다하지 않앗으며, 노조를 만들거나 노동자의 권익에 무관심한 어용 노조를 개편하려 했다. 당장 박정희 정부와 우호적 관계를 형성하던 한국노총은 발끈했다. 그래서 1974년 12월 9일 "국가 안보 강화 촉구 및 북괴 남침 터널 구축 규탄 궐기 대회"를 열었을 때, "'북괴'뿐 아니라 '자유민주주의 환상'에 사로잡힌 일부 인사와 '노동조합 조직에 개입해 분열과 파생을 조성하는 등 자기 직분을 망각한 행위를 자행'하는 '도시산업선교회를 중심으로 한 일부 종교인들'을 적시하며 격렬한 어조로" 비난했다.[107] 한경직 역시 산업 선교에 대한 불편한 소회를 내비쳤다. "공장 노동자들 곧 하느님을 모르는 부녀자들에게 복음을 전파해 그리스도의 사랑을 가르쳐야 할 선교가 방향이 변해 좀 불만이 있으면 동맹도 하고, 파업을 하라고 선동하는 극단적인 노동 운동이 되고 말았어요", "그래서 실업계에서는 산업 전도 하면 질색이에요. 동맹 파업이나 일으킨다고. 이렇게 돼 당국으로부터 영락교회는 오해를 받게 됐고, 자연 우리 산업 전도는 제동이 걸리고 말았습니다"[108]라고 했다. 박정희는 이를 방치하지 않았다. 『동아일보』는 그가 "근래 일부 종교를 빙자한 불순 단체와 세력이 산업체와 노동조합에 침투해 노사 분규를 선도하고 사회 불안을 조성하고 있는 데 대해 실태를 철저히 조사하고 파악해 보고하라고 김지열 법무장관에 지시했다"[109]고 전했다.

숨 막히는 공안 국면이 지속되는 가운데 예장 통합이라는 한 교단 안에서 영락교회와 도시산업선교회 등의 기관끼리 확연한 시국

인식차로 혼란이 가중될 때에 저항 노선으로써 단일한 행보를 견지한 한국 천주교회는 차별됐다. 처음부터 그랬던 것은 아니었다. 극심한 박해에 직면했던 구한말부터 박정희 정부 초기까지 한국 천주교회는 상대가 누구이든 '전통적 신정론'에 기초해 당대 권력과 우호적 관계를 형성했다. 그러다가 제2차 바티칸 공의회와, 남미 해방신학의 영향으로 교회는 사회 정치적 공간에서의 이념적 명분을 지니게 된다. 정치 경제적 부조리와 불평등이 만연한 구조 속에서 위태로운 인간의 존엄성을 지키기 위한 천주교회의 역할을 시현한 것이다.[110] 이는 추기경 김수환이 선도한 측면이 있었다. 그는 박정희와 내내 불편했다. 1971년 12월 24일 KBS를 통해 생중계된 강론이 계기였다. 김수환은 "정부 여당에 묻겠습니다. 비상非常 대권을 대통령에게 주는 것이 나라를 위해서 유익한 것입니까? 그렇지 않아도 막강한 권력이 있는데 그런 법을 또 만들면 오히려 국민과의 일치를 깨고, 그렇게 되면 국가 안보에 위협을 주고 평화에 해를 줄 것입니다." 이 상황을 소개한 전 동양방송 기자 봉두완은 "마침 이 중계방송을 보고 있던 박(정희) 대통령은 불같이 화를 내면서 KBS 방송을 당장 중지하라고 명령했다. 하지만 카메라맨 PD등 제작 요원들은 별 생각 없이 성당 근처 술집식당에서 한 잔 걸치고 있었던 터라, 곧바로 방송은 끊이지 않았고 추기경이 하고 싶었던 말은 모두 전국에 생방송됐다. 당시로서는 상상도 하기 힘든 일이 벌어지고 만 것"[111]이라고 증언했다.

이 사건을 계기로 박정희 정부는 사실상 천주교회에 대한 전면전에 나선다. 그 상징적 본보기로, 1974년 7월 6일 민청학련에 대한 자금 제공과 내란 선동, 정부 전복 등을 획책한 혐의가 있다며 원주교구 주교 지학순을 연행했다. 지학순은 하지만, 연행되기 전, 유신체제의 비민주성을 맹렬히 성토하고 무효를 선언하며 정면 맞대응했다. 그는 징역 15년형과 함께 법정 구속된다. 이에 천주교회는 지학순 구속을 교회에 대한 탄압으로 여기고 적극적 저항에 나선다. 이 무렵 발족한 천주교정의구현사제단이 선봉에 섰다. 천주교의 저항 기류는 1976년 3월 1일 신구교 합동 3·1절 미사의 공동 집전 및 민주구국선언 발표로 이어졌다. 고령인 윤보선, 함석헌 외에 김대중, 문익환 등 참석자 전원이 연행된 이 사건은 간접 화법이나마 박정희 퇴진을 요구했다는 점에서 큰 파장을 야기했다. 서명에 동참하지는 않았으나 김수환은 이 시기에 사회 정의와 인권 옹호가 가톨릭의 근본적 관심사여야 한다고 역설했다.[112]

일부이긴 하나, 전래 이래 최초로 NCCK라는 교회 연합 기관과 기장 등 소수 교단이 조직적 대정부 저항을 시도한 것은 개신교 사회 참여사에 있어 획기적 사건으로 평가된다. 박정희의 장기 집권 계획이 표면화된 3선 개헌 국면이 계기였지만, 제1·2차 세계대전과 6·25 한국전쟁, 베트남전쟁 등 끊임없는 군사적 대결 국면에 반발하고 평화와 인권의 가치에 눈을 뜬 세계적 시선에 일부 한국 교회가 호응하며 선교적 접목을 도모했기 때문이다. 하지만 이와 상반되게 보수 개신교계는 무저항 기조를 강화해 나갔다. 이 시기에 총신대 교수 김의환은 3·1운동에 개신교계가 참여한 것도 잘못됐다고 주장했다. "교회의 이름으로 일고 있는 민족 운동에서 영역주의의 월경을 지적하지 않을 수 없다. 교회는 민족주의 운동의 온상도 될 수 없고 민족 운동의 참모실도 될 수 없다"[113]거나, "교회 본연의 자세를 탈피해 정치 현실에 직접 교회의 이름으로 관여하는 것은 영역 탈선과 월권이다. 어디까지나 신앙적 문제에 저촉이 될 때만이 교회는 교회의 이름으로 정치 영역에 직접 발언할 수 있을 것"[114]이라는 발언에서 확인됐다. 시대가 극단으로 치달으면서 보수, 진보 양 진영 교계의 입장차 역시 더욱 확연해졌다. 천주교회와 달리 개(個)교회주의 성격의 개신교적 특수성을 감안한다면, 의제의 권위를 세우기 위해서는 상대 즉 보수 교계와 연대하고 합의하면서 종단적 대표성을 확보하는 것이 필요했다. 기실 보수·진보 교계는 옳고 그름의 문제와 무관한 사회 구원과 개인 구원의 우선 순위에 관한 논란에서도 평행선을 그어 올 만큼 첨예한 인식차를 피차 절감해 왔다.[115] 이런 상황에서 진보 교계는 시국 의제와 관련해 합의는 물론, 토론을 통한 공감대 형성이 불가능하다고 짐작하며, 권력의 불의함 등 경험적 주관을 앞세워 성급히 독단적으로 현실 세계에 개입했다. 이로 인해 보수 개신교계는 물론, 다수 기성 교회는 진보 교계가 제기한 의제를 외면했다. (박정희 정부의 철권 억압에도 원인이 있었겠지만.) 이는 이후로도 온유를 덕목으로 여기고 비판을 부덕함으로 삼도록 훈육 받은 교인을 운동의 한 주체로 끌어들이는 데 장애요소가 되고 있다.[116] 이는 결국 수적 우위인 보수 교계가 진보 교계를 포위해 가는 양상으로 전개됐다. 이러다 보니 진보 교계의 연대 대상은 종교 밖 재야 세력에 한정되고 말았다. '교회 일치Ecumenism 등 보수 교계를 대상화한 신학적 구호도 진보 교계 범주에서만 유통되도록 한계 지어졌다. 백종국 주장대로, "복음에는 어떤 정치 강령도 포함돼 있지 않다"며, 다만 "복음에 근거해 특정한 사회적·정치적 현상을 지지하거나 비판할 수 있을 뿐"이다.[117] 진보 교계는 복음이라는 공감대 위에 각론에 불과할 사회 참여 방안을 놓고 보수 교계와 토론하는 노력을 기피했다. 다수의 보수 교계 또한 다르지 않았다. 이런 국면에서 한국 개신교는 끝없는 이념 분열과 소모적 역량 분산으로 주체적 위상을 스스로 실추시켜 나갔다.

············

복음주의와 민중신학의 형성 과정

············

1980년 직선 개헌의 꿈으로 상징되는 이른바 '서울의 봄'은 불발된다. 신군부의 수장 전두환이 1979년 12·12사태 이후, 군, 정보기관을 차례로 장악하고는, 1980년 5·17 비상 계엄 전국 확대 및 5·

18 광주 학살을 계기로 국가 권력의 실질적 중심이 됐기 때문이다. 이같은 권력 개편기에 보수 개신교 지도자는 8월 6일 서울 롯데호텔에서 국가보위비상대책위원회 상임위원장 신분의 전두환을 위해 축복 기도회('전두환 상임위원장을 위한 기도회')를 개최했다. '서울의 봄' 좌절과 신군부의 권력 장악으로 국민의 좌절감이 확산되는 상황에서도 보수 교회는 공산주의 세력과 대적하는 현실에서는 정통성이 결여된 독재 권력이라 할지라도 협력을 우선해야 한다는 1세대 목사들의 완고한 입장의 연장선에서 전도, 정교 분리, 반공주의에 몰두했다.[118]

그러나 1980년대를 넘으며 한국의 보수 개신교계 내부에서도 변화되는 시대에 교회가 시대적 역할과 책임을 담당해야 한다는 취지의 사회 참여 담론이 시동됐다. 이것이 바로 복음주의Evangelicalism다. 복음주의의 뿌리는 1940년대까지 근본주의와 맥을 같이 해 왔다. 루터, 칼뱅으로부터 발원된 개신교적 정통성을 계승하고, 19세기 미국 내 부흥 각성 운동의 정신사적 맥을 이으며, 신신학의 도전에 방어하면서 종말론적 신앙 체계를 완성해가는 근대적 신학 노선을 지향해 왔다. 그러다가 1942년 NAE 구성 과정에서 매킨타이어가 오순절주의자 회원과는 공존할 수 없다며 갈라져 나가 근본주의와 결별한다.[119] 이들은 진보신학과도 결을 달리했는데, WCC의 '하느님의 선교' 노선이 실은 복음 전도를 부정하는 '선교 모라토리엄Moratorium on Mission'[120]에 본의가 있다며 쟁점화했다. 이같은 우여곡절을 거친 뒤, 레드G. E. Ladd, 리더보스H. Ridderbos, 보스G. Vos, 희크마A. A. Hoekema 등 신학자는 역사를 하느님의 주권이 실현되는 현장이라고 고백하고, 전통적인 개신교 신학과 가치관을 유지하되 변화하는 세계의 요구에 부응하겠다는 의지를 천명한 1974년 '로잔 언약The Lausanne Covenant'을 발표했다.[121] 이 언약의 핵심 부분은 5항 '그리스도인의 사회적 책임'인데 "우리는 인간 사회 어느 곳에서나 정의와 화해를 구현하고 인간을 모든 종류의 억압으로부터 해방시키려는 하느님의 관심에 동참해야 한다"면서 "전도와 사회 참여를 서로 상반된 것으로 여겼던 것을 뉘우"치고, "전도와 사회 정치적 참여는 우리 그리스도인의 의무의 두 부분임을 인정한다"[122]는 내용이다. 이들이 복음주의의 개념과 활동 영역에 범주와 한계를 두지는 않았지만, "일차적 관심이 부흥 운동을 통한 영적 체험과 변화된 삶에" 있다.[123] 이들에게서 영향을 받아 1987년 발족한 한국 내 대표적 복음주의 기구인 기독교윤리실천운동 등의 활동을 보더라도, 세습 반대, 교회 재정 투명 운동, 민주적 정관 만들기 등 교회 내 자정 캠페인에 주력함을 알 수 있다. 이들의 사회적 역할은 그래서, 구체적인 정치 의제의 개발, 설정, 쟁점화와는 거리가 있으며, 종교와의 교집합이 있는 현안에 관해 조심스럽게 입장을 개진하는 것에 한정돼 있다. 진보교계의 적극적 사회 참여는 물론, 보수 교계의 확고한 반공 노선과도 거리를 두는 제3의 노선인 셈이다.

한국 정치 사회 현실과 가장 논쟁적으로 작용한 신학 담론은 바로 진보 개신교계의 민중신학이었다. 이는 권위주의 정권을 거치며 산업화의 미명 아래 생산의 도구로 전락한 민중의 입장에서 성서를 해석하는 것으로서, 이와 유사한 상황 신학으로 "남미의 '해방신학', 북미의 '흑인신학' 혹은 '여성신학', 일본 '부라쿠部落 신학'"을 들 수 있다.[124] 민중신학은 서남동에 의해 기초가 성립되고, 안병무의 주무綢繆에 의해 학문화된 것이지만, "엘리트 신학자의 세계관을 전제로 전개됐던 이론적 신학과는 달리, 정통 실천을 정언 명령으로 삼아 민중의 눈으로 성서를 보고 역사를 성찰하며 민중 해방을 위해 사회 변혁을 시도"하는 체계로 차별성을 띤다.[125] 안병무는 "구조 악에 철저히 수탈당하고 억압당하면서도 죽지 않을 뿐 아니라, 이 역사의 맥을 이어가지는 담지자"로서 민중을 규정하고, 이들이 "생명의 원천이고 역사의 주체임을 인식했다"[126]고 했다. 민중신학이 실현되는 공간은 민중 교회였다. 산업 선교와 빈민 선교에 이은 실천 신학의 장으로서 민중 교회는 예배당만이 아니라 야학, 탁아소, 공부방 등의 기능까지 수행하며 도시 민중의 이익과 복리를 위한 창구로 기능했다.[127]

민중신학과 관련해 보수 개신교계는, 성서보다 인간에 궁극적 관심이 있으며 이는 신본주의 전통에서 이탈한다고 지적한다. 김명혁은 민중신학에서 "예수와 성경은 오늘의 민중을 이해하는 하나의 도구에 불과"하고, "민중이 곧 메시아라는 주장이나 기독교적 종말론적 이상이 정치·사회·경제적 천년 왕국을 오늘의 현실 속에 건설하자는 주장은 분명히 신학의 범주를 넘어선 정치·사회·경제적"이데올로기라는 평가를 내놓았다. 그리고 "초월적 및 인격적 하느님에 대한 신앙과 헌신이 결여된 신학은 공허한 사색"에 그친다고 했다.[128]

그러나 민중신학과 관련한 최대 쟁점은 따로 있었다. 마르크스주의와의 유사성이다. 실제 민중 해방이라는 목표에서 양 노선은 일치점을 형성한다. 최형묵 지적대로, 군사 정부 시절, "마르크스주의는 공공 담론 영역에서 금기"였다. 게다가 남북 대치 상황에서 한국 개신교회는 "세계의 그 어떤 기독교보다 철저하게 극단적인 반공주의를 내면화"하고 있고, 상징적 학자가 "아카데미즘에 몰두"해 있는 게 아니라 "'행동하는 지성'으로서" 현장에서 "역할하고 있었다는 점에서" 상징적 신학자 서남동, 안병무 등의 면면은 민중신학을 기틀조차 위태롭게 했다. 자칫 신학자는 용공으로, 민중신학은 이단 사이비로 몰릴 태세였다.[129]

정부와 보수 개신교계는 이를 놓치지 않고 민중신학을 좌경 이데올로기로 규정하고 정죄했다. 이와 관련해 『경향신문』의 집중 쟁점화 시도가 주목된다. 당시 『경향신문』은 1980년 언론통폐합과 함께 문화방송MBC으로부터 분리된 뒤 사단법인으로서 전두환 정부 문화공보부의 직접 감독을 받았던 관변지였다. 신문은 1983년에 "해방 신학은 폭력 신학, 혁명 신학과 함께 정치 신학이라 불리어지지만 우리나라에서는 '민중신학'으로 개명됐다"[130]는 식의 부정확한 내용을 여과 없이 전했고, 1986년에는 '좌경을 직시하자' 기획을 통해서는 "이들은 계급 투쟁과 폭력 혁명 등 사회 분석과 현실 변혁의 방법론에서 마르크스주의에 경도되는 과오를 범하고 있다. 또 복음을 정치 이데올로기로 끌어내렸다는 비난을 면치 못하고 있다"며, "오늘의 복잡하고 어지러운 현상 속에서 한국복음주의협의회(회장 정진경)는 '현 시국에 대한 복음주의자들의 제언'이란 성명서를 발표했다. '오늘의 경제 발전에 기여한 근로자들은 폭력적인 방법으로 권익을 쟁취한다는 생각을 자제해 특정 이데올로기에 이용되지 말아야 한다. 사회 정의를 위한 움직임이 공산주의에 이용돼서는 안 되며 자유주의 체제의 전복에 이용당해서도 안 된다'고 강조했다"[131]고 전했다. 그런데『말』지 보도에 따르면『경향신문』의 다수 기자는 1986년의 기획이 편집국 밖 '외부세력'의 지시에 의한 것이고 훗날 여당 대통령 후보 노태우에 대한 과잉된 긍정 보도 역시 동일한 주체에 의해 강제됐다고 주장했다.[132] 보도를 압박했다며 지목된 '외부 세력'은 당시 대통령 전두환의 청와대 정무비서관 휘하의 종교부문대책반일 개연성이 크다. NCCK의 과도한 정치성과 편향성을 문제 삼으며 출범한 한국기독교총연합회한기총 또한 대책반 공작의 산물로 훗날 지목됐기 때문이다. NCCK 회장을 역임한 바 있는 목사 오충일이 위원장이던 국정원과거사진실규명위원회는 2005년, 전두환 집권기인 5공화국 시기에 청와대가 '대학생 이념 순화 대책 추진 계획'을 작성했고, 여기에는 정무비서관 박철언이 주도하는 종교대책반

이 개입된 사실을 밝혀냈다. 종교대책반은 "대중 매체와 협조해 적당한 계기에 해방 신학 등에 기인한 종교의 현실 참여가 위험하다는 점을 홍보하고, (정부에 비판적인 종교 단체에 대해) 대항 세력으로서 보수 온건 교회 및 교역자의 조직화를 지원하는 등의 활동을 했다"고 한다.[133] 종교대책반 산하에는 보안사령부, 국가안전기획부, 대검찰청 공안부 과장급 실무자들이 파견 배치됐고, 반장격인 박철언은 서울지방검찰청 공안부 검사로 있다가 5공 정부에 발탁돼 청와대 정무비서관으로 재임 중이었다.[134] 이북 출신으로, 한기총 초대 총무를 역임한 목사 한명수도 이를 뒷받침하는 증언을 한 바 있다. "설립 당시에 전두환 정권이 NCCK 같은 반체제 기독교 세력을 견제하기 위해 한기총을 탄생시켰다는 근거 없는 말이 돌았는데, 총무로 활동하면서 그 소문이 사실 같다는 느낌도 받았다"[135]고 했다. 그러나 박철언은 "각자의 신앙과 종교적 양심과 율법에 따라 행동했을 것으로 본다. 종교 지도자들이 당시 처지나 외압에 밀려 억지로 행동했겠는가!"[136]라며 부인했다.

박철언의 입장대로 보수 개신교 지도자가 정부에 협력은 했을지언정 조종당했다는 추측은 지나치다. 기실 1980년대 후반, 개신교 내부는 대북관과 관련해 보혁 간 첨예한 대결점이 형성됐다. 두 가지 계기가 있었는데 NCCK의 88선언과 목사 문익환의 방북이었다. 1988년 2월 29일 NCCK 제37회 총회는 '민족의 통일과 평화에 대한 한국기독교회 선언'(이하 88선언)을 채택한다. 여기서 논란은 한반도 통일 문제와 관련한 언급에 '참회'라는 표현이 들어간 것에서 비롯됐다. 이는 반드시 삽입돼야 한다는 NCCK 내부 요구[137]에 의한 것이었다. 민족 분단과 전쟁에 있어 남한도 책임에 있다는 맥락으로 해석한 한국기독교남북문제대책협의회, 한국개신교교단협의회, 한국교회장로협의회는 각각 "공산주의와의 공존은 불가능", "이 땅이 공산주의자들의 손에 넘어갈 수 있다", "무정부 상태를 초래할 위험한 발상"이라며 반발했다.[138]

1989년 3월에 이뤄진 문익환 방북 또한 상당한 파장을 야기했다. 이유나에 따르면, 기장 소속인 문익환은 "1980년 5월부터 1982년 12월까지 공주교도소에서 세 번째 감옥 생활에서 민주화도 통일도 민족 화해이자 평화 운동이며, 기독교의 복음 또한 평화의 복음이라는 사실"을 각성하고는 여생을 남북 간 신뢰 회복을 위해 쓰기로 했다.[139] 문익환은 그 일가가 소련과 중국 공산당으로부터 각각 살던 터를 빼앗기고 테러 위협까지 받은 바 있어 반공 입장이 확실했다. 분단 시점에 가족 모두가 주저 않고 월남한 이유도 그러했다.[140] 문익환 자신은 6·25 한국전쟁 당시에 미군 통역으로 참전했다. 그래서 남쪽 인사로서 남북 화해 협력과 관련해 북쪽에 대해 발언권이 있다고 자평한 듯하다. 이유나에 의하면, 문익환은 1982년 출간 이후로 화해 신학을 주창했다. 화해 신학의 본질은 "인간 개인의 의식과 무의식, 자기와 타자, 인간과 자연 관계가 본래 창조 질서에서 벗어나 긴장과 적대 관계로 변질됐기 때문에 그 사이에 막힌 담을 헐고 이를 극복하고자 하는 자기 희생적인 아가페적 행위" 즉 극진한 사랑을 실현하는 것이다.[141] 이는 문익환이 세상을 떠나기 십수 년 전부터 일관됐던 지론이었다. 그러나 방북 시점에 한국기독교지도자협의회는 "전체 교회의 이름으로 지탄하며 믄 목사에 대한 정부의 의법 조치"를 요구했다.[142] 『국민일보』 1989년 3월 29일, 4월 1일자 광고란에 '한국기독교 나라와 교회를 위한 연합대책협의회' 명의로 실린 공동 성명 또한 "문익환 씨의 불법적 평양행이 한국기독교 목사 전체의 의사인양 잘못 알려지고 있는 데 대해 심히 유감으로 생각하며, 복음 선교에 헌신하는 수많은 동역자와 천만 성도들의 빈축을 사는 행실임을 분명히 밝혀둔다"는 내용이 게재됐다.[143]

1980년대를 거치며 이념적 대결 양상은 한층 심화됐지만 교회의 사회 참여 필요성과 공감대는 크게 확대됐다. 특히 NCCK 가맹 교단이 주도했으나 진보와 보수 교계가 협력하며 공조한 기독교방송 기능 정상화운동이 상징하는 바는 상당하다. 1980년 11월 언론 통폐합 조치가 이뤄지면서 기독교방송은 보도 및 광고 방송 기능을 상실하고 개신교 전도만 허용됐다. 보수 교계로서는 기독교방송이 세속적 내용을 줄이고 복음 전파에만 매진한다는 점에 있어 반대할 이유가 없었다. 게다가 기독교방송은 1960년 4·19혁명 서울 가두 시위 생중계, 1972년 1월 김홍일 신민당 당수 기자 회견 단독 중계, 1980년 5월 광주민주화운동 기간 기독교광주방송 송출 중단, 1987년 1월 26일 월요기획 '고문은 사라져야 합니다' 방송 등 이승만 정부 이후로 강력한 '비판 매체'의 위상을 보유하던 터였다. 하지만 보수 진보를 망라한 개신교회는 100만인 기능 정상화 운동에 적극 동참했고 40만 이상의 호응을 얻어냈다. 각 개신교단이 이사로 참여하는 터여서 기독교방송과 개신교계 주요 교단의 이익이 공유되는 면도 있었지만, 교회의 사회 참여 및 예언자 기능의 필요성이 공인되지 않았다면 범교파적 캠페인으로 승화되지는 못했을 것이다. 이 운동은 결국 1987년 11월 11일 보도 기능을 제약하는 근거였던 언론기본법이 폐지되면서 목표를 완수한다.

이는 범 교계 차원의 협력이 노정한 결과임은 물론, 1987년 6월 항쟁의 소산임을 부인할 수 없다. 이 시기를 기점으로 개신교계는 물론, 노동자, 농민 등 사회 전반에 걸쳐 민주화 요구가 분출됐다. 주목할 양상은 시민계급의 출현이다. 김진호의 인식대로 시민은, "국가가 부여한 역사적 사명을 내면화한 수동적 주체"로서의 '국민'과 달리, "국가와 거래하고 교섭하면서 자신에게 유리한 민주적 제도를 도모하는 주역"이다.[144] 시민의 대두를 가능케 할 몇 가지 사회적 배경이 있었다. 대표적으로 컬러TV 등장 및 3S(스포츠, 섹스, 스크린) 정책, 3저(저 금리, 저 달러, 저 유가) 호황이 이끈 소비 사회로의 이동과, 20~30%대에 불과하던 대학 진학률이 2008년 83.8%로 치솟는 대학 교육의 저변 확대,[145] 카폰, PC통신으로 태동돼 2014년 기준 인터넷 보급률 83.6%, 컴퓨터 보급률 78.2%, 스마트 기기 보유율 78.6% 등으로 완성 단계에 이른 정보 통신 인프라 구축 세계 최정상급 지위 확보 등이다.[146] 시민계급의 형성 및 영향력 확대는 권위주의의 토대에 민주주의의 요구가 교차하는 충돌 지점이 형성된다. 교회라고 예외는 아니었다. 목회자 개인의 영도력에 의존하고 일률적이며 단선적인 대화 문화가 지배해 온 교회 안에서, 다양성, 투명성, 평등성, 자율성을 요구하는 목소리가 불거졌다. 다양한 시국관, 신학노선, 문화 양태의 수용과, 교회 내 행정과 재정 등에 대한 투명성 제고 그리고 금기시됐던 여성에 대한 목사 안수 제도화, 이에 더해 개신교 정신을 기반으로 하는 학교, 직장 등의 노동조합 허용 등의 요구가 그러했다. 그러나 문화적 격변기에 적응하지 못했던 상당수 지도자들은 대화 대신 갈등을 선택했다. 상징적인 예로, 1992년 종교 간 대화를 주장한 감리교신학대학교 교스 변선환, 홍정수에 대한 출교와, 1992년 뉴에이지 반대 운동, 1996년 마이클잭슨 내한 공연 반대 등을 들 수 있다. 이같은 일방적이며 권위적인 개신교의 태도는 상식적 대중으로 하여금 교회 비판담론을 본격적으로 펼치게 할 빌미를 제공한 측면이 크다. 그러나 보수 교회는 이같은 시민계급과의 파열에 굴하지 않고, 1990년대 이후로 장로 대통령, 기독당 창당 등 기득권 지향적 노선을 강화한다.

5년 단임제 직선제 개헌과 소선거 구조로 상징되는 1987년 체제는 무한 대결과 지역주의를 배태하며 한국 정치를 혼탁하게 해 왔다. 이것이 반민주 대 민주의 대결 구도를 형성했다. 이같은 사회 분위기에 영향을 받아 군사 정권에서 형성된 보수·진보 개신교계 대결 구도는 1988년 NCCK의 이른바 88선언과, 1989년 보수 개신교 연합 기관 한기총의 창립, 기장 목사 문익환의 방북을 계기로 고착됐다. 이로써 상호간 연대와 협력이 필수적인 보수·진보 교회 간 관계는 기초적 신뢰마저 흔들리는 위기 상황에 봉착하게 된다. 그러나 탈냉전 이후 사회주의라는 사상적 견제 기제를 잃은 자본주의는 신자유주의를 배태하면서 양극화와 실업, 빈곤의 대물림 등을 초래한 부의 편중 현상을 거침없이 확대해갔다. 이는 헌신을 내재화한 보수와, 개혁을 실천해온 진보 교회 간 화해와 합력을 긴요하게 하며, 이를 실현할 신학적 기제로서 공공신학을 노정케 했다.

최경환이 정리한 바에 따르면 공공신학은 "1960년대 벨라Robert N. Bellah에 의해 시작된 '시민종교Civil Religion'에 대한 논의"로부터 연원되는데, 역사학자 "마티는 1974년에 니버R. Neibuhr의 신학을 연구한 논문에서 '공공신학Public theology'이라는 말을 처음"으로 사용했고, "몇 년 후에 '공적교회Public church'라는 표현을 제시해 미국의 공적인 삶 속에 교회가 어떤 역할을 했는지" 규명해낸다. 마티에게 영향을 주기로는 니버만이 아니라 인종 차별 문제 개선을 위해 시위, 입법 운동을 전개하다가 1968년 암살당한 목사 킹M. L. King도 상당했다. 공공신학은 "뉴하우스R. J. Neuhaus가 지적한 대로, 종교와 정치적인 삶 사이에 어떤 '분리의 장벽'이 존재한다는 기존의 통념은 무너지고, '벌거벗은 공론장Naked public square'이 시민 종교의 중요한 특징이 돼 이후 공공신학의 기원과 발전에 중요한 토대"가 되는 것이다.[147] 요컨대 공공신학은 정교 분리의 엄수를 강조하는 기존 주류 신학과, 민중 해방을 궁극의 가치로 두는 사회 변혁 기제로서의 민중신학과 차별되는 것이다. 고유의 기반과 정체성을 유지하면서 사회 변혁의 주체로서 교회가 위상을 정립하는 개념이다.

주석

1 최문환·강신명·이창로·문익환·신애균·전호윤·윤성범·김춘배·김관석·손명걸·조요한·박상증 등, 「한국정변과 교회의 반성」, 『기독교사상』 제33호, 1960.5, 54쪽.
2 백중현, 『대통령과 종교』, 인물과사상사, 2014, 57~58쪽.
3 서정민, 「한국기독교의 현상(現狀)에 대한 역사적 검토」, 『한국기독교와 역사』 제31호, 2009.9, 269쪽.
4 「2010 감리교 4·19 선언문」, 기독교대한감리회 청장년선교회, 2010.
5 강원룡, 『빈들에서 : 나의 삶, 한국 현대사의 소용돌이 2 - 혁명, 그 모순의 회오리』, 대화출판사, 1993, 122~123쪽.
6 한경직, 『한경직 목사의 시사설교 모음집』, 두란노, 2010, 36~37쪽.
7 『기독공보』, 1961.5.29, 1면.
8 위의 신문.
9 『기독교연감』, 한국기독교교회협의회, 1972, 296~297쪽; 전명수, 「1960-70년대 한국 개신교 민주화운동의 특성과 한계 - 종교사회학적 접근」, 『한국학연구』 제23호, 2010.12, 345쪽에서 재인용.
10 민주한국혁명청사편찬위원회, 『민주한국혁명청사』, 1963, 131~132쪽.
11 현영학, 「5·16혁명과 한국 교회의 과제」, 『기독교사상』 제45호, 1961.7, 63쪽.
12 강원룡, 앞의 책, 148쪽.
13 『경향신문』, 1961.11.7, 석간 3면에서 재인용. 장도영 등이 피고가 된 반혁명사건 재판 당시(5·16으로 물러난) 전 국방부장관 현석호의 법정 증언이다. 현석호는 윤보선의 이 언급이 박정희 배석시 이뤄졌다고 했다.
14 장공 김재준 목사 기념사업회 편, 『김재준 전집』 제14권, 한신대 출판부, 1992, 22쪽.
15 김경재, 『김재준 평전』, 삼인, 2000, 121쪽에서 재인용.
16 함석헌, 「5·16을 어떻게 볼까」, 『사상계』 제96호, 1961.7, 39쪽.
17 함석헌, 위의 글, 43쪽.
18 이만열, 『한국기독교와 민족통일운동』, 한국기독교역사연구소, 2001, 287쪽.
19 『동아일보』, 1961.6.22, 석간 1면.
20 김태복, 『나의 목회 나의 삶』, 생명의말씀사, 1993, 24쪽에서 재인용.
21 강인철, 『한국 개신교교회의 정치사회적 성격에 관한 연구 - 1945-1960』, 서울대 박사논문, 1994, 137쪽.
22 강원룡, 앞의 책, 269~270쪽.
23 『동아일보』, 1963.10.5, 1면 광고.
24 「7·11 공개서한 - 국회의원에게」, 『기독공보』, 1965.7.17, 2면.

25 김용복, 「해방 후 교회와 국가」, 『국가 권력과 기독교』, 민중사, 1982; 박정신・박규환, 「박정희 시대 한국 개신교의 자취」, 『현상과인식』 제116호, 2012.5, 44쪽에서 재인용.

26 위의 글, 44쪽에서 재인용.

27 한국기독교사료수집회, 『한국기독교연감―1967년도판』, 백합출판사, 1967, 483~484쪽; 박정신・박규환, 앞의 글, 44~45쪽.

28 이만열, 「한경직 목사의 한국교회사에서의 위치」, 『한경직 목사 1주기 추모 자료집』, 2002, 32쪽.

29 편집부, 「월남 사태와 우리의 관심」, 『기독교사상』 제98호, 1966.5, 8쪽.

30 류대영・연규홍, 「베트남 전쟁에 대한 한국 개신교의 태도」, 『한국기독교와 역사』 제21호, 2004.9, 79쪽, 81쪽.

31 박정신・박규환, 앞의 글, 44쪽에서 재인용.

32 손승호, 「베트남 전쟁은 공산주의와의 聖戰?」, 『크로스로』, 게시일자 : 2013.6・25, http://goo.gl/6txD5K

33 손미혜, 「한국군의 베트남 민간인 학살 반성이 먼저」, 『뉴스1』, 게시일자 : 2015.4.7., http://goo.gl/3QUHtB 재인용.

34 권혁태, 「일본의 헌법 개정과 한일관계의 비대칭성」, 『창작과 비평』 제129호, 2005 가을, 73쪽; 최형묵, 「유신체제, 군사 정권하의 한국 교회」, 『기독교사상』 제567호, 2006.3, 202쪽.

35 강원룡, 앞의 책, 273~274쪽에서 재인용.

36 서구의식 민주주의를 뿌리째 수용하는 것은 사대적이니, 원리는 차용하되 이를 한국적 현실에 부합해 변용해 써야 한다는 주장. 그러나 이는 쿠데타 집권이라는 일천한 정통성을 감추기 위한 것이란 반론을 샀다.

37 조갑제, 「박정희의 '한국적 민주주의' 검토」, 『조갑제닷컴』, 게시일자 : 2005.8.2., http://goo.gl/H5FTmK

38 藤原藤男, 『ロ―マ書研究』, 一粒社, 1943, 687~679쪽; 미야타 미쓰오, 양현혜 역, 『국가와 종교』, 삼인, 2008, 220~221쪽에서 재인용.

39 이와 달리 박정희대통령추모예배준비위원회 등의 단체는 개신교 발전에 박정희의 역할이 상당했다고 강변한다. 이 위원회가 2013년 10월 25일 서울나들목교회에서 '제1회 대한민국 발전의 탁월한 지도자 박정희 대통령 추모 예배'를 개최하며 발행한 순서지에는 '박정희 대통령님의 한국 교회 발전 공헌 업적'이 소개돼 있다. 이에 따르면 박정희는 1966년 제1회 국가조찬기도회를 창립해 2회부터 13회까지 참석해 한국 개신교가 세계적으로 인정받는 데 공헌했고, 1976년 '신앙전력화'라는 친필 휘호를 군부대에 하달했으며, CCC 설립 시에 본부 대지인 정동회관터를 제공했고, '가난한 자를 부하게 눈먼 자를 보게 억눌린 자를 해방시키고 병든 자를 낳게'라는 성서 메시지를 새마을운동에 접목해 성령 운동을 구현토록 했으며, 1967년 고향 교회인 구미상모교회당 건축비 300만 원을 헌금하고 인근 공병대의 트럭과 운전병을 동원해 공사에 공헌했고, 어린 시절 이 교회에서 신앙생활을 하며 동화구연대회에서 1등 한 이력이 있다는 점 등을 제시했다.

40 한국종교사회연구소, 1993; 박정신・박규환, 「박정희 시대 한국 개신교의 자취」, 『현상과인식』 제116호, 2012.5, 57~58쪽에서 재인용.

41 국민일보 노사공동비상대책위원회, 「조희준 씨 '아버지 조목사도 내게 이래라 저래라 못해'」, 『국민일보 특보』 2호, 2010.10.3, 1면.

42 조용기, 「순복음교회 성장사」, 『월간 현대목회』, 1982.5, 176쪽.

43 김진호, 『시민K, 교회를 나가다』, 현암사, 2012, 74~75쪽.

44 위의 책, 103쪽.

45 김진호, 「개발시대 고통 흡수해 대형 교회를 세우다」, 『한겨레21』 제843호, 2011.1.5., http://goo.gl/G7cNsj

46 이기철, 「작은 교회 목회자는 실패자」, 『뉴스앤조이』, 게시일자 : 2010.10.22, http://goo.gl/xTUzRK

47 조용기는 이를 순복음교회 대형화에 따른 시기 결투라고 비판했다.

48 南原繁, 「國家の宗教」, 『著作集』 1, 岩波書店, 1942, 85~86쪽; 미야타 미쓰오, 양현혜 역, 『국가와 종교』, 삼인, 2008, 236쪽에서 재인용.

49 김준곤은 1946년 조선신학교에 입학했으나 김재준 등의 자유주의 신학 노선에 반대해 박형룡이 이끄는 남산 장로회신학교에 편입, 1948년 졸업한다. 1951년 목사가 된 김준곤은 1953년부터 3년간 광주숭일고등학교 교목 교장으로 재직하고는 CCC를 창설한다.

50 한규무, 「국가조찬기도회, 무엇을 남겼는가」, 『기독교사상』 제541호, 2004.1, 29~30쪽.

51 백중현은 "전군 신자화운동은 당시 제1군사령부에서 진행된 군종업무 시행지침에서 시작됐다. 군대 개신교 신앙자가 늘어날수록 사고가 줄어든다는 조사가 나왔기 때문이다. 육군은 이같은 성과를 토대로 군내 종교 신자를 높이기 위한 업무를 공식화했다. 박정희도 이 운동이 필요하다고 보고 1976년 6월 26일 친필로 '신앙전력화' 휘호를 써서 군종감실에 내려 보내기도 했다"고 했다. 백중현, 『대통령과 종교』, 인물과사상사, 2014, 86쪽.

52 「사랑의 기적으로 세계의 '신화'를」, 『경향신문』, 1973.5.1, 2면에서 재인용.

53 『교회연합신보』, 1969.9.14, 2면.

54 장규식, 「군사 정권기 한국 교회와 국가 권력」, 『한국기독교와 역사』 제24호, 2006.3, 114쪽에서 재인용.

55 『교회연합신보』, 1969.9.14, 7면.

56 윤선자, 「유신체제하 범국민 민주화운동 선언문」, 『한국근현대사연구』 제22집, 2002.9, 272쪽; 전명수, 「1960-70년대 한국 개신교 민주화운동의 특성과 한계—종교사회학적 접근」, 『한국학연구』 제23호, 2010.12, 334쪽.

57 정철희, 「한국 민주화 운동의 사회적 기원—미시등원 맥락과 프레임의 형성」, 『한국사회학』 제29집, 1995 가을, 516~521쪽; 전명수, 앞의 글, 335쪽.

58 최형묵, 「한국 기독교의 보수화, 힘을 향한 부적절한 동경」, 『무례한 자들의 크리스마스』, 평사리, 2007, 96쪽 참조.

59 전명수, 앞의 글, 349쪽 참고

60 『기독신보』, 1974.11.30; 장규식, 앞의 글, 108~109쪽에서 재인용.

61 김준곤, 「기독교와 공산주의의 갈림길에서」, 『크리스챤신문』, 1975.7.26, 5면.

62 「순수 종교 활동만 보장 윤주영 장관 발표」, 『크리스챤신문』, 1974.2.9, 1면.

63 장규식, 앞의 글, 116~117쪽.

64 『크리스챤신문』, 1974.12.7, 3면.

65 「기독실업인회 제2차 전국대회 김종필 국무총리 치사」, 『기독신보』, 1974.11.16, 2면.

66 『1970년대 민주화운동과 기독교』, 한국기독교사회문제연구원, 1983, 180~181쪽.

67 『크리스챤신문』, 1974.12.7, 3면.

68 차정식, 『거꾸로 읽는 신약성서』, 포이에마, 2015. 212~223쪽.

69 강은지, 「[인혁당 희생자 위해 싸운 세 해외인사의 서울 나들이] 인혁당 희생자 위해 싸운 오글 목사, 시노트 신부, 문명자 주필의 서울 나들이」, 『민족21』 제20호, 2002.11, 139쪽.

70 현 제주극동방송. 당시에는 별도법인(아세아방송)으로서 극동방송과 무관했다.

71 소작농의 아들로 태어난 김장환은 6·25 한국전쟁 당시 미군부대에서 하우스보이로 일했다. 이를 계기로 만난 미군 독지가의 도움으로 17세인 1951년에 도미해 밥존스대학교에서 수학했다. 목사가 돼 귀국한 1959년 이후에는 전도 활동을 전개하면서 1973년 전도자 그레이엄(B. Graham) 전도집회 통역으로 이름을 알렸다. 유신 선포 이후 박정희 정부가 긴급조치로 국제적 인권탄압 시비에 휘말리고 미국 정부와의 갈등으로 주한미군 철수 요구에 직면하자, 그간 형성해온 대미 인맥을 동원해 박정희 정부에 조력했다.

72 김장환, 『섬기며 사는 기쁨』, 생각의나무, 2002, 27~55쪽.

73 위의 책, 31쪽.

74 『교회연합신보』, 1977.5.1; 장규식, 「군사 정권기 한국 교회와 국가 권력」, 『한국기독교와 역사』 제
24호, 2006.3, 121쪽에서 재인용.

75 「신앙수호 국가안보에 앞장」, 『크리스챤신문』, 1975.8.2, 1면.

76 한홍구, 「중정, '유신 반대' 목사 빨갱이 몰기 힘들자 황령죄 구속」, 『한겨레』, 2009.7.28, 25면.

77 백중현, 『대통령과 종교』, 인물과사상사, 2014, 81~82쪽 참고

78 박형룡, 『신학난제선평』 18권, 한국기독교교육연구원, 1978, 143쪽; 박정신·박규환, 「박정희 시대
한국 개신교의 자취」, 『현상과인식』 제116호, 2012.5, 56쪽에서 재인용.

79 전재호, 「동원된 민족주의와 전통문화정책」, 『박정희를 넘어서』, 푸른숲, 1997, 251~252쪽.

80 강아현, 「국기에 대한 맹세, 그 참을 수 없는 시대착오성」, 『프레시안』, 게시일자 : 2007.6.11,
http://goo.gl/DvxRFL

81 김진호, 『시민K, 교회를 나가다』, 현암사, 2012, 114쪽.

82 메츠(J. B. Metz), 몰트만(J. Moltmann), 하비콕스 등이 정립했다. 세속 세계로부터 도피한 신학은 구
조의 산물인 현상과 인간을 신학적 연구 대상에서 배제하는 것과 같다며, 정의와 평화, 인권, 환경 등
종말론적 가치를 실현하기 위한 정치적 투쟁을 부단히 전개해야 한다는 주장이다.

83 백종국, 「기독교인의 정치 참여 어떻게 할 것인가」, 2005 성서한국대회 선택강의, 2005.8.2.

84 이형기, 『21세기를 향한 새로운 신학적 패러다임의 모색』, 장로회신학대 출판부, 1997, 576쪽; 김명
배, 「해방 후 한국개신교 사회 참여에 나타난 교회와 국가의 관계」, 『기독교철학』 제7권, 2008, 29쪽.

85 조동진 역, 「웁살라 WCC총회 메시지」, 1968.

86 Robert McAffe Brown, *Theology in a New Key*, The Westminster Press, 1978, p.45; Gustavo Gutiérrez, *A
Theology of Liberation : history, politics, and salvation* (tr. from the Spanish), 1971; Sister Caridad India and John
Eagleson, Orbis Books, 1973, p.15; 김명배, 「해방 후 한국개신교 사회 참여에 나타난 교회와 국가의
관계」, 『기독교철학』 제7권, 2008, 30쪽.

87 김경재, 『김재준 평전』, 삼인, 2001, 126쪽.

88 오상아, 「유석성 총장 '본회퍼는 그렇게 죽었기 때문에 오늘 이렇게 살아있다'」, 『기독일보』, 게시일
자 : 2014.6.13, http://goo.gl/choJlG

89 한홍구, 「박정희는 통기타를 어떻게 부숴버렸나」, 『한겨레』, 2012.10.6, 17면.

90 지유철, 「한국 교회, 희망과 절망을 보다」, 『기독교사상』 제545호, 2004.5, 45쪽.

91 조병해, 『황소걸음 77 방송 35』, 소이연, 2008, 92~93쪽.

92 안경환, 『조영래 평전』, 강, 2006, 208쪽.

93 오재식, 「[길을 찾아서] 새문안교회 강연서 '전태일 분신' 알려」, 『한겨레』, 2013.3.15, 28면에서 재
인용.

94 『1970년대 민주화운동과 기독교』, 한국기독교사회문제연구원, 1983, 115쪽.

95 최종고, 『영락교회의 부흥』, 한국문학사, 1974, 248~49쪽; 한숭홍, 「한경직 목사의 영성과 한국 교
회에 미친 영향」, 『장신논단』 제17집, 2001.12, 561~562쪽에서 재인용.

96 김병희, 『한경직 목사』, 규장문화사, 1982, 88쪽에서 재인용.

97 한홍구, 「공산주의자 조작, 프락치도 불행했다」, 『한겨레』, 2012.8.11, 17쪽.

98 송세영, 「다큐 '한경직' 유신독재시절 민주화 요구 비화 담아 무소유 일대기 생생」, 『국민일보』,
2012.8.31, 29면.

99 김태복, 『나의 목회 나의 삶』, 생명의말씀사, 1993, 25쪽에서 재인용.

100 김병희, 『한경직 목사』, 규장문화사, 1982. 89쪽에서 재인용.

101 양현혜, 『한경직의 신앙적 특징과 그 내적 구조, 한경직 목사의 신앙유산』, 숭실대 출판부, 2007,
400~409쪽.

102 김태복, 앞의 책, 25쪽에서 재인용.

103 장숙경, 「산업 선교의 도입과 변화과정 1957~1972」, 『성대사림』 Vol. 34, 2009, 182쪽 참조

104 한홍구, 『유신-오직 한 사람을 위한 시대』, 한겨레출판, 2014, 204쪽 참조

105 정병준, 「제15장 한국 교회의 사회 참여운동(1960-현재)」, 『물길손길』, 게시일자 : 2011.2.2. http://goo.gl/xX59NM 참조.

106 영등포산업전도회, 『1965년 사업보고서』, 2007, 23~24쪽; 장숙경, 「산업 선교의 도입과 변화과정 1957~1972」, 『성대사림』 Vol. 34, 2009, 183~184쪽.

107 한홍구, 앞의 책, 204~205쪽.

108 정진경, 『정진경 논설집』, 기독교리더십연구원, 2006, http://goo.gl/Ug2Iqp 재인용.

109 「종교빙자단체 노조침투조사」, 『동아일보』, 1979.8.16, 1면.

110 추교윤, 「천주교 사회운동의 전개와 특성」, 『한국의 종교와 사회운동』, 이학사, 2010, 39쪽.

111 봉두완, 「너희와 모든 이를 위하여」, 『시대정신』 제43호, 2009 여름, http://goo.gl/qsDQCX

112 강경애, 「1970년대, 유신체제하의 한국천주교회와 국가」, 『교육연구』 제38집, 2004, 88~90쪽, 94~95쪽, 102쪽.

113 김의환, 「교회와 국가」, 『신학지남』 제166호, 1974 가을, 7쪽.

114 김의환, 「기독교와 현실참여」, 『신학지남』 제161호, 1973 여름, 7쪽.

115 이와 관련, 『신학사상』은 '교회의 사회 참여에 관한 신학적 토론'을 통해 김의환 대 박봉배의 보수-진보 신학자 간 지면 대화를 시도했다. 보수 성향 김의환은 "그리스도께서 피를 흘려 싸운 것은 먼저 사회의 제거를 위함이 아니라 영혼과 인격을 파멸키 하는 인간의 죄를 정죄하기 위함이요, 이런 사랑을 입은 거듭난 인간이 그리스도와 이웃을 위해 살기 하려 함인 것"이라며, "먼저 죄를 회개하고 하느님의 속죄의 사랑에 의해 새로워지는 영적 변화를 가르치고, 다음에 사회적 책임의 중요성을 강조한다"라고 했다. 반면, 진보 성향 박봉배는 "오늘날과 같이 사회의 제도와 조직 속에 완전히 결탁돼 있는 현대인을 구원하려면 그 인간이 속해 있는 사회, 경제, 정치적 조직 속으로 들어가지 않을 수 없다"며, "복음은 단순히 개인의 변화만을 목적하는 것이 아니라 그 궁극적 목표는 하느님의 나라를 이 땅위에 실현하는 것이다. 그런 면에서 사회적 구원이 기독교의 중요한 과제가 아닐 수 없다"라고 했다. 김의환, 「개인 변화 다음에 사회 개조를」, 580쪽; 박봉배, 「사회적 정치적 참여는 인간 구원의 행위」, 『신학사상』 제10집, 1975, 590쪽.

116 이장식, 『교회의 본질과 교회개혁』, 대한기독교출판사, 1991, 168쪽 참조.

117 백종국, 「그리스도인의 정치 참여, 어떻게 할 것인가」, 『어떻게 투표할 것인가』, 한국기독학생회출판부, 2012, 24쪽.

118 류대영, 「1980년대 이후 보수 교회 사회 참여의 신학적 기반」, 『한국기독교와 역사』 제18호, 2003.2, 39쪽 참조.

119 배덕만, 「복음주의를 말한다」, 『피어선신학논단』 제1권 1호, 2012.8, 80~81쪽.

120 1971년 동아프리카장로교회 총무였던 가투(J. Gatu)가 한 말로, 제3세계 교회가 자신의 정체성을 확립할 시간적 여유가 필요한데 서구 교회로부터의 무분별한 지원으로 인해 제3세계 교회의 자립이 방해되니 서구 교회에 5년 동안 선교사를 본국으로 불러들이도록 요청한 것이다. 이것은 서구 교회의 일방적인 선교방식에 대한 비판임과 동시에 정체성 없이 서구 교회에 의존했던 제3세계 교회의 자성으로 판단된다. 하지만 WCC 노선에 반대하는 이들에게 'WCC가 선교를 포기하자'는 취지로 전파됐다. 이는 WCC의 입장과 무관하다. 정병준, 「WCC에 대한 오해와 부정확한 비난들」, 『뉴스미션』, 게시일자 : 2009.5.12, http://goo.gl/PMZXeJ

121 J. D. Douglas, *Let the Earth Hear His Voice : International Congree on World Evangelization, Lausanne, Switzerland,* Minneapolis : World Wide Pub., 1975, p.4; 류대영, 「1980년대 이후 보수 교회 사회 참여의 신학적 기반」, 『한국기독교와 역사』 제18호, 2003.2, 39~42쪽 참조.

122 로잔운동, http://goo.gl/GacC6F

123 배덕만, 「복음주의를 말한다」, 『피어선신학논단』 제1권 1호, 2012.8, 84쪽.

124 서정민, 「한국기독교의 현상(現狀)에 대한 역사적 검토」, 『한국기독교와 역사』 제31호, 2009.9, 271~272쪽.

125 김정숙, 「신자유주의 세계화 속의 민중신학」, 한국민중신학회 월례발표회에서 발제, 2009.12.3.

126 안병무, 『민중과 성서』, 한길사, 1993, 220쪽.

127 이혁배, 「진보적 기독교의 사회 참여에 대한 비판적 성찰」, 『신학사상』 제150집, 2010 가을, 153쪽.

128 김명혁, 「민중신학의 신관과 그 사회 경제사적 특성」, 『신학정론』 제2권 2호, 1984.11, 394~395쪽.

129 최형묵, 「민중신학과 맑스주의」, 『지구화시대 맑스의 현재성』 1, 2003, 343쪽.

130 특별취재반, 「대학 좌경서적하 당의정 속의 '독소'」, 『경향신문』, 1983.12.9, 3면.

131 특별취재반, 「좌경을 직시하자 (7) 해방신학의 망령」, 『경향신문』, 1986.10.24, 3면.

132 편집부, 「권력의 시녀, 경향신문의 실상」, 『월간말』 제18호, 1987.12, 67쪽. 『경향신문』 기자에 의해 보도를 압박한 실무 주체로 지목된 외부세력은 당시 전두환의 청와대 정무비서관 휘하의 종교부문 대책반일 개연성이 크다. 한국기독교총연합회 설립도 대책반 공작의 산물로 추정된다.

133 김지방, 『정치교회』, 교양인, 2008, 158~159쪽.

134 이승균, 「5공 종교대책반 책임자, 박철언 당시 정무비서관」, 『뉴스앤조이』, 게시일자 : 2005.5.13, http://goo.gl/lZM48s

135 유연석, 「한기총 초대 총무가 본 2010년 한기총」, 『뉴스앤조이』, 게시일자 : 2010.1.8., http://goo.gl/GCOc0V 재인용.

136 이승균, 「그들이 진보 종교인? 용공·반체제 세력일 뿐」, 『뉴스앤조이』, 게시일자 : 2005.5.27, http://goo.gl/DzzsXU 재인용.
박철언은 이 인터뷰에서 NCCK 계열 종교인에 대해 "현재 그들을 진보 종교인으로 규정할 수 있을지 모르지만 당시 잣대로는 분명히 국보법을 위반한 좌경 세력이었다. 또 전두환 정권의 정권 쟁취 과정의 정당성 여부를 떠나 어쨌든 새롭게 출범한 헌정 체제를 수호하고, 북한의 위협 속에서 민주주의를 수호하기 위해 필요한 활동이었다. 당시 집권층은 용공세력의 실체를 파악하고 이에 대한 연구를 하는 동시에 각계 지도층을 상대로 교육을 시켜야 한다고 느꼈다. 특히 일부 종교계의 용공주장이 대다수 주류 종교인을 위축시킨다고 보았다. 때문에 전(두환) 대통령은 청와대 태스크포스가 필요하다고 결심하고 직접 지시를 내렸다"고 했다.

137 서광선, 「'88선언'은 철저한 교회의 회개운동」, 『교회와세계』, 2009 봄, 113쪽; 이삼열, 「오늘의 시점에서 한반도의 평화와 통일을 위해서 교회는 무엇을 해야 하는가」, 『교회와 세계』, 2009 봄, 119쪽. 이는 "우리는 갈라진 조국 때문에 같은 피를 나눈 동족을 미워하고 속이고 살인했고, 그 죄악을 정치와 이념의 이름으로 오히려 정당화하는 이중의 죄를 범해 왔다. 분단은 전쟁을 낳았으며, 우리 그리스도인들은 전쟁 방지의 명목으로 최강 최신의 무기로 재무장하고 병력과 군비를 강화하는 것을 찬동하는 죄"를 언급한 것이다. 『민족의 통일과 평화에 대한 한국기독교회 선언』, 1988.2.29.

138 이유나, 「88선언 전후시기 한국기독교교회협의회(NCCK)의 통일운동과 제 세력의 통일운동 전개」, 『한국기독교와 역사』 제32호, 2010.3, 274쪽.

139 이유나, 「문익환의 기독교 신앙과 사회 참여」, 『한국기독교와 역사』 제40호, 2014.3, 264쪽.

140 김형수, 『문익환 평전』, 실천문학사, 2004, 254쪽.

141 이유나, 앞의 글.

142 「문목사 처벌방침 비난」, 『한겨레』, 1989.3.30, 11면에서 재인용.

143 양정지건, 「1989년 문익환을 비난하던 사람들, 어디 있을까?」, 『뉴스앤조이』, 게시일자 : 2004.1.19, http://goo.gl/c0ub16

144 김진호, 『시민K, 교회를 나가다』, 현암사, 2012, 140쪽.

145 『교육통계연보』, 한국교육개발원, 2009.

146 『2014 인터넷이용실태조사』, 미래창조과학부 및 한국인터넷진흥원, 2014, 2쪽, 17쪽, 18쪽.

147 최경환, 「공공신학의 기원, 특징, 최근 이슈들」, 한국복음주의윤리학회 제14차 정기 논문발표회에서 발제, 2014.11.22.

7장

신보수주의 시대
교회가 가야 할 길

보수 교회의 현실 정치 참여
대안교회 운동과 진보 개신교의 활로

보수 교회의
현실 정치 참여

　　직선제 개헌 이후 두 번째 대선이던 1992년, 당시 여당 민주자유당은 김영삼을 대선 후보로 결정했다. 그는 당시 충현교회 시무장로 직책을 맡고 있었다. 1992년 2월 24일, 한국기독교부흥사협회 제23대 회장 취임 축하 예배가 열렸는데 설교를 맡은 목사 조용기는 "기독교 정당의 출현이 요구되는 시기인 만큼 이번 선거(총선)에서 기독 정치인을 많이 뽑아야 한다. 기독교인들의 정치 참여가 더욱 활성화되기 위해서는 기독 장로를 대통령으로 선출해야 한다"며 이른바 '장로 대통령론'을 들고 나왔다. 또 "앞으로의 한국 정치는 '기독교'가 일어나서 해야 한다. 그러기 위해서는 국회의원은 기독교인이, 대통령은 장로가 해야 한다. 이제까지 청와대에서 너무 목탁 소리가 많이 들렸다. 가톨릭의 김(수환) 추기경이 자주 들어가는 일이 없도록 하자"고 했다.[1] 1992년 3월 18일 서울 강남 지역 271개 교회가 '강남 지역 교계 지도자 조찬 기도회'를 열었는데, "주의 종이 대통령이 되게 해 달라", "이 나라가 기독교 국가가 돼야 한다"는 주장이 나왔다.[2]

　　'장로 대통령'론이 개신교인에게 호응을 얻은 배경을 두고 '일반

적인 낙관론'을 꼽은 시각이 있다. 이는 대통령 선출이 국민의 몫이
지만 신의 역사 아래 있는 것이고 따라서 개신교인이 당선된다면 이
는 하느님의 뜻하신 바라는 인식이다.[3] 다시 이야기해 성서적 윤리
와 기독교적 양심에 기초하는지 또는 공약과 정책 철학이 정당한지
보다는, '내 종교'에 해당하는지 여부로 지지할 후보를 결정하는 문
화가 '장로 대통령'론에 녹아 있는 것이다. 이를 의식한 듯 김영삼은
여기에 화답하며 "주일은 거룩하게 지켜야 한다는 교회의 가르침에
따라 일요일에는 선거 운동을 하지 않겠다"고 했다.[4]

　　보수 개신교계가 '장로 대통령' 주장을 펴는 것은, 정치 권력과의
협력 관계를 형성함으로써 기득권을 보장받았던 과거 소극적 태도
에서 탈피해 권력을 창출하는 능동적 정치 주체로 변모하겠다는 의
지로 풀이할 수 있다. 이는 지난 시대에 권력과의 유대 관계를 통해
유지했던 특권적 지위가 더 이상 난망하다는 판단에서 비롯된 것이
다. 권력자의 한마디가 헌법과 제반 법규를 능가하던 시대는 이미
종식됐기 때문이다. 이 인식은 한경직, 강원룡 등 1세대 목사에게 한
정됐지만, 급격한 권력 이동으로 인해 재산과 종교 자유를 박탈당했
던 해방 공간 즉 이북에서의 트라우마도 일부분 작용한 것으로 풀이
된다. 김영삼이 나섰던 1992년과 이명박이 출마한 2007년 당시 '장
로 대통령' 주장 명분에는 공산화를 추동하는 좌경 용공 세력의 척
결이 있었다.

한국 개신교와 정치

김대중이 1998년에 15대 대통령이 된다. 국민의 정부 출범은 36년 동안 이어온 정치 권력을 평화적으로 교체했다는 점에서 의미가 각별하다. 전임 정부까지 정치 권력과 협력해 오던 보수 교계는 김대중 정부 출현에 뚜렷한 거부감을 표출하지 않았다. 스스로 박정희 정신을 계승했다고 주장하는 보수 정당 자유민주연합과 공동 정부를 구성한데다, 대통령 김대중의 아내 이희호가 기감 장로였기 때문이다. 천주교인이나 김대중 역시 득실한 신앙인임은 자타가 공인하는 바였다.

당장 정치 권력과 보수 교계 간 대립이 표면화되지는 않았지만, 시민계급의 출현과 맞물린 종교 비판 담론의 대두는 보수 교회와의 충돌을 불가피하게 했다. 주된 논제는 그간 성역에 해당했던 개신교의 도덕성 문제였다. 1998년 4월 5일 MBC 〈시사매거진 2580〉이 금란교회 목사 김홍도의 불륜, 재산 형성, 금권 선거 의혹 등을 제기했고, 2000년 12월 19일 같은 방송 〈PD수첩〉이 '한국의 대형 교회' 편에서 광림교회 세습 등을 다뤘으며. 2004년 10월 2일 KBS 특별기획 〈한국 사회를 말한다〉는 개신교 선교 역사 120년을 비판적으로 조명했다. 주간지 『시사저널』, 『시사IN』 등도 여의도순복음교회 담임목사 조용기 및 그 일가의 재정 비리 의혹 등을 연이어 제기했다.

강인철 주장대로, 보수 교계는 이즈음 부정적 이미지를 만회하기 위한 "공신력 관리 전략Credibility management strategy"을 자진 선도했어야 했다. 그러나 "세습, 재정 비리, 성차별, 금권 선거 시비 등"의 폐단이 핵심 지도부 내에서 연이어 터져 나왔고, 이런 폐단에 대해 자성 대신 "교회 문제를 세상 잣대로 보면 안 된다"는 식의 언술로 상식적 대중과의 토론 자체를 회피하는 태도를 드러내기도 했다. 게다가 물의를 빚은 인사가 자숙하는 대신 "한기총이라는 단일한 공식 조직으로 결집해 행동함으로써, 또 사회 참여를 내세워 스스로 '사회적 무대'에 올라서 '사회적 가시성可視性'을 증대"시켰다. 금란교회, 여의도순복음교회 등 대형 교회와, 한기총 등 연합 기관이 우호적 교인들을 동원해 언론사 앞에서 수시로 시위를 벌이는 행태가 대표적이다. 이러다 보니 스캔들에 대한 "스포트라이트 효과"를 "더욱 증폭"시킨 효과를 자초한 셈이다.[5] 게다가 보수 교계는 자정이나 혁신을 통한 이미지 개선 효과보다는 비판 언론 다잡기로써 위기 국면을 수습하려 했다. 개신교 비판 언론 모니터링을 전담하는 연합 기구 즉 한국교회언론대책위원회현 한국교회언론회를 2001년 7월부터 운용하고 있는 것이다. 2001년 9월에 대변인으로 임명된 목사 이억주는 "한국 교회와 목회자를 비난하고 비방하는 일이 유행처럼 번지는 시대에 침묵만 할 수는 없었습니다", "인터넷 검색 시 기독교 정보를 보면 99%가 부정적인 내용입니다. 반개신교적 정서가 깊이 깔려 있습니다", "잘못되고 왜곡되는 정보들은 지적돼야 하고 함께 적극 대처해야 합니다. 개신교가 너무 왜곡되고 있습니다"[6]라고 말했다.

2003년 16대 대통령으로 노무현이 취임한다. 보수 교계는 노무

한국 개신교와 정치

현 당선의 동력에 대해 자신과 상극이었던 시민계급 및 이른바 '좌파' 언론의 도움이 컸다고 간주하고 초기부터 노무현을 적대했다. 대선 직후부터 투개표 부정 의혹 제기를 시작으로, 2002~2003년 주한 미군 철수 반대와, 2004년 국가보안법 폐지 반대, 2005~2006년 사립학교법 개정 반대 등의 이슈로 임기 내내 대립각을 세웠다. 특히 취임 전 국면임에도 두 차례나 '평화기도회' 명목의 대규모 시국 집회를 열어 세 과시를 했다. 노무현 역시 보수 교계에 대해 주저함이 없었다. 보수 교계가 안보 위협에 "기득권 침해"로 인식했지만, "시민 사회의 합리성과 공공성"에 기초한 것이 맞는다며 국가보안법 폐지와 사립학교법 개정을 밀어 붙였기 때문이다.[7]

이런 가운데 보수 정치 세력인 한나라당은 거대 장외 집회로 세력적 존재감을 과시한 보수 개신교계에 대해 주목한다. 조갑제는 이보다 앞서 보수 정교 간 융합 가능성을 예견했다. 남북 정상 회담 직전 홈페이지에 "한국에는 잘 조직된 ㄱ대한 반공 보루가 있습니다. 전全 인구의 약30%나 되는 개신교 세력과 약 70만 명을 헤아리는 군대가 그것입니다"[8]라고 했다. 실제 여러 지표를 통해 한국 개신교인의 보수 지향성이 확인된다. 2004년 한신대 학술원 신학연구소가 전국 20세 이상 개신교인 2,015명을 대상으로 실시한 설문 조사에 따르면, '귀하의 평소 생각이 보수적이라고 생각하십니까, 진보적이라고 생각하십니까?'라는 질문에 60.5%가 '약간 보수적', 10.3%가 '매우 보수적'라고 답했다. 10명 중 7명이 스스로 보수적이라고 답한 것이다.[9] 목사로 표본이 좁혀지나 월간 『목회와 신학』 2007년 1월호에 발표된 목회자 대상(500명) 조사에서도, 지지 정당 1위는 보수 정당 한나라당이었다(37.8%). 열린우리당 11.8%, 민주당 5.6%, 민주노동당 5%, 국민중심당 0.6% 등 차순의 정당 총합을 능가한다.[10]

그러나 보수 개신교계 일각에서는 우호적 정치 권력 창출만을 기대할 수 없다는 판단 아래 독자적 정치 세력화를 꾀한다. 직선제 개헌 이후 '개신교 후보'의 기치를 들고 출마한 인사는 한사랑선교회 대표인 목사 김한식으로 그는 1997년 15대 대선에 출마해 0.18%의 득표율을 기록했다. 그러나 2004년 17대 총선 당시 한국기독당 창당은 조용기, 김준곤 등 개신교 지도급 인사 등의 조직적 지원이 뒷받침됐다. 따라서 종단적 대표성을 확보한 첫 정치 실험이라 하겠다. 김준곤은 3월 22일 창당대회에서 "전국 개신교 인구가 25%이고 투표율이 약 50% 정도가 될 것이기 때문에 개신교인들이 90% 정도만 투표한다면 전체 유효표 가운데 약 50%를 차지할 수 있으니 개신교인들이 표를 몰아주면 기독당이 국회의 절반을 점할 수 있다"[11]는 주장을 폈다. 그러나 당시 득표율은 1.1%에 그쳤다. 기독당으로 치른 2008년 18대는 2.9%를 기록했는데 3%를 상회하면 비례 대표 1석을 확보할 수 있다는 점에서 주목됐다. 그러나 2012년 19대에는 기독자유민주당과 한국기독당으로 쪼개졌고 그나마 각각 1.2%, 0.3%의 부진한 득표율을 기록했다. 그러나 2016년 20대 총선 국면에서는 기독자유당이 2.63%의 정당득표율을 기록했다. 같은 보수 신자

기반의 기독당이 얻은 0.54%까지 합했다면 원내 정당 진입기준인 3%를 상회해 비례대표 한 석을 확보할 수 있었다.

이로써 보수 교계는 '정교 분리' 입장을 사실상 백지화한다. 선언적으로 밝혔느냐 여부는 중요하지 않다. 이는 "자신의 경제적·종교적 이익에 득이 되는가, 아니면 손해가 되는가에 따라 정교 분리를 매우 자의적으로 해석하고 적용"했다는 배덕만 비판의 근거가 됐다.[12] 개신교 정치 세력화가 좌절되는 이유도 같은 맥락이다. 김선욱은 "종교적 진리의 일방적 소통 방식에 익숙한 교회 지도자들이 민주적 쌍방의 소통이 요구되는 사회 안에서 자신에게 익숙한 커뮤니케이션 방식으로 정치적 영향력을 펼치려 한다면 사람들로부터 저항을 받게 되는 것은 불가피하다. 따라서 기독교적 가치가 정치의 영역에서 실현되기를 바란다면 그 가치가 일반 시민들과 소통이 가능한 언어로 '번역'돼 나타나야 한다. 그렇지 않을 경우 기독교는 독단적 방식으로 자신의 권력을 이용해 정치적 영향력을 발휘하려 한다는 오해를 받기 쉽다"[13]고 했다.

이런 가운데 1970년대 청계천 일대 빈민을 상대로 사역한 예장통합 목사 김진홍은 NGO를 통해 정치 세력화를 꾀했다. 그가 주도한 뉴라이트전국연합은 "어설픈 평등주의에 좌파 노선으로써 국민 분열을 일삼았다"며 노무현 정부 여당에 각을 세우면서도 "독재와 부패로 연거푸 정권을 놓친" 보수주의 정치 세력에게도 할 말을 하는 "합리적 보수 세력"의 길을 공언하며 2005년 11월 7일 결성[14]됐다. 당시 상황을 설명한 김진홍은 "그 시점에는 우리 사회가 친북 좌파로 너무 경도됐다고 봤어요. 성경에서 좌로나 우로나 치우치지 말라고 했는데 당시에는 좌로 많이 치우쳤으니, 되돌리려면 우파적 운동이 필요하다고 생각했어요. 기존의 우파와 보수는 많이 부패했기 때문에 부패하지 않은 도덕성과 개혁성을 겸비한 우파 운동이 있어야겠다고 생각해서 뉴라이트를 시작한 겁니다. 3년 만에 손을 뗐는데 나름대로 시대적 역할을 했다고 봅니다"[15]고 자평했다. 뉴라이트는 명칭에서부터 과거 보수와 차별화하겠다고 표방했다. 2004년 11월 8일자 『동아일보』는 이들을 다룬 기획 기사에서 "현 정부 출범 이후 진보 쪽으로 '쏠림 현상'을 보였던 우리 사회의 이념추가 균형을 잡는 데도 기여할 것"이라며 '뉴라이트'라는 이름을 붙여줬다.[16]

구시대 보수주의를 혁신한다는 신보수주의 취지는 미국에서도 차용한 것이다. 1988년 대선 당시 미국 전 대통령 조지 H. 부시G. H. W. Bush의 공화당 대통령 후보 경쟁자였던 목사 로버트슨P. Robertson은 경선 패배 후 기독교연합Christian Coalition이라는 개신교 우파 조직을 창립한다. 그리고 이 단체를 1992년 공화당 대의원의 42%를 장악하는 거대 조직으로 키워 1994년 중간 선거에서 깅그리치N. L. Gingrich와 제휴케 하고는 40년 만에 미국 의회의 다수를 점하는 성과를 거둔다. 그러나 1996년 돌R. J. B. Dole을 후보로 내세운 대통령 선거에서의 패배, 1998년 대통령 클린턴W. J. B. Clinton 탄핵 실패로 위기에 처한다. 하지만 2000년 조지 W. 부시G. W. Bush를 후보로 한 대선에서 승리를 도모하며 재기한다. 당시 미국 보수 개신교는 총동원령을 내려 노골적인 선거 개입을 시도한다. 총기 규제 해제와 동성애자 결혼을 반대하는 등 정책에 개입할 목적이었다. 네오콘으로 명명된 신보수주의는 기독교연합으로부터 비롯됐다.[17]

이와 관련해 류대영은 뉴라이트, 네오콘 등의 사상적 배후로 쉐퍼F. A. Schaeffer를 꼽았다. 쉐퍼의 사상은 기성 근본주의 신학과는 달리 지적으로 세련돼 있다는 평가를 받았다. 그러나 다소 난해한 어투여서 대중에게 호소력을 주지는 못했다. 그래서 그에게 영향을 받은 기독교 우파 운동 지도자가 나서 보다 그의 메시지에 전달력을 실어 '우파 복음'을 생산해냈다. 도서, 설교, 영화 그리고 정치 영역에서 말이다. 그의 주장은 위기 의식을 소환하는 종말론적 성격이 강하다. "신으로부터 독립된 지위를 획득하려는 인본주의적 요소가 현대인들을 신으로부터 소외시켰고 절망으로 몰아넣어 정치 경제 사회 문화적으로 병리 현상을 야기하고 있다"는 언술은 전형에 가깝다. 그래서 이원론의 프레임을 감출 수 없게 된다. 이를 수용한 한국 개신교 뉴라이트는 '애국 우파'와 '종북 좌파', '미래 세력'과 '과거 세력' 등으로 선악의 대조 관계를 형성한다. 이를 통해 자신의 정당성을 강조한다.[18] 그러나 한국과 미국의 개신교 신보수주의 운동을 동일시하는 것은 위험하다. 보수주의 노선인 미국 교회와 교인의 정치 참여 동기는 동성 결혼 반대, 낙태 반대, 종교 교육 강화 등 개별 현안에 대한 입법화다. 개신교인 집권을 신정 정치의 전제 요건으로 여기며 정치 권력을 확보해 절대적 권한을 행사할 목적의 패권주의와는 무관하다.[19]

김진홍의 지원을 받은, 같은 교단 소속 소망교회 장로 이명박은 한나라당 17대 대선 후보로 출마한다. 이명박은 서울시장 재임 때 개신교를 자신의 핵심적 지지 기반으로 삼고자 했다. 교회나 교단, 연합 기관 행사에 참석해 축사 외에도, 기도, 봉헌사 심지어 성경 봉독까지 역할의 경중을 가리지 않고 맡았다. 아울러 숱한 교회 순회 간증도 전개했다.[20] 또 청계천 복원 사업 준공 때에는 목사 조용기, 김장환 등을 불러 예배를 열게 한 다음, "청계천 복원은 보이지 않게 드린 무릎 기도를 하느님께서 받고 이루신 것"이라고 말했다. 그는 또한 2003년 2월 미국 뉴욕을 방문했을 때 예정된 일정을 취소하고 자신을 환영하는 개신교 행사에 참석했다. 정치 집회가 금기시된 서울광장에서 시국 캠페인을 노골화한 보수 개신교 단체의 집회도 제한 없이 허용했다.[21] 이같은 개신교계와의 성실한 관계 형성 노력은 대선을 내다본 포석으로 짐작된다.

그렇게 해서 이명박은 2007년 17대 대선에서 1,150여만 표를 얻어 당선됐다. 이를 두고 강인철은 "이명박 후보가 개신교에서 얻은 표는 적어도 300만 표 이상이고, 전체 득표에서 차지하는 비율도 25% 이상이었을 것으로 보는 게 합리적"이라는 분석을 내놓았다.[22] 대통령에 당선된 이명박은 인수위원회 시절부터 소망교회 교인을 우대했다. 이 기조는 임기 말까지 이어졌는데, 첫 해인 2008년 9월『한국일보』가 "총리 및 15개 부처 장·차관의 종교를 조사한 결과, 전체 39명 중 기독교^{개신교} 신자는 13명으로 33.3%를 차지한 반면 불교 신자는 2명(5.1%)에 불과한 것으로 나타났다. 천주교 신자는 9명으로 23.1%였으며 종교가 없는 사람은 15명(38.5%)"로 나타났다.[23] 이 같은 개신교인 중용 기조는 집권 후반기인 2011년 2월에도 크게 달라지지 않았다.『불교포커스』보도에 따르면 "총리를 포함한 장·차관, 처·청장 72명 중 불자^{불교인}는 단 7명에 불과했고 개신교(29명)와 가톨릭(16명)을 합친 기독교 신자는 45명에 달했다."[24] 대한불교 조계종은 이를 종교 편향으로 규정하고는 폐해 사례의 예시로 "공직에 진출한 기독교 인사들의 적극적 선교 행위로 인해 정교 분리 위배 행위가 급증했다. 정교 분리 위쾌 행위의 경우 해방 이후 전체 271건의 조사된 사례 중 이명박 정부 때가 115건에 달한다"[25]는 점을 들었다.

이명박 정부와 보수 개신교계의 친선 기조는 그러나, 2011년 일시적 위기에 처했다. 일명 수쿠크법으로 불리는 이슬람채권법을 놓고 상호 이견이 발생한 것이다. 조용기는 2월 24일 입법화 중단을 하지 않으면 대통령 하야 운동을 벌이겠다고 경고했다. 이슬람권 자금의 순환을 원활하게 해 자금 시장을 활성화하려는 정부 정책 취지와는 달리, 보수 개신교계는 이슬람교의 무차별적 유입을 우려하며 반대한 것이다. 정부 여당은 결국 이 요구를 수용했다. 이 와중에 3월 3일 국가조찬기도회 석상에서 대통령 신분의 이명박이 부인과 함께 무릎을 꿇고 기도하는 행위를 공연히 노출하면서 논란은 더욱 커졌는데, 이념을 떠나 전 언론은 비판 기조를 나타냈다.[26] 정권 초부터 대립각을 세워 온 불교계는 기관방송인 불교방송을 통해 "기독교만을 위한 대통령이 국민 통합 운운하는 모습에 실소를 금할 수 없다", "합심 기도 장면은 특정 종교에 치우친 대통령의 모습을 적나라하게 보여준 것", "이명박 대통령 취임 이후 종교 편향 논란이 끊이지 않는 가장 큰 이유는 바로 대통령 자신 때문"[27]이라고 맹공을 퍼부었다.

때와 맥락을 같이해 개신교의 사회적 신뢰도는 지속적으로 저하되고 있었다. 기독교윤리실천운동 발표 '2013 한국 교회의 사회적 신뢰도 여론조사' 결과에 따르면, '신뢰한다'라고 답한 비율은 20%에도 못 미치는 19.4%였고, 불신을 나타낸 의중은 그보다 배 이상인 44.6%로 나타났다.[28] 교세 위축도 확연했다. 개신교 성장세는, 1990년대 들어서 9%로 한 자릿수로 떨어지더니 10년 후인 2005년에는 -1.4%라는 마이너스 성장세로 반전됐다.[29] 상황은 더욱 악화돼 2013년 말 개신교에서 장자 교단을 자처하는 대한예수교장로회 합동 소속 교인은 전년보다 무려 4.8% 줄어들었고, 통합 역시 같은 기간 3년 연속 감소세를 보였다.[30] 이 하락세는 교단, 교회를 불문했다. 『뉴스앤조이』가 집계한 대한예수교장로회 합동, 통합, 고신, 합신, 기장, 기감 등 주요 6개 주요 개신교단의 2004년 이후 10년치 교세 지표는 모두 하락세로 귀결됐다.[31]

1987년 대통령 선거 직선제를 골자로 한 헌법 개정 이후 조성된 절차적 민주주의는 시민계급의 출현을 불렀으며 이에 비례해 사회 전반에 걸친 권위주의를 크게 퇴조시켰다. 인터넷 등 초고속 정보통신망의 보급이라는 기술적 진화는 다양한 언론과 여론의 형성을 파생했다. 권위주의와 단방향 소통One Way Communication에 적응된 보수 개신교는 세태의 변화를 실감했지만 자기 혁신에는 미흡했고, 여기에 더해 국민의 정부와 참여정부 등 10년에 걸쳐 보수 정치 세력이 실권하자 강력한 권력의지를 발현하며 보수 정파와의 연대를 넘어선 우파 정치 공동체로의 변모를 시도했다. 이 과정에서 설득력 즉 신학적 명분을 담보하지 않은 채, 전래 이후 일관되게 견지해온 정교 분리 원칙을 스스로 형해화形骸化하고 원색적 정파성으로 중도 진보 지지층 등의 비판을 샀다. 아울러 세습, 횡령, 배임, 사기, 성추문 등 도덕성 관리에 실패하면서 공론장에서의 입지 또한 스스로 좁혔다. 더는 권력 작용에 의해 종교가 작동할 수 없는 시대가 형성된 데에 개신교계의 책임을 배제할 수 없다.

타율성, 지배력으로 상징되는 전통적 권위와, 자율성, 소통 능력에 기초한 시민 상식의 요구가 충돌하는 가운데 보수 교계는 기득권의 확대를 통해 상식의 저항을 위력 아닌 대화와 설득으로 해소해야 한다. 제1장의 〈표 1〉에서 보듯 윌버의 사분면에 따르면 21세기의 보수 교계는 1분면(I)에서 머물며 3분면(We)에서의 공론과 토의를 거부하는 양상이다. 앞서 말했듯이 '한국 개신교가 국가와 사회의 일원으로서 어떤 정체성을 가져야 하는지'에 대한 성찰의 기회를 놓쳤기 때문이다. 1세대 목사 한경직이 1992년 탬플턴상^{Templeton Prize}을 수상하면서 일제 강점기에 신사참배를 방조했다고 참회한 점은 많은 것을 시사한다. 여러 상황 논리를 배제하고 교회가 식견과 주관으로써 시국 상황에 대처해야 한다는 취지가 녹았기 때문이다.

1960년대 이후 한국에서 자유, 인권 등의 기본권은 산업화와 연동된 경제 성장 논리에 밀려 뒷전이 됐다. 이를 용인한 연원은, 외세에 의해 개항되면서 군사력에 더해 경제력이 모든 것에 우월된 가치라 인식한 한국 민중이 성리학 등의 가치로 실존했던 기존 지배 질서를 허구로 보게 된 데 있다. 근대 이전의 한국에서 선구적 문물로 작용하며 민중과 교차한 개신교가 유물론의 요체로 인식된 것은 어색하지 않다. 이는 한국 개신교 공동체 안에서 성장 패러다임이 영혼 구원과 정의 구현 등 가치 영역 위에 군림하게 된 현상과 무관하지 않다. 1993년 기준 신자 수 세계 순위 50위 중 1위를 포함해 총 23개나 되는 교회가 한국에 집합돼 있다는 지표[32]는 과연 건강성을 담보하고 있는지 자문해야 한다. 교회의 새 길은 다른 이와 함께 하는 교회다. 본회퍼가 그랬다. 그는 교회의 정명을 "타자를 위한 교회"로 삼으며 구조적 또는 직업적 완결체로서의 교회를 거부했다.

"교회는 모든 재산을 팔아 가난한 사람들"과 나눠야 하고, "목사는 전적으로 교회의 자발적인 헌금으로 살아야 하며, 경우에 따라서는 세속적 직업을 가져야 한다"고 강조했다.[33] 성서에 적시된 예수도 그 자신이 세속 권력을 획득하려 하지 않았고, 인류 구원과 화해를 위해 자신의 몸을 던진 것으로 돼 있다. 이에 준거한 공공신학은 타자를 위한 교회의 표상을 실현할 도구였다. 2000년대 들어 '가나안 교인 현상'이 화두로 떠오르고 있다. 지중해 동쪽 도시 지명으로, 모세 영도 아래 이집트에서 집단 탈출한 이스라엘 백성이 향하던 '약속의 땅' 가나안Canaan이 아니다. 이를 거꾸로 읽었을 때 '안 나가'가 된다는 점에서 교회 출석을 끊은 교인을 일컫는 은어隱語다. 예수 사후에 생긴 이래 제도화됐고, 교황 절대 권위가 구가되던 시기를 지나 권력화됐으며, 물량주의와 작용하며 대형화된 교회를 떠나는 '교인'은 2013년 대략 100만 명으로 추산되며 확산 일로다.[34] 이들 중 일부를 상대로 교회 출석 중단의 이유를 설문한 결과, "자유로운 신앙 생활의 제약", "신앙에 대한 회의", "목회자에 대한 불만", "교인에 대한 불만" 등 교회의 필요성에 대한 궁극적 회의로 간주되는 답변의 총합은 43.4%로 나타났다.[35] 결국 ㅎ느님 나라의 현장적 실현이라는 관점에서 봤을 때 교회가 스스로의 순기능 입증을 게을리한다면 그 존재적 근간마저 보장받기 힘들 것이다. 결국 교회의 교회됨은 고단한 백성을 돌보고, 불의한 구조를 바꾸는 것이며, 공동체의 회복과 공공성의 발현임을 각 현상과 지표는 말하고 있다.

대안 교회 운동과
진보 개신교의 활로

국민의 정부 시대에 달라진 양상은 진보 개신교계 인사의 현실 정치 참여와 공직 진출이 활발해졌다는 점이다. 서정민은 "오랜 세월 민주화 운동의 선봉에서 이상적 민주주의를 주창해 온 당사자들인 만큼 그 동안 다져온 이상과 꿈을 현실에 적용시키고 완성시켜 본다는 의미에서는 역사적 의의"가 있지만, "현실 정치가 지닌 타협성과 모순성 속에서 도덕적 해이를 낳았고, 사회적 신망까지 상실했다"고 지적했다.[36] 기장 목사이며 기독교방송 사장이던 권호경은 2000년 1월 22일 여당 새천년민주당 사무총장 김옥두에게 '축 총선 승리' 메시지가 담긴 화분을 보냈고 이를 『한겨레』가 1월 24일자에서 사진 기사로 보도하며 세상에 알려진 사건이 상징적이다. 이는 역대 최장기인 265일간의 파업을 야기하는 등 기독교방송 노동조합원의 강한 저항을 샀다. 그러나 당시 NCCK 상당수 인사는 권호경을 비호했다. 이에 『한겨레21』은 "교회 일치 운동 정신 잃어가는 '민주화 운동 출신' 기독교 인사들의 오늘"이란 부제의 기사에서 "CBS, 기독교서회, KNCC[NCCK] 등은 교회 일치 운동의 정신에 따라 설립된 교회 연합 기관이다. 교단 사이의 일치에 무게를 두는 만큼 자리 배분에서도 고른 나눔이 우선이다. 하지만 뒤를 받쳐주는 교단, 챙겨

야 할 식구들, 평신도들이 배제된 무방비의 감시 체계 속에서 종로5
가권이 점점 교회 일치 운동의 정신을 잃어가고 있다는 목소리가 높
다"며 "날로 강화되는 개별 교회 중심주의 속에서 사회 참여적인 교
회 연합 운동은 점점 힘을 잃고 있다. 결국 민주화 운동 출신들이 교
권 중심주의의 한계에서 벗어나지 못하고 있는 가운데 종로5가는
한국 기독교계의 시실리 섬[37]으로 전락하고 있는지도 모른다"[38]고 지
적했다.

1990년대에 들어 사회주의가 붕괴되면서 탈이념 현상이 확산되
는 가운데 여느 재야 세력과 마찬가지로 진보 개신교계 역시 심각한
존립의 위기에 봉착했다. 최형묵은 "1987년 반독재 민주화 운동이
최고조에 달했을 즈음 기독교사회운동연합 등으로 집결했으나 민주
화와 함께 영향력은 현저히 퇴보하는 국면을 맞기도 했다. 각기 현
장에서 지속적인 실천과 함께 개신교 사회 운동을 전반적으로 재구
성하기 위한 노력이 부단히 시도됐으나 역량의 한계, 주도 세력의
노령화로 과거의 실천력을 회복하지는 못했다"고 했다.[39] 이런 가운
데 우호적 정권이 들어섰고, 진보 개신교 인사는 자연스럽게 현실
정치권과 조우하게 됐다. 그러나 민주와 반민주의 대결 구도가 상당
부분 희석된 시대에도 진보 교계의 사명과 과제는 명징하다. 성정모
지적대로 "인간의 고통과 불의 뒤에 서 계시지 않는 하느님, 소수의
부의 제공자로 계시지 않는 하느님을 보여줘야" 했다. 말하자면 "번
영의 신학에 대한 비판을 멈추지 말아야" 하며, "사회적 소외의 책임

을 가난한 자들에게 전가하는 우상을 부각시킴으로써 '세상'의 불의를 신성화하는 세태"에 맞서 '여전히 싸워야 한다'는 것이다.[40]

그러나 신자유주의는 제어되기는커녕 개신교회를 대형화 또한 탐욕주의를 실험하는 장으로서 유린하고 있다. 광림, 사랑의, 소망, 충현, 임마누엘 등 군사 정권의 개발 사업이 집중된 서울 강남권에 토대를 둔 대형 교회의 정체성이 그러하다. 대형 교회는 크게 세 가지 체계로써 작동된다. 첫째, 보상 체계다. 대형 교회는 신자유주의 노선에 저항하라고 가르치지 않는다. 따라서 경쟁을 당연시한다. 경쟁에서 승리하는 것은 은혜와 축복으로 미화되고, 믿음의 신실성을 가늠하는 척도가 된다. 이는 또한 믿음에는 보상이 따른다는 인식을 심어준다. 그래서 출석, 헌금, 봉사 등이 충성도 높이기의 실현 수단으로 인식되는 것이다. 이와 관련, 구미정은 "신자유주의 지구화 시대의 무한 경쟁 원리를 무비판적으로 수용하되 이 삭막한 경쟁 지옥에서 구원받아 승자가 되라는 메시지를 반복 주입하는" 대형 교회를 "복음과 성공이 동의어가 되고 축복이 자본과 교환 개념이 돼 상호 유통"되는 공간으로 평가했다.[41]

둘째, 긍정 체계다. 1990~2000년대 미국 개신교회에서는 슐러R. H. Schuller류의 적극적 사고론을 계승한, 윌킨슨B. H. Wilkinson의 『야베스의 기도』, "필N. V. Peale의 『적극적 사고방식』, 워렌R. Warren의 『목적이 있는 삶』 그리고 오스틴J. Osteen의 『긍정의 힘』" 등이 대중의 호응을 얻었다.[42] 권위주의적 호령과 정죄의 언어와는 달리 이들의 글과 말에는 설득적 어조와 긍정의 메시지로 가득하다. 그러나 이는 개인의 성공과 내세의 복락을 강조했다는 점에서 개인 구원 및 타계주의를 강조했던 보수 신학적 전통과 다르지 않다. 한마디로 태도Attitude만 달라진 것이다. 한국 대형 교회 강단의 메시지는 미국의 긍정 담론의 통역 행사를 방불케 한다. 이는 미국 목회 또는 유학 경험 목사가 대거 귀국해 일선에 투입된 경과와 무관하지 않아 보인다.[43] 이와 관련, 에런라이크B. Ehrenreich는 "이런 긍정의 담론이 '실패를 개인의 탓으로 전가'하는 효과를 지닌다"[44]고 지적한다. 기실 이 말은 실패자를 믿음이 부족한 자로 낙인찍어도 된다는 뜻과 치환된다.

셋째, 배제 체계다. 주목할 현상은, 돌보고 섬겨야 할 약자가 교회에서 모습을 감추고 있다는 점이다. 이는 대형 교회에서 더욱 뚜렷한데, 김진호는 "1990년대 이후 이 (대형)교회들이 빠르게 중상위계층 중심의 공간으로 재편되고 있다"고 봤다.[45] 그러면서, 대형 교회가 특권지대화되고 결혼 시장을 형성하기까지 한다고 평가한다. 한 "강남 대형 교회 대학부의 경우 구성원이 SKY서울 · 고려 · 연세대와 이화여대 등 4개 대학 재학생만으로 이뤄져 있을 정도"라고 소개했다. 그리고 "이들끼리만 어울리고 혼인 관계를 맺으면서 대형 교회의 계층적 편형성이 더욱 심화되고 있다"고 지적했다.[46] 계층적 동질성을 찾는 현상은 서울 서초, 강남, 송파 등 이른바 강남3구를 특권 지구로 인식하는 일반의 시각과 무관치 않다. 특권의 이면에는 배제가 있다.[47] 중하위층 소득 수준의 교인이 강남 대형 교회를 떠나는 이유는 결국 계층적 위화감 및 소외감이다. 이 교회에서 가난하고 병든 약자는 예수의 말대로 "머리 둘 곳조차 없다"[48]고 할 수 있다. 달라진 태도와 유려해진 메시지에도 불구하고 대형 교회는 개신교의 사회적 공신력 저하의 핵심축이 돼 가고 있다.

이 맥락은 언론의 보도 태도를 통해 확연해진다. 보수 교회가 보수주의 정부에 내심 기대하는 것이 있다면 '교회 비판 담론'의 제어다. 하지만 이는 전혀 작동되지 않고 있다. 전국언론노동조합, 민주언론운동시민연합 등 언론 유관 단체로부터 "친여 편파 방송"으로 비판받은 바 있는 MBC가 박근혜 정부 출범 이후인 2014년 5월 13일 'PD수첩'을 통해 사랑의교회 목사 오정현의 수천억대 교회 신축과 논문 표절 등의 문제를 보도했고, 전년도 12월 17일 같은 방송에서는 조용기의 불륜 의혹까지 다룬 바 있다. 이는 보수 개신교가 비판 방송 차단을 압박할 정치적 영향력마저 상실했음을 보여주는 것이며, 더불어 방송 제작자에게 시민적 상식에 비춰 비호할 여지가 없는 반사회적 집단으로 인식되고 있다는 방증이다.

강인철은 "종교가 사회적 공신력을 지속적으로 상실할 경우, 종종 '예언자 운동'으로 인식돼온 반교권적反敎權的 종교 개혁 운동의 출현을 위한 구조적 압력이 조성된다"[49]고 했다. 이미 한국 개신교 도처에서는 대안적 노력이 시도되고 있다. 각종 비위 및 비리로 개신교계가 지탄을 받는 상황에서 이를 자정할 기구로 교회개혁실천연대가 2002년 11월에 출범했다. 이들은 CCC 및 소망교회 세습 반대 활동(2003), 여의도순복음교회 재정 비리 의혹 제기(2005), 한국찬송가공회 소득세 탈세 국세청 제보(2007) 등의 논제를 제시했다. 이보다 앞선 2000년 8월에는 교단 등 종교 권력으로부터 독립한 인터넷 신문 『뉴스앤조이』가 창간돼 개신교 내부에 대한 비판과 견제를 시도했다. 대한예수교장로회 합동측 총회장 임태득의 모성母性 비하 발언(2003), 부흥회 목사 전광훈 설교 중 성희롱 발언(2005), 목사 장경동 불교 폄하 발언(2008), 목사 전병욱 여신도 성추행(2010) 등의 특종으로 교회는 물론 일반에까지 파장을 야기했다. 아울러 교회의 무분별한 대형화에 맞선 교인 수 300명 이하 작은 교회의 연합체인 '목회 2.0'이 2011년 6월에 결성돼 민주적 교회 운영과 자교회 이기주의 극복을 지향하며 활동하고 있다.[50] 또한 목회의 영역은 아니나 아파트 폐자재 활용 문제 등 환경 및 생태의 가치가 훼손되는 현장을 고발하고 쟁점화하며 사회적으로 환기시키는 최병성 등 목회자의 사회 참여적 사목도 한 사례다.

종교 지도자가 제기하는 정치적 의제라도 교인이 무비판적으로 수용하는 것은 옛일이다. 한신대 조사에서 목사나 목회자의 반공 설교에 대해 개신교인 49.2%가 "적절치 않다"고 했고, "저항감이 생긴다"는 견해도 7.6%나 됐다.[51] 그렇다면 전형적으로 이원론에 기초해 일방적 메시지를 주입하는 상당수 보수 교회는 퇴조하는 게 논리적으로 맞다. 그러나 대형화와 특권화로써 생존의 활로를 찾았다. 중소형 교회조차 대형화를 신봉했다. 이 욕망을 읽은 금융권은 2001년 수협을 필두로 교회 대출 상품을 내놓았다. 그리고 끌어다 쓴 교회는 감당 못할 채무에 허덕이고 있다.[52] 대형화는 탐욕에서 비롯되고, 탐욕은 개인주의에서 출발한다. 신광은은 개인주의의 신학적 기원을 루터의 칭의론에게서 찾는다. "칭의론은 개인의 내면에서 믿음으로 말미암아 일어나는 사건이기에 개인주의적 차원이 분명하다"는 것이다.[53] 오로지 신과 개인 사이에서만 작용되는 신앙. 이것이 나의 성공이 곧 신의 은총으로 대칭되는 신앙 문법을 형성하는 것이고, "분리와 대결과 경쟁"을 당연시하며, 비로소 특권화, 차별화를 내면화하는 구도로 완성된다.[54] 폐업하기 위해 교회당을 매물로 내놓는 미자립 교회가 늘어나는 현실은 중소 자영업자를 외면한 채 자기 중심적 성장 논리에 갇힌 재벌 대기업의 메가 마케팅과 차별점을 잃게 한다. '오직 내 교회', '오직 내 기업'주의가 노정한 비극이다. 이 지점에서 슈페터J. Alois Schumpeter의 "방법론적 개인주의"를 상기한다. "아무런 연고 없이 홀로 생각하고 행동할 수 있고 또 그렇게 살아야 하는 개인"을 상정하는 이론인데,[55] 이는 "사회가 여러 개인의 합"이고, 따라서 "사회의 잘못은 개개인 잘못"의 합이라는 "사회명목론"과 맞닿아있다. 이 이론대로라면 사회 문제 해결은 문제적 개개인을 바로잡을 때에 온전해진다는 논리가 성립된다.[56] 그러나 사회적 책임을 방기한 채 개인의 은총에만 몰두하게 한 근본주의 신학이 한국 교회의 위기를 초래했듯, 사회 윤리를 망각한 천민자본주의의 무차별적 유입은 공동체로서의 한국 사회를 위태롭게 하고 있다.[57] 경제협력개발기구OECD 발표에 따르면 상위 10%가 보유하는 부는 전체의 반을 이루는 것으로 나타났다. 이 국면에서 '누가 90%를 돌볼 것인가'라는 주제는 개신교의 활로와 직결돼 있다. 초대 교회 이후 기독교의 3대 역할은 선교와 봉사, 친교 등으로 정립돼 왔다. 이는 21세기 들어 하느님 나라의 지구적 구현, 상생과 화해의 실천, 상호 부조의 구조화를 내재하는 것이다. 요컨대 '공동체 완성'으로 귀결되는 것이다. 유대 사상가 필로Philon가 소개한 대표적 기독교 초기 공동체 에세네파Essenses의 일상은 합당한 전범으로 꼽힌다. "매일 공동 생활과 공동 식사를 하기 때문에 서로 간의 동등한 생활조건에 만족하고 검약을 추구하며, 지나친 사치는 몸과 영혼을 병들게 하기 때문에 이를 피한다. 그들은 식사만 공동으로 하는 것이 아니라 옷도 공동으로 사용한다. 겨울에는 촘촘하게 짠 털외투를 몇 벌 준비해 놓고 여름에는 간편한 조끼를 몇 벌 준비해 놓아서 원하는 사람이면 누구든 가져가 입게 한다. 이들은 개인 소유를 전체의 소유로 여기며 전체의 소유 또한 개인 소유처럼 간주한다. 누구든지 병이 나면 공동 비용으로 치료를 받고 모든 사람이 돌보고 보살핀다."[58]

교회의 보수화, 대형화 과정에서 필연적으로 결핍될 수밖에 없는 공동체성은 진보 개신교회의 핵심적 목회 기치다. 이는 교회의 울타리를 허물어 사역 현장을 사회 현안 개입으로 확장한 것 또는 전 세속 세계를 목회 대상으로 삼아온 점에서도 증명된다. 하지만 역설적으로 진보 교계가 교회 현장에서 친교에 미흡했던 점 또한 부인할 수 없다. 진보 교계는 '가나안 교인' 증가 추이 면에서 보수와 다르지 않은데다, 은혜, 영성을 간과한, 이념, 이성에의 치중은 신앙적 소통을 도외시하게 만드는 함정이 된다. 이는 1970년대 이후 보수를 아우르는 개신교 전체 공동체에서의 소통 부재도 해당한다. 이런 맥락에서 개신교 내에서의 공동체성 회복을 간과한 1990년대 이후 종교 간의 대화는 감동을 주지 못했다. 결국 영성과 공동체성의 회복은 진보 교계의 당면한 과제다. 그런데 이는 공공신학이 지향하는 바다. 공공신학이 표방하는 교회가 그 소임을 "신앙 공동체"에 국한하려는 것, 즉 "신앙의 '사사화私事化, privatization'"를 의미하는 것이 아님은 불문가지다.[59] 스택하우스M. L. Stackhouse는 "루터와 칼뱅을 비롯한 개혁 교회의 전통" 위에 선 교회는 "소명의 공동체"이며, "사회의 질서와 경제, 정치 제도들을 하느님의 뜻과 사랑과 목적에 일치하도록 변혁시킬 책무"가 부여됐다고 밝혔다.[60] 19세기 미국 근본주의 신학도 성서 무류설, 종말론 등을 사변에 그치지 않고 적극적 해외선교를 통해 동력을 확대해갔다. 공공신학은 정체된 진보 교계에 새로운 동력으로서 작용할 수 있다.

주석

1   강준만, 『김영삼 이데올로기』, 개마고원, 1995, 268~270쪽에서 재인용.
2   『대한민국 종교 차별 사례집 1945~2011』, 대한불교조계종 자성과쇄신결사추진본부 종교평화위원회, 2012, 49쪽에서 재인용.

한국 개신교와 정치

3 차성진, 「기독교인 장로 대통령 그리고 우리 경제」, 『새가정』 제433호, 1993.3, 87쪽.

4 김지방, 『정치교회』, 교양인, 2008, 238쪽.

5 강인철, 「수렴 혹은 헤게모니? ─1990년대 이후 개신교지형의 변화」, 『경제와 사회』 제62권, 2004.6, 47쪽.

6 이덕오, 「교회를 비방하는 것에 침묵만 할 수는 없었죠」, 『한국장로신문』 1292호, 2011.10.1, http://goo.gl/WSyocq 재인용.

7 최형묵, 「한국 기독교의 보수화, 힘을 향한 부적절한 동경」, 『무례한 자들의 크리스마스』, 평사리, 2007, 99쪽.

8 조갑제, 「조용기 목사 ─ 김정일의 연극에 속지말자」, 『조갑제닷컴』, 게시일자: 2000.6.1., https://goo.gl/37FHqa

9 한신대 학술원 신학연구소, 『한국 기독교인의 정치 사회의식 조사』, 한울아카데미, 2004, 174쪽. 교단별 조사치(보수 : 진보)도 주목된다. 대한예수교장로회 합동(76.9 : 23.2), 통합(62.7 : 37.3), 고신(65.9 : 34.1), 한국기독교장로회(75.4 : 24.6), 기독교대한감리회(75.1 : 24.9), 기독교한국침례회(69.8 : 30.2), 기독교대한성결교회(67.4 : 32.6), 기독교대한하나님의성회(66.2 : 33.8).

10 김지방, 『정치교회』, 교양인, 2008, 33쪽.

11 위의 책, 63쪽에서 재인용.

12 김준수, 「보수 교회, 정교 분리 참 의미 인식해야」, 『뉴스파워』, 게시일자: 2014.1.16., http://goo.gl/GvIR9d

13 김선욱, 「기독교와 현실정치」, 『어떻게 투표할 것인가』, 한국기독학생회출판부, 2012, 71~72쪽.

14 민병호 · 나기환, 『뉴라이트가 세상을 바꾼다』, 여아름미디어, 2007, 28쪽.

15 「김진홍 ─ 그 시절이 참 좋았습니다」, 『복음과상황』 특별호, 2011.6, 172쪽에서 재인용.

16 정연욱, 「뉴라이트, 침묵에서 행동으로…'자유-시장' 지킬 새그룹 뜬다」, 『동아일보』, 2004.11.8, 1면.

17 백찬홍, 「미국제 복음주의와 한국 교회」, 『무례한 자들의 크리스마스』, 평사리, 2007, 161~167쪽 참조

18 류대영, 「최근 한국사회의 종교, 정치, 권력 ─ 한국 기독교 뉴라이트의 이념과 세계관」, 『종교문화비평』 15권, 2009, 50~51쪽, 54~55쪽.

19 정웅기, 「범불교도대회의 배경과 성격」, 『불교와 국가 권력, 갈등과 상생』, 조계종출판사, 2010, 333쪽.

20 유현, 「기독교 바람 타고 청와대에 입성?」, 『뉴스앤조이』, 게시일자: 2006.1.13., http://goo.gl/46n2Hn

21 김지방, 『정치교회』, 교양인, 2008, 243~244쪽.

22 강인철, 「한국사회와 한국기독교의 과제 ─ 한국 교회의 정치 참여에 관한 종교사회학적 분석」, 한국기독교교회협의회 선교훈련원 제1회 에큐메니칼 아카데미 '한국사회와 기독교' 심포지엄에서 발제, 2008.7.17.

23 정녹용 · 박민식, 「MB정부 총리 장 · 차관 개신교 33% 불교 5%」, 『한국일보』, 2008.9.2, 1면.

24 여수령, 「고위공직자, 기독교가 불교 6배」, 『불교포커스』, 게시일자: 2011.2.8, http://goo.gl/DJlZtG

25 『대한민국 종교 차별 사례집 1945~2011』, 대한불교조계종 자성과쇄신결사추진본부 종교평화위원회, 2012, 2쪽.

26 「대통령의 기도」(『조선일보』, 2011.3.4), 「'대통령 무릎'은 대한민국의 것이다」(『중앙일보』, 2011.3.5), 「갈등과 분란만 키운 이 대통령의 '합심기도'」(『한겨레』, 2011.3.5), 「정치는 종교 이용 말고, 종교는 정치와 거리 두라」(『동아일보』, 2011.6.8) 등 서울에서 발행되는 주요 종합일간지 사설은 일치된 논조로 이명박의 공개적 '무릎 기도'를 비판했다.

27 윤태곤, 「이명박 대통령 내외, 4일 조간신문 1면 톱 '완전정복'」, 『프레시안』, 게시일자: 2011.3.4, http://goo.gl/87mIDd 재인용.

28 기독교윤리실천운동, 『2013 한국 교회의 사회적 신뢰도 여론조사』, 2014, 11쪽. 기독교윤리실천운동이 글로벌리서치에 의뢰해 서울대 사회복지학과 교수 조흥식을 책임연구원으로 해서, 2013년 12월 10~11일 만 19세 이상 남녀 1,000명을 대상으로 실시했으며, 표본오차는 95% 신뢰수준 ±3.1%

포인트였다.

29 통계청, 『2005 인구주택총조사 전수 [인구부문] 집계 결과』, 31쪽.

30 박재찬 이사야, 「[2014 주요 교단 총회 결산] (1) 교세 위축되는 개신교」, 『국민일보』, 2014.9.29, 29면 참조

31 구권효, 「[교단 총회 결산5] 교세 통계, '교인은 영양실조, 목사는 비만'」, 『뉴스앤조이』, 게시일자 : 2014.10.10, http://goo.gl/LHCUiN 참조.

32 남찬순, 「세계 50대 교회에 한국 23개」, 『동아일보』, 1993.2.8, 21면.

33 본회퍼, 손규태·정지련 역, 『저항과 복종』, 대한기독교서회, 2010, 713~714쪽.

34 한국기독교목회자협의회가 2013년 1월에 발표한 설문조사 결과, 그리스도인임을 밝히면서 교회 출석을 않는다는 답을 한 사람이 10%로 나타남. 이에 근거한 것임. 양희송, 『가나안 성도 교회밖 신앙』, 포에이마, 2014, 34쪽.

35 실천신학대학원대학교 조성돈, 정재영 교수팀이 2013년 4월, 300여 명의 가나안 성도를 설문조사한 결과. 양희송, 『가나안 성도 교회밖 신앙』, 포에이마, 2014, 35~37.

36 서정민, 「한국기독교의 현상(現狀)에 대한 역사적 검토」, 『한국기독교와 역사』 제31호, 2009.9, 272~273쪽.

37 시실리(Sicilia)는 이탈리아 시칠리아를 일컫는 것으로 19세기 이곳에서 마피아가 산적조직 형태로 활동을 시작했다.

38 신윤동욱, 「종로5가 마피아」, 『한겨레21』 363호, 2001.6.13, http://goo.gl/k5qggV

39 최형묵, 「한국 기독교의 보수화, 힘을 향한 부적절한 동경」, 『무례한 자들의 크리스마스』, 평사리, 2007, 102~103쪽.

40 성정모, 홍인식 역, 『시장 종교 욕망』, 서해문집, 2014, 123~124쪽.

41 구미정, 「강남형 여신도들의 신앙 양태에 대한 신학윤리적 성찰」, 『한국여성철학회 학술대회 발표자료집』, 2008, 92쪽. 개신교계 일각에서는 '깨끗한 부자'가 있을 수 있다는 주장이 제기돼 '부유층을 위한 복음' 논란이 불거졌는데, 이같은 청부론을 반박하는 김영봉은 "성서에서 특별히 강조하는 제3의 가난이 있다. 자신의 소유를 나누어줌으로써 스스로 가난에 이르는 것이다. 혹은 자신의 살림을 가난하게 유지하면서 나누는 데 힘쓰는 것이다. 크리스토무스(J. Chrysostomus)는 이것을 '자발적 가난(Voluntary poverty)'이라고 불렀고, 프랜시스는 '성모 가난(Lady poverty)'이라고 불렀다. 도에 넘치도록 사유재산을 모으기 위해 힘쓰지 않을 뿐 아니라, 자신의 손에 들어온 재물을 가난한 사람들과 나눔으로 가난에 이르는 것이다. 자기 수입에서 다른 사람의 몫을 떼는 것에 단족하지 않고, 나에게 필요한 것 이외의 잉여 재화를 나누는 것이다. 이것은 어쩔 수 없이 당하는 가난이 아니라 적극적으로 소망해야 하는 가난이다"라고 했다. 김영봉, 「청부론인가, 청빈론인가」, 『기독교사상』 제527호, 2002.11, 242~243쪽.

42 김진호, 『시민K, 교회를 나가다』, 현암사, 2012, 168~169쪽.

43 "뉴스앤조이가 중·대형 교회 후임 목회자 중에 미국 학위를 받았거나, 미국에 있는 한인 교회에서 일했던 목회자의 비율이 얼마나 되는지" 살펴봤다. 2000년부터 10년간 "중·대형 교회 후임 목회자 중 해외파 출신자들의 비율이 97.5%로 예상보다" 높은 것으로 나타났다. "40개 교회 중 순수한 국내파(국내에서만 공부하고 사역한 목사)를 후임으로 세운 교회는 한 곳, 전체의 2.5%에 불과했다. 해외파 중에서도 미국에서 학위를 받았거나 사역한 경우는 89%다. 미국 관련자는 35명으로 전체 후임 목회자 중 87.5%"가 되는 것으로 조사됐다. 담임목사가 후임자 선임 주도권을 행사하는 관행을 감안하면 이 조사로 한국 개신교회의 내재화된 친미 성향 확인도 가능하다. 김세진, 「한국 중·대형 교회 '미국 유학파 목회자 선호' 유난」, 『newsm.com』, 게시일자 : 2010.7.27, http://goo.gl/Vcnkhb

44 김진호, 「자본이 된 신, 신이 된 자본」, 『한겨레21』 제864호, 2011.6.8, http://goo.g./MHsTWG 재인용.

45 김진호, 『시민K, 교회를 나가다』, 현암사, 2012, 174쪽.

46 손동우, 「[손동우가 만난 사람] 제3시대그리스도교연구소 김진호 연구실장」, 『경향신문』, 2011.5.3, 28면.

47 서우석, 「중산층 대형 교회에 관한 사회학적 해석」, 『한국사회학회 1993년도 후기 사회학대회 발표문 요약집』, 1993, 184쪽 참고

48 마태오의 복음서 8:20

49 강인철, 「수렴 혹은 헤게모니? ─1990년대 이후 가신교지형의 변화」, 『경제와 사회』 제62권, 2004.6, 47쪽.

50 구권효, 「교회2.0 3년, '대형 교회'와 '스타 목사'를 넘어」, 『뉴스앤조이』, 게시일자 : 2014.10.28, http://goo.gl/LIxJPz

51 한신대 학술원 신학연구소, 『한국 기독교인의 정치 사회의식 조사』, 한울아카데미, 2004, 113쪽. "(반공 설교가) 당연하다"는 의견은 30.7%였다.

52 『시사저널』은 2011년 20개 대형 교회를 대상으로 조사해 8개 대형 교회의 본당 건물과 토지에 설정돼 있는 채권 최고액만 총 1,288억 원에 이르는 것으로 나타났다고 보도했다. 일반적으로 대출금의 130% 정도를 근저당권으로 설정하는 관례를 놓고 보면, 이 교회들의 빚 규모만 총 1,000억 원 정도일 것으로 판단된다. 안성모, 「빚내서 몸 키우는 한국 대형 교회들」, 『시사저널』 제1114호, 2011.7.12.

53 신광은, 『메가처치를 넘어서』, 포이에마, 2015, 203쪽.

54 위의 책, 211쪽.

55 박득훈, 『돈에서 해방된 교회』, 포이에마, 2014, 42쪽.

56 한완상, 『한국 교회여 낮은 곳에 서라』, 포이에마, 2009, 81쪽.

57 위의 책, 180쪽 참조

58 이덕주, 『기독교 사회주의 산책』, 홍성사, 2011, 138쪽에서 재인용.

59 문시영, 「"공공신학"의 교회, "교회윤리"의 교회」, 『한국기독교신학논총』 제88권, 2013, 213쪽.

60 위의 글, 214~215쪽.

8장

화해와 일치

한국 교회의 성숙을 위하여

기독교사史는 사실상 권력 관계사다. 모세와 이집트, 다윗과 왕사울, 예언자와 필리시테인 등 이스라엘 강점국, 예수 및 바울로 또한 '쿼바디스Quo Vadis' 상황 속 지하 교회 교인과 로마 제국의 관계사는 성서의 중추를 이룬다. 양자 사이에 저항과 박해의 과정 속에 그리스도교는 명분과 교세를 확대해 왔다. 한국의 경우도 다르지 않아, 18~19세기 조선 조정과 대면한 천주교를 비롯해, 일제와 북한 그리고 남한의 독재 정부와 마주한 개신교는 핍박과 저항, 협력 등 당대 권력과의 작용 속에서 각자의 서사 구조를 형성하며 존재 가치를 축적해 왔다. 이런 가운데 절차적 민주주의가 확립되고 시민 의식이 현저히 성장해 가는 현대 국가 구조가 형성되면서, 억압과 굴종의 관계로서의 정부와 종교의 갈등 구조는 희박해지고 있다.

이런 흐름은 정교 분리 관념의 교정을 요구한다. 기실 정교 분리는 기본적으로 허구다. 1세기 바울로는 로마 교인에게 유다인 이민자 신변 보호를 위해 로마 황제 권력의 역할이 긴요하다는 이유를 들어 정교 간 '협력'을 요구했고, 교황의 권위가 세속 국가 지도자에 우위에 서던 11세기 이후에는 정교가 '일치'했으며, 절대 권력자 교황에 맞서던 15세기 루터는 정교의 '분리'가 맞는다는 입장이었지만 칼뱅은 스스로 '권력화'했다. 정교는 어떤 식으로든 작용했다. 한국 근현대사 또한 그러했다. 정교 분리가 가장 강조된 때는, 보수 개신교회가 권력과 '협력'하며 교인의 현실 비판적 사회 참여를 차단하던 일제 강점 직전부터 해방까지와 해방 이후 이승만, 박정희, 전두환 등 권위주의 정부기였다. 민주화를 기치로 현실에 깊숙이 개입한 진보 개신교계의 경우 정교가 이익을 공유하는 구조에서 탈피하라는 것이 본래 원리라며 상반된 해석의 토대 위에서 정교 분리를 지지하고 있다. 정교 분리는 일치된 개념 정립조차 이루지 못한 채 표류해 있다. 그럼에도 그 실체는 굳건하다. 불이익을 우려해 사회적 불의를 외면하는 대다수 교회와 교인의 방관이 버팀목이 되고 있는 것이다. 이 때문에 교회 내부에서 시대 변화에 부응한 정교 간 관계 설정에 관한 고민은 시도조차 불가한 형편이다. 그러나 이제는 재론해야 할 때다.

정교 분리는 구체제의 소산이다. 과거 국가가 독점했던 권력은 1997년 외환 위기를 계기로 경제 윤리를 누락한 거대 천민 자본에게도 공유되더니 시간이 갈수록 대사회적 지배력을 강화하는 양상이다. 막대한 자본으로 사법 권력은 물론, 언론, 국회, 정부 권력을 배후에서 조종하기까지 하는 그들의 힘은 심지어 공적 검증을 받지 않고 욕망이 제어되지 않으며 세습하기까지 한다. 그렇지 않아도 이들의 세*는 소득 순위 상위 1%가 전체 부의 절반 이상을 장악하고 있고 그 분포를 갈수록 확장해 가고 있다. 반대로 국가는 공직 선거 등 공화적 시스템을 토대로 정당성을 강화하고 있다. 그런 의미에서 종교는, 실권을 장악한 자본의 욕망 지향적 입장에 맞서는 가장 유력한 공공적 견제자로서 국가와 함께 정의로운 협력과 연대의 관계를 형성해야 한다. 공공신학의 가능성은 여기에 근거를 두고 있다.

공공신학의 역사는 이 책의 맥락대로 로마서 13장부터 살펴야 한다. 해당 성서 구절은 단정적 명령 즉 "누구나 자기를 지배하는 권위에 복종해야 합니다"라고 말하고 있는 터라 정통성 없는 권력의 통치 명분으로 악용돼 왔다. 그렇다고 저작자 바울로의 본의와 저술 시기의 시대 배경을 따지면서 중의重意를 규명하는 것은 자의적 해석의 소지가 있다. 이런 가운데 아우구스티누스 시대 이후로 칼뱅까지 보완 발전된 '두 왕국론'은 국가와 교회 간 각자의 독자성을 요구하고 양자 간에는 협력 관계를 구조화하도록 명령한다. 하지만 시민의 저항권에 관한 소극적인 인식은 국가관을 사회 윤리 테제로서 승화시키는 데 한계를 됐다. 이 논의를 계승한 바르트는 제2차 세계대전 국면을 거치면서 교회가 사회와 어떤 유기성을 띠어야 하고, 개신교인이 정치 구조 속에서 어떤 실천 윤리를 가져야 할지 행동을 구체적으로 예시한다. 이 과정에서 약자 보호, 독재 저항, 개인 및 집단주의에 반대, "성, 인종, 계급 등의 모든 차별에 저항"하는 것 등이 예시됐다.[1] 이런 맥락에서 공공신학은 바르트 신학을 현대 기독교 윤리에서 계승한 것이라 하겠다. 스택하우스는 공공신학을 "공적인 논쟁들이나, 문화, 사회, 과학 기술, 경제, 정치에 관한 문제들을 다루고자 하는 신학의 한 종류"[2]라고 정의했고, 후버W. Huber는 "공동체적 삶에 대한 질문과 이의 제도적 형성화를 신학과의 관계 속에서 해석하고, 기독교 신앙이 우리의 생활 세계를 책임적 형상으로 만들어가기 위해 기여할 수 있는 점이 무엇인가 추구하는 신학적 의도"[3]라고 설명했다.

공공신학은 결국 단선적인 정교 분리론을 극복하고, 국가와 종교가 동일한 가치를 지향하며 공공의 이익을 구현할 때 협력할 수 있고, 그 반대의 상황일 때 대립할 수 있다고 말한다. 사실 공공은 과거, 영리성의 미비로 민간이 외면하던 영역 중 사회 공동체 운영에 긴요한 분야에 공적 재원을 투여해 국가나 지방 자치 단체, 공공 기관, 공기업 등이 임무를 전담, 수행하는 것으로 이해돼 왔다. 하지만 서구에서는 19세기 말부터 국가와 시민 사회의 구분이 무의미해졌고,[4] 한국은 민주화 이후 비로소 공동체 복리를 위한 활등으로서 시민의 자발적 참여도 포괄되는 의미로 확대됐다. 공공신학은 따라서 국가 권력과의 협력을 주문하는 성서의 가르침과, 지나친 정치 개입을 금하되 적극적 사회적 역할을 주문하는 현대 신학적 기조를 이행하는 기독교 윤리의 전범으로서 유의미하다 하겠다.

'루터와 칼뱅, 바르트의 나라' 독일은 공공신학의 실험이 활발하다. 독일개신교협의회Evangelische Kirche in Deutschland는 국민적 관심이 집중된 현안에 대해 교회의 입장을 "백서Denkschrift"로 작성해 시민 사회 단체와 정당, 의회에 발표한다. 이 백서는 목사, 신학자, 윤리학자, 인문 사회 과학자와 전문가, 정치인, 공무원으로 구성된 연구 위원회가 현상 분석, 윤리적 판단, 신학적 해석, 해법 및 대안을 회의와 결의를 거쳐 채택한 뒤 공표된다. 이 백서는 곧 독일 사회의 공론의 장에 회부된다. 그리고 "시민 단체와 사회 단체, 정치 단체(가) 의회에서 백서에 대한 입장을 표명해 현안 문제에 대한 교회의 의견을 수렴하는 절차"를 거치게 된다.[5] 기독교민주당, 기독교사회당 등 교회에서 발원된 정치 세력이 의회 다수의석을 이루는 구조 속에서 개신교 백서는 권위를 획득하고 정책 및 입법화로써 채택된다. 물론 이같은 교회의 사회적 입장 표명은 한국에서도 NCCK의 현안 발제와 논평을 통해 구현되고 있다. 그러나 다종교 공존 사회로서의 구조적 한계와, NCCK가 다수 개신교회를 대표하지 못하는 위상의 제약으로 인해 공론의 장에서 권위를 얻지 못하고 있다. 따라서 독일 교회의 공공신학적 역할과 기능을 한국 현실에서 획일적으로 적용되는 것은 불가능해 보인다. 이같은 교회의 역량을 감안해 한국적 공공신학은 전혀 다른 맥락에서 실현돼야 한다. 교회의 대사회적 공신력 회복과, 분단과 양극화를 딛는 사회 공동체의 실현이라는 목표 의식이 전제돼야 함은 물론이다.

당면한 한국적 공공신학의 목표는 복지입국이다. 대대로 열강에 의해 패권의 장이 돼 왔던 이 땅은 토착민에 의해 이념, 체제 등이 주체적으로 결정된 바 없다. 이것이 힘 본위의 질서를 정당화했고, 전통을 부정케 했으며, 획일성에 경도되게 했다. 한마디로 자긍심을 잊게 했다. 이에 따라 패배 의식과 분열주의가 내적 체화되고, 한 개의 민족이 두 개의 나라로 갈리고, 그 한 개의 나라에서조차 이념, 지역으로 나뉘더니 이제는 빈부로 쪼개져 갈수록 양극화되고 있다. 국민의 권리이자 국가의 의무인 공공의 복리는 사치 또는 도덕적 해이로 매도되고 있다. 이런 가운데 한국의 복지 지표는 2014년 기준으로 OECD 중 최악에 속한다. 자살, 이혼, 노인 빈곤, 출산 기피 등의 세계 상위 지표는 개선될 기미가 보이지 않는다. 그 기저에는 정부·민간 분야 사회 복지 지출 규모 세계 최저 수준이 있다. 살길이 보이지 않아 스스로 목숨을 끊는 와중에 공과금 대납을 요청하던

2014년 '송파구 세 모녀' 사건은 (사치와 도덕적 해이와 무관한) 이 나라 밑바닥 즉 사회 빈곤층의 고단한 현실 및 공공의 부재를 여실히 보여줬다. 이런 가운데 자본은, 경제력이 취약한 개인에게 생명을 포기하게 하거나 지속적인 고통을 내재케 할 만큼 총체적 권력으로서 군림한다. 도덕적 해이 방지를 위해 공적 예산의 경우 명료한 근거와 목적으로 집행해야 한다는 원칙적 반론도 있지만 이들의 방패막이 돼야 할 국가 복지 체계는 예산 집행 구조에서부터 다층적이며 관료적이라는 비판에 직면하고 있다. 치안 및 금융 시스템에 노출된 채무자의 절박함과 채권자의 포악함은 그 채무 및 이자액 증가 추이와 함께 동반 상승하고 있다. 이 흐름은 빈곤 및 고령화의 추세와 결합되면서 더욱 심화될 조짐이다. 전통적 인식 속에 개인 구원과 사회 구원은 분화된 가치지만, 이 채무자에게 빚으로부터의 해방은 개인 구원이면서 사회 구원이다. 차정식의 분류와 견해대로 "구약의 율법은 나그네, 과부와 고아, 빚에 짓눌리는 가난한 동족들의 인권을 배려하는 약자 보호법을 여러 군데서 명기한다.(출 22 : 21~22, 23 : 9; 신 10 : 18~19, 16 : 14, 24 : 10~22) 물론 여기에도 소외된 생명의 복지를 배려하는 하나님의 뜻이 반영돼 있다. 하느님은 친히 고아와 과부의 보호자로 자처하면서 그들을 향한 억압과 횡포를 불의와 범죄"로 규정했다. 교회의 자산 축적 용도가 아닌, 사회적 약자를 위한 복지 재원으로서 십일조를 뒀다. 신은 이렇게 피조물들의 조화로운 삶을 도모했다.[6] 교회는 이 지점에 주목해야 한다.

이를 위해서는 '한국 교회 화해와 일치'가 전제돼야 한다. 신학 및 대사회 노선으로서 보수 진보 간 개신교회의 대결 구도는 절차적 민주화 이후로 약화되고, 교회당 및 교인 수 등 규모에 기준한 대형 교회 대 중소형 교회의 대립 구도를 낳았다. NCCK, 한기총 외에 2012년 한국교회연합이 창립되면서 연합 기관을 표방하는 개신교 단체는 삼분됐지만, 교파 이기주의와 소수 지도자에 의한 교회 정치가 배제되지 못한 탓에 어느 단체도 전체 한국 개신교회를 구심하지 못하고 있다. 대표성의 부재는 대형 교회의 도덕성 시비가 발생할 때마다 한국 교회 전체로 귀책 되는 폐단까지 낳고 있다. 이같은 위태로운 토대 위에서 개신교의 사회적 공신력은 갈수록 하향화되고 있다. 결국 이 국면은 보수와 진보, 대형 교회와 중소형 교회가 복지 사회 실현을 위한 협력 네트워크 즉 '선한 연대'라는 선택지를 제시하고 있다. 중소형 교회 즉 골목 단위로 점조직화돼 있는 지역 교회 Local Church는 과거로부터 공공적 돈치 네트워크를 능가하는 정보력과 신뢰성을 구축하고 있다. 이같은 장점을 살려 빈곤에 시달리는 이웃의 현실을 가장 가까운 거리에서 파악하고 즉각적이며 실효적으로 해결해주는 주체로서 기능하도록 한다. 재정 상황이 교회별로 편차가 큰 만큼 대형 교회는 이를 뒷받침할 수 있는 복지 펀드를 조성해 기여한다. 과감한 자산 매각과 구조 개편은 교회 이기주의를 버리면 실현 가능할 의지의 문제다. 규모의 성장에 부합하는 내용적 성숙이 한국 개신교 신뢰 회복의 기틀이 됨은 두 말할 나위가 없다. 신뢰 회복은 또한, 시국 인식으로 이격된 보수와 진보 교회 간에도 필요하다. 이 역시 답이 없지 않다. 보수 교계는 북한, 진보 교계는 남한 현실에 초점을 맞추고, 주민 및 국민의 기본권 신장과 삶의 질 개선 그리고 영적 회복을 위해 적극적으로 활동하는 것이다. 전래 초기 교단별 전담 지역을 설정해 전도에 나서는 네비우스 협정에서 예시됐듯, 상호 영역에 간섭하지 않되, 양자 간 협의를 통해 한반도 선교의 방향을 일관되고 균형 있게 정립해 나가는 것이다. 동서 냉전 시대에도 유럽은 기독교 문명과 사회주의 문명이 평화롭게 공존했다. 특히 독일의 경우 "서독의 그리스도인이 동독의 그리스도인에게 경제적으로 많은 지원을 아끼지 않았고, 동독의 그리스도인은 서독 그리스도인에게 신학적으로 많은 영감을 줬다"고 한다.[7] 이로써 동서독 통일에 끼친 교회의 영향이 상당하다.

수사적·방어적·타계적 정교 분리를 극복해야 한다. 예시한 독일 교회는 언제나 실질적으로, 도전적으로, 세속적으로 복음을 실현했다. 그래서 일궈내야 할 난제로 가득한 한반도 그리스도교의 전범이 된다. 이기주의, 울타리와 외벽을 허물고 온 사회를 교회당화하는 열린 신앙이 절실하다. 이것이 실추된 한국 교회에 대한 신뢰를 회복케 하고, 답보된 기독교적 사회 정의를 편만하게 만들 동력이 될 것이다. 그러한 공공신학적 노력이 펼쳐지는 현장에 하느님 나라가 현시될 것이다. 그것이 바로 공동체다.

한국 개신교와 정치

주석

1 K. Barth, *Christengemeinde und Bürgergemeinde*, Schriftenmission des Volksmissionarischen Amtes der Evang. Kirche von Westfalen, 1946, pp.49~51. 그리고 김명용, 「바르트(Karl Barth) 신학에 있어서의 교회와 국가」, 『장신논단』 제35집, 2009.10, 90쪽 참조.

2 임성빈, 「맥스 스택하우스의 신학윤리사상과 한국 교회에 주는 의미」, 『공공신학이란 무엇인가』, 북코리아, 2007, 57쪽; 최경석, 「공공신학으로 한국시민운동 읽기」, 『기독교사회윤리』 제24집, 2012 겨울, 275쪽에서 재인용.

3 김형민, 「공공신학의 과제로서의 인권」, 『공공신학이란 무엇인가』, 북코리아, 2007, 127쪽; 최경석, 「공공신학으로 한국시민운동 읽기」, 『기독교사회윤리』 제24집, 2012 겨울, 275쪽에서 재인용.

4 강원돈, 「교회의 공공성 위임에 관하여」, 『신학연구』 제65호, 2014.1, 139쪽.

5 강원돈, 「교회의 공공성 위임과 교역」, 『한국기독교장로회보』 제514호, 2010.5, 29쪽.

6 차정식, 「성서의 복지사상과 그 현대적 적용」, 『기독교사상』 제648호, 2012.12. 33쪽.

7 손규태, 『하나님 나라와 공공성』, 대한기독교서회, 2010, 181쪽.

참고문헌

국내 논문, 단행본, 학술지

강경애, 「1970년대, 유신체제하의 한국천주교회와 국가」, 『교육연구』 제38집, 2004.

강돈구, 「한국 기독교는 민족주의적이었나」, 『역사비평』, 1994 겨울.

강동진, 『일제의 한국침략정책사』, 한길사, 1980.

강원돈, 「교회의 공공성 위임과 교역」, 『한국기독교장로회보』 제514호, 2010.5.

_____, 「교회의 공공성 위임에 관하여」, 『신학연구』 제65집, 2014.12.

강원룡, 『빈들에서 : 나의 삶, 한국 현대사의 소용돌이 2 - 혁명, 그 모순의 회오리』, 대화출판사, 1993.

_____, 『역사의 언덕에서』 2, 한길사, 2003.

강인철·박명수, 「대한민국 초대 정부의 기독교적 성격」, 『한국기독교와 역사』 제30호, 2009.3.

강인철, 『한국 개신교교회의 정치사회적 성격에 관한 연구-1945-1960』, 서울대 박사논문, 1994.

_____, 「수렴 혹은 헤게모니? - 1990년대 이후 개신교 지형의 변화」, 『경제와 사회』 제62권, 2004.6.

_____, 「해방 이후 4·19까지의 한국 교회와 과거 청산 문제」, 『한국기독교와 역사』 제24호, 2006.3.

_____, 『한국 천주교의 역사사회학-1930-1940년대의 한국 천주교회』, 한신대 출판부, 2006.

_____, 『한국의 개신교와 반공주의』, 중심, 2007.

_____, 『종교권력과 한국 천주교회』, 한신대 출판부, 2008.

강준만, 『김영삼 이데올로기』, 개마고원, 1995.

강휘원, 「16세기 영국의 종교 갈등과 로마서 13장 1-7 - 엘리자베스 1세 시대의 가톨릭을 중심으로」, 『신학사상』 제141집, 2008 여름.

고정휴, 「독립운동기 이승만 외교노선과 제국주의」, 『역사비평』 제31호, 1995 겨울.

곽안련(郭安連, Charles. Allen Clark), 『장로교회사전휘집』, 조선야소교서회, 1932.

_____, 심재원 역, 『한국교회사』, 대한기독교서회, 1961.

구교형, 『뜻으로 본 통일 한국』, IVP, 2014.

구미정, 「강남형 여신도들의 신앙 양태에 대한 신학윤리적 성찰」, 『한국여성철학회』 학술대회 발표 자료집』, 2008.

권태억 외, 『한국 근대사회와 문화』 1, 서울대 출판부, 2003.

권혁태, 「일본의 헌법 개정과 한일관계의 비대칭성」, 『창작과비평』 제129호, 2005 가을.

극동방송40년사편찬위원회, 『극동방송40년사』, 1996.

김경재, 『김재준 평전』, 삼인, 2000.

_____, 『아레오바고 법정에서 들려오는 저 소리』, 삼인, 2005.

김구, 『백범일지』, 필맥, 2008.

김남식, 『백은 최재화 목사의 생애』, 성광문화사, 1981.

김당택, 『우리 한국사(정치사중심의 새로운 한국통사)』, 푸른역사, 2006.

김득수, 「공자의 여성관」, 『여성연구논총』 제12집, 2013.2.

김명배, 「해방 후 한국개신교 사회 참여에 나타난 교회와 국가의 관계」, 『기독교철학』 제7권, 2008.

김명용, 「바르트(Karl Barth) 신학에 있어서의 교회와 국가」, 『장신논단』 제35집, 2009.10.

김명혁, 「민중신학의 신관과 그 사회경제사적 특성」, 『신학정론』 제2권 2호, 1984.11.

김범준, 「해방공간 미군정의 불교정책 연구」, 『선문화연구』 제3권, 2007.

김병희, 『한경직 목사』, 규장문화사, 1982.

김삼웅, 『독부 이승만 평전』, 책보세, 2012.

김상태, 「평안도 기독교 세력과 친미 엘리트의 형성」, 『역사비평』 제45호, 1998 겨울.

김선영, 「그리스도는 세상왕국과 무관하다?─루터의 두 왕국론 재고」, 『한국교회사학회지』 제40권, 2015.

김선욱, 「기독교와 현실정치」, 『어떻게 투표할 것인가』, 한국기독학생회출판부, 2012.

김성진, 「칼뱅과 유럽 질서의 변화」, 『현상과인식』 제108호, 2009.9.

김수자, 『이승만의 집권 초기 권력기반 연구』, 경인문화사, 2004.

김승태·박혜진 편, 『내한 선교사 총람, 1884-1984』, 한국기독교역사연구소, 1994.

김승태·양현혜, 「한말 일제침략기 일제와 선교사의 관계에 대한 연구(1894~1910)」, 『한국기독교와 역사』 제6호, 1997.2.

김승태, 『일제 강점기 종교 정책사 자료집─기독교편 1910-1945』, 한국기독교역사연구소, 1996.

김양선, 『한국기독교사』(하), 교문사, 1978.

_____, 『한국기독교해방십년사』, 1956.

김영봉, 「청부론인가, 청빈론인가」, 『기독교사상』 제527호, 2002.11.

김용덕, 『신한국사의 탐구』, 범우사, 1992.

김용복, 「해방 후 교회와 국가」, 『국가 권력과 기독교』, 민중사, 1982.

김용옥, 「로마서 13장이 뜻하는 것」, 『새가정』 제233호, 1975.1.

_____, 『요한복음 강해』, 통나무, 2014.

김의환, 「개인 변화 다음에 사회 개조를」, 『신학사상』 제10집, 1975.

_____, 「교회와 국가」, 『신학지남』 제166호, 1974 가을.

_____, 「기독교와 현실참여」, 『신학지남』 제161호, 1973 여름.

김장환, 『섬기며 사는 기쁨』, 생각의나무, 2002.

김지방, 『정치교회』, 교양인, 2008.

김진호, 『시민K, 교회를 나가다』, 현암사, 2012.

_____, 「정교 분리 신학에는 복음이 없다─「로마서 13장 1절, '권세에 복종하라'의 역사적 자리 찾기」, 『맘울림─깊고 넓고 맑은 삶을 위하여 바로가기』 제31호, 2012.3.

_____, 「한국 개신교, 자리잡기와 자리 찾기」, 『한국종교를 컨설팅하다』, 모시는사람들, 2010.

김철수, 「'조선신궁' 설립을 둘러싼 논쟁의 검토」, 『순천향 인문과학논총』 제27권, 2010.

김칠성, 「한국개신교 선교 역사의 시작은 언제인가?」, 『한국교회사학회지』 제38권, 2014.

김태복, 『나의 목회 나의 삶』, 생명의말씀사, 1993.

김태우, 『폭격』, 창비, 2013.

김평선, 「서북청년단의 폭력 동기 분석─제주 4·3 사건을 중심으로」, 『4·3과 역사』 제9,10호, 2010.12.

김현수, 「구한말 미 선교사 활동의 정치적 의미」, 『동양학』 제31권, 2001.

김형민, 「공공신학의 과제로서의 인권」, 『공공신학이란 무엇인가』, 북코리아, 2007.

김형수, 『문익환 평전』, 실천문학사, 2004.

김흥수, 『한국전쟁과 기복신앙 확산 연구』, 한국기독교역사연구소, 1999.

_____, 『해방 후 북한교회사』, 다산글방, 1992.

노대준, 『1907년 개신교 대부흥 운동의 역사적 성격』, 고려대 석사논문, 1987.

노치준·강인철, 「해방 후 한국사회 변동과 종교」, 『광복 50주년 기념 논문집』, 광복50주년기념사업 위원회, 1995.

_____, 「해방 후 한국종교의 특성과 변화」, 『한국현대사와 사회변동』, 문학과지성사, 1997.

노평구, 『김교신 전집 별권 - 김교신을 말한다』, 부키, 2001.

류대영, 「1980년대 이후 보수 교회 사회 참여의 신학적 기반」, 『한국기독교와 역사』 제18호, 2003.2.

_____, 「2천년대 한국 개신교 보수주의자들의 친미 반공주의 이해」, 『경제와 사회』, 2004 여름.

_____, 「김일성과 기독교, 기독교인」, 『한국 근현대사와 기독교』, 푸른역사, 2009.

_____, 「최근 한국사회의 종교, 정치, 권력 - 한국 기독교 뉴라이트의 이념과 세계관」, 『종교문화비평』 15권, 2009.

류대영·연규홍, 「베트남 전쟁에 대한 한국 개신교의 태도」, 『한국기독교와 역사』 제21호, 2004.9.

목창균, 『현대신학논쟁』, 두란노, 2006.

문시영, 「"공공신학"의 교회, "교회윤리"의 교회」, 『한국기독교신학논총』 제88권, 2013.

미야타 미쓰오, 양현혜 역, 『국가와 종교』, 삼인, 2008.

민경배, 『순교자 주기철 목사』, 대한기독교출판사, 1985.

_____, 『한국기독교사회운동사』, 대한기독교출판사, 1988.

_____, 『한국기독교회사』, 대한기독교출판사, 1982.

_____, 『한국기독교회사』, 연세대 출판부, 2006.

_____, 『한국기독교회사』, 연세대 출판부, 2007.

민병호·나기환, 『뉴라이트가 세상을 바꾼다』, 예야름미디어, 2007.

바르트, 조남홍 역, 『로마서 강해』, 한돌, 2004.

박광서, 「종교권력을 우려한다」, 『현대 사회에서 종교권력, 무엇이 문제인가』, 동연, 2008.

박광재, 「교회의 예언자적 기능」, 『기독교사상』 제323호, 1985.5.

박득훈, 『돈에서 해방된 교회』, 포이에마, 2014.

박명수, 「민경배 교수의 한국교회사학에 나타난 '민족' 이해」, 『교회사학』 제4권 1호, 2005.

_____, 「해방 후 한국 정치의 변화와 다종교사회 속의 기독교」, 『한국교회사학회지』 제29집, 2011.

박봉배, 「사회적 정치적 참여는 인간 구원의 행위」, 『신학사상』 제10집, 1975.

_____, 「한국 기독교의 토착화」, 『기독교사상』 제152호, 1971.1.

박완, 『실록 한국기독교백년 (9) 복음의 메아리』, 성서교재간행사, 1984.

박용규, 「평양대부흥운동, 그 성격과 평가」, 『한국기독교역사연구소소식』 제49호, 2001.7.

_____, 「평양대부흥운동의 성격과 의의」, 『한국기독교신학논총』 제46권, 2006.

_____, 『평양대부흥운동』, 생명의말씀사, 2000.

박은배, 『하나님의 호흡』, 새로운사람들, 2009.

박은식, 『한국통사 3편』, 1946, 삼호각.

박정신·박규환, 「박정희 시대 한국 개신교의 자취」, 『현상과인식』 제116호, 2012.5.

박정신, 「교회사학자, 김양선은 어디 있는가」, 『한국기독교역사연구소소식』 제31호, 1998.4.

한국 개신교와 정치

_____, 「구한말 일제 초기의 기독교 신학과 정치 – 진보적 사회운동과 민족주의 운동을 중심으로」, 『현상과인식』 제57호, 1993.5.

_____, 「백낙준과 김양선의 한국 기독교사 인식 이른바 '선교사관'과 '수용사관'의 꼴과 결」, 『한국개혁신학』 제10권, 2001.

박정호, 「사회 문화적 진화와 진보 – 켄 윌버의 관점에서」, 『철학논총』 제59집, 2010.1.

박지동, 『한국언론실증사』 1, 아침, 2007.

박충구, 『기독교윤리사』 I, 대한기독교서회, 2007.

_____, 『한국사회와 기독교윤리』, 성서연구사, 2010.

박형룡, 『신학난제선평』 18권, 한국기독교교육연구권, 1978.

박홍순, 「유엔을 통해서 본 해방정국」, 『현대사광장』 제4호, 2014.12.23.

배덕만, 「복음주의를 말한다」, 『피어선신학논단』 제1권 1호, 2012.8.

백낙준, 『한국개신교사』, 연세대 출판부, 1973.

백도근, 「조선유학자들의 타 종교관 연구」, 『철학논총』 제78집, 2014.10.

백용기, 「해방과 한국의 정치적 개신교」, 『신학논단』 제69집, 2012.9.

백종국, 「그리스도인의 정치 참여, 어떻게 할 것인가」, 『어떻게 투표할 것인가』, 한국기독학생회출판부, 2012.

백중현, 『대통령과 종교』, 인물과사상사, 2014.

백찬홍, 「미국제 복음주의와 한국 교회」, 『무례한 자들의 크리스마스』, 평사리, 2007.

뱁코크(W. S.) 편, 문시영 역, 『아우구스티누스의 윤리학』, 서광사, 1998.

베네딕트 데 스피노자, 김호경 역, 『신학-정치론』, 책세상, 2002.

변기영, 「한국천주교회 창립 연도에 관한 제 학설 개관」, 『이달의 천진암』 제11호, 1994.5.5.

변상욱, 「정치판에 몰리는 지도자들, 그 실상과 허상」, 『기독교사상』 제541호, 2004.1.

변선환, 「이용도와 마이스터 에크하르트」, 『신학과세계』 vol.4, 1978.

본회퍼, 손규태·정지련 역, 『저항과 복종』, 대한기득교서회, 2010.

봉두완, 「너희와 모든 이를 위하여」, 『시대정신』 제43호, 2009 여름.

서광선, 「'88선언'은 철저한 교회의 회개운동」, 『교회와세계』, 2009 봄.

서우석, 「중산층 대형 교회에 관한 사회학적 해석」, 『한국사회학회 1993년도 후기 사회학대회 발표문 요약집』, 1993.

서정민, 「백낙준 교회사 연구의 목표와 특징」, 『한국기독교역사연구소소식』 제59호, 2003.5.

_____, 「한국기독교의 현상(現狀)에 대한 역사적 검토」, 『한국기독교와 역사』 제31호, 2009.9.

성정모, 홍인식 역, 『시장 종교 욕망』, 서해문집, 2014.

손규태, 「바르멘 선언의 현대적 의의」, 『기독교사상』 제366호, 1989.6.

_____, 『하나님 나라와 공공성』, 대한기독교서회, 2010.

손태규, 「기독교 역사에서 본 종교의 권력화」, 『현대 사회에서 종교권력, 무엇이 문제인가』, 동연, 2008.

신광은, 『메가처치를 넘어서』, 포이에마, 2015.

심일섭, 『평신도 신학과 한국 교회의 미래』, 한글, 1997.

_____, 『한국 민족운동과 기독교수용사고』, 아세아문화사, 1982.

안경환, 『조영래 평전』, 강, 2006.

안병무, 『민중과 성서』, 한길사, 1993.

안종철, 「미군정 참여 미국선교사 관련 인사들의 활동과 대한민국 정부수립」, 『한국기독교와 역사』 제30호, 2009.3.

_____, 『미국 북장로교 선교사들의 활동과 한미관계, 1931~1948』, 서울대 박사논문, 2008.

양낙흥, 『한국장로교회사』, 생명의말씀사, 2008.

양현혜, 『한경직의 신앙적 특징과 그 내적 구조, 한경직 목사의 신앙유산』, 숭실대 출판부, 2007.

양희송, 『가나안 성도 교회밖 신앙』, 포이에마, 2014.

언더우드, 릴리어스 호튼(Underwood, Lillias Horton), 이만열 역, 『언더우드』, 한국기독학생회출판부, 2015.

엄요섭, 『교회와 사회』, 종로서적출판주식회사, 1986.

역사학연구소, 『바로 보는 우리 역사』, 서해문집, 2004.

_____, 『함께 보는 한국근현대사』, 서해문집, 2004.

연규홍, 「[토박이 신앙열전 4] 하나의 씨알, 앞선 이」, 『새가정』 448호, 1994.7.8.

_____, 「해방 정국과 기독교 건국운동」, 『한국교회사학회』 제14집, 2004.

오흥철, 「백낙준의 역사서술」, 『한국기독교역사연구소소식』 제51호, 2001.11.

유영익, 「우남 이승만의 기독교 건국 리더십」, 『신앙과정치』 제1호, 2009.3.

_____, 『이승만 대통령 재평가』, 연세대 출판부, 2006.

윤선자, 「유신체제하 범국민 민주화운동 선언문」, 『한국근현대사연구』 제22집, 2002.9.

윤영해, 「한국 기독교와 불교의 성공과 실패」, 『불교문화연구』 제7집, 2006.

윤치호, 박정신 역, 『윤치호 일기』, 연세대 출판부, 2003.

이강수, 『반민특위 연구』, 나남출판, 2003.

이경구, 「콘스탄티누스 기진장의 적용 사례」, 『호서사학』 제49집, 2008.4.

이덕주, 「이승만의 기독교 신앙과 국가건설론」, 『한국기독교와 역사』 제30호, 2009.3.

_____, 『기독교 사회주의 산책』, 홍성사, 2011.

이만열, 「'로스역 성경' 간행과 한국 초대교회」, 『'로스역 성경' 간행과 한국 초대교회』(존 로스 선교사 한글성경 출간 130주년 기념강연집), 2012.5.

_____, 「한경직 목사의 한국교회사에서의 위치」, 『한경직 목사 1주기 추모 자료집』, 2002.

_____, 「한국기독교역사연구소가 할 일」, 『한국기독교역사연구소소식』 제2호, 1990.12.

_____, 「한말 기독교인의 민족 의식 형성과정」, 『한국사론』 제1권, 1973.1.

_____, 「한 시골뜨기가 눈떠가는 이야기」, 두레마을, 1996.

_____, 『한국 기독교와 민족 의식』, 지식산업사, 1991.

_____, 『한국기독교와 민족통일운동』, 한국기독교역사연구소, 2001.

이삼열, 「오늘의 시점에서 한반도의 평화와 통일을 위해서 교회는 무엇을 해야 하는가」, 『교회와세계』, 2009 봄.

이상훈, 「구한말 美 개신교 선교사들의 對韓 인식」, 『정신문화연구』 제27권 2호, 2004 여름.

이성민・강명구, 「기독교방송의 초기 성격에 관한 연구－1954-1960」, 『한국방송학보』 제21-6호, 2007.11.

이성민, 『기독교방송 설립과정과 초기 성격에 관한 연구 1948-1960』, 서울대 석사논문, 2007.

이승만, 『독립정신』, 동서문화사, 2010.

_____, 『한국 교회 핍박』, 청미디어, 2008.

이유나, 「88선언 전후시기 한국기독교교회협의회(NCCK)의 통일운동과 제 세력의 통일운동 전개」,

『한국기독교와 역사』 제32호, 2010.3.

_____, 「문익환의 기독교 신앙과 사회 참여」, 『한국기독교와 역사』 제40호, 2014.3.

이인재, 「한국기독교회의 역사를 보는 눈」, 『한국신학』 제40호, 2008 가을, 2008.

이장식, 『교회의 본질과 교회개혁』, 대한기독교출판사, 1991.

이재헌, 『이승만 정권의 종교 정책과 불교정화』, 『불교와 국가 권력 갈등과 상생』, 조계종출판사, 2010.

이찬수, 『한국 그리스도교 비평 - 그리스도교, 한국적이기 위하여』, 이화여대 출판부, 2009.

이혁배, 「진보적 기독교의 사회 참여에 대한 비판적 성찰」, 『신학사상』 제150집, 2010 가을.

이형기, 『21세기를 향한 새로운 신학적 패러다임의 모색』, 장로회신학대 출판부, 1997.

임성빈, 「맥스 스택하우스의 신학윤리사상과 한국 교회에 주는 의미」, 『공공신학이란 무엇인가』, 북코리아, 2007.

임희국, 「제1공화국시대(1948-1960) 장로교회의 정치 참여, 이와 관련된 한경직 목사의 설교」, 『장신논단』 Vol.44 No.2, 2012.

장경철, 「조나단 에드워즈의 종교와 사회적 비전」, 『조직신학논총』 제5집, 2000.

장공 김재준 목사 기념사업회 편, 『김재준 전집』 제14권, 한신대 출판부, 1992.

장규식, 「1920년대 개조론의 확산과 기독교사회주의의 수용 정착」, 『역사문제연구』 제21호, 2009.4.

_____, 「군사 정권기 한국 교회와 국가 권력」, 『한국기독교와 역사』 제24호, 2006.3.

장석만, 「종교와 그 개념적 타자」, 『불교와 국가 권력, 갈등과 상생』, 조계종출판사, 2010.

장숙경, 「산업 선교의 도입과 변화과정 1957~1972」, 『성대사림』 Vol. 34, 2009.

전명수, 「1960-70년대 한국 개신교 민주화운동의 특성과 한계 - 종교사회학적 접근」, 『한국학연구』 제23호, 2010.12.

전인권·정선태·이승원, 『대한민국 기원의 시공간 - 1898, 문명의 전환』, 이학사, 2011.

전인수, 「김교신의 '조선산 기독교' - 그 의미, 구조와 특징」, 『한국기독교와 역사』 제33호, 2010.9.

전재호, 「동원된 민족주의와 전통문화정책」, 『박정희를 넘어서』, 푸른숲, 1997.

전종익, 「정조시대 천주교 전래와 평등」, 『법사학연구』 제40호, 2009.10.

전준봉, 「칼뱅의 이중정부론에 비추어 본 한국 교회의 정교 분리사상」, 『개혁논총』 제20권, 2011.

전택부, 『인간 신흥우』, 대한기독교서회, 1971.

정교, 『대한계년사』(하), 국사편찬위원회, 1957.

정병준, 「이승만의 정치고문들」, 『역사비평』 제43호, 1998 여름.

_____, 「해방 이전 교회 국가 관계의 구조적 변화 연구」, 『선교와신학』 제23집, 2009.2.

_____, 『우남 이승만 연구 - 한국 근대국가의 형성과 우파의 길』, 역사비평사, 2005.

정웅기, 「범불교도대회의 배경과 성격」, 『불교와 국가 권력, 갈등과 상생』, 조계종출판사, 2010.

정진경, 『정진경 논설집』, 기독교리더십연구원, 2006.

정철희, 「한국 민주화 운동의 사회적 기원 - 미시동원 맥락과 프레임의 형성」, 『한국사회학』 제29집, 1995 가을.

정태식, 「공적 종교로서의 미국 개신교 근본주의의 정치적 역할과 한계」, 『현상과인식』 제107호, 2009.5.

정해은, 「[왜?] 조선 후기 여성들은 왜 천주교에 끌렸는가?」, 『내일을 여는 역사』 제12호, 2003.6.

조병해, 『황소걸음 77 방송 35』, 소이연, 2008.

조용기, 「순복음교회 성장사」, 『월간 현대목회』, 1982.5.

조용훈, 「칼뱅의 정치사상과 그 사회윤리적 함의에 대한 연구」, 『장신논단』 제38집, 2010.9.

조이제, 「한국 엡윗청년회의 창립 경위와 초기 활동」, 『한국기독교와 역사』 제8호, 1998.3.

조중빈, 「한국정치연구와 문화교차학적 접근」, 『한국정치학회보』 제37호, 2003.5.

조형・박명선, 「북한출신 월남인의 정착과정을 통해서 본 남북한 사회구조의 비교」, 『분단시대와 한국사회』, 까치, 1985.

존 칼빈(Joannis Calvini), 고영민 역, 『라틴어원본 번역판 기독교강요(Institutio Christianae religionis)』, 기독교문사, 2006.

주재용, 「이용도의 신비주의의 시대적 배경」, 『기독교사상』 제325호, 1985.7.

_____, 「한국 교회 100년과 그 과제」, 『기독교사상』 제272호, 1981.2.

지유철, 「한국 교회, 희망과 절망을 보다」, 『기독교사상』 제545호, 2004.5.

진월, 『현대사회에서 종교권력 무엇이 문제인가』, 동연, 2008.

차성진, 「기독교인 장로 대통령 그리고 우리 경제」, 『새가정』 제433호, 1993.3.

차정식, 「성서의 복지사상과 그 현대적 적용」, 『기독교사상』 제648호, 2012.12.

_____, 『거꾸로 읽는 신약성서』, 포이에마, 2015.

최경석, 「공공신학으로 한국 시민운동 읽기」, 『기독교사회윤리』 제24집, 2012 겨울.

_____, 「바르멘 신학선언에 대한 사회윤리학적 해석」, 『성암사상연구』 제8집, 20 1.

최대광, 「기독교 근본주의의 정의와 미국과 한국의 기독교 근본주의」, 『기독교사상』 제620호, 2010.8.

최덕성, 「신앙 고백 교회사관－개혁주의 교회사관을 모색하며」, 『한국개혁신학』 제15호, 2004.

최문환・강신명・이창로・문익환・신애균・전호윤・윤성범・김춘배・김관석・손명걸・조요한・박상증 등, 「한국정변과 교회의 반성」, 『기독교사상』 제33호, 1960.5.

최석우, 「박해 시대 천주교 신자들의 국가관과 서양관」, 『교회사연구』 제13집, 1998.7.

최종고, 『영락교회의 부흥』, 한국문학사, 1974.

_____, 『제1공화국과 한국개신교회』, 연세대 국학연구원, 1985.

최형묵, 「민중신학과 맑스주의」, 『지구화시대 맑스의 현재성』 1, 2003.

_____, 「유신체제, 군사 정권하의 한국 교회」, 『기독교사상』 제567호, 2006.3.

_____, 「한국 기독교의 보수화, 힘을 향한 부적절한 동경」, 『무례한 자들의 크리스마스』, 평사리, 2007.

추교윤, 「천주교 사회운동의 전개와 특성」, 『한국의 종교와 사회운동』, 이학사, 2010.

추태화, 『권력과 신앙－히틀러 정권과 기독교』, 씨코북스, 2012.

편집부, 「3・15 선거를 치르고 나서」, 『기독교사상』 제31호, 1960.4.

_____, 「월남 사태와 우리의 관심」, 『기독교사상』 제98호, 1966.5.

편집부・이호설・김주병, 「한국 교회의 반성」, 『기독교사상』 제5호, 1957.12.

하유식, 「대한제국기 이승만의 정치사상과 대외인식」, 『지역과 역사』 제6호, 2000.4.

한경직, 「순국 영령들의 무언의 말씀」(1974.6.5 설교), 『만남』 제329호, 영락교회, 2001.6.

_____, 『한경직 목사의 시사설교 모음집』, 두란노, 2010.

_____, 『한경직 설교전집』 1, (사)한경직목사기념사업회, 2009.

_____, 『한경직 설교전집』 12권, 기독교문사, 1987.

한국기독교역사연구소, 『한국 기독교의 역사』 I, 기독교문사, 1989.

_____, 『한국 기독교의 역사』 II, 기독교문사, 1990.

한규무, 「국가조찬기도회, 무엇을 남겼는가」, 『기득교사상』 제541호, 2004.1.

한규원, 『개화기 한국 기독교 민족교육의 연구』, 국학자료원, 1997.

한숭홍, 「한경직 목사의 영성과 한국 교회에 미친 영향」, 『장신논단』 제17집, 2001.12.

_____, 「한경직의 생애와 사상 II」, 『목회와 신학』 제38호, 1992.8.

한완상, 『한국 교회여 낮은 곳에 서라』, 포이에마, 2009.

한홍구, 『대한민국사』 1권, 한겨레신문사, 2003.

_____, 『유신－오직 한 사람을 위한 시대』, 한겨레출판, 2014.

함석헌, 「5·16을 어떻게 볼까」, 『사상계』 제96호, 1961.7.

_____, 『뜻으로 본 한국역사』, 한길사, 2012.

해링튼(Harrington, F. H.), 이광린 역, 『개화기의 한미관계－알렌 박사의 활동을 중심으로』, 일조각, 1974

허명섭, 『해방 이후 한국 교회의 재형성』, 서울신학대 출판부, 2009.

허종, 『반민특위의 조직과 활동－친일과 청산 그 좌절의 역사』, 선인, 2003.

현영학, 「5·16 혁명과 한국 교회의 과제」, 『기독교사상』 제45호, 1961.7.

홍규덕, 「구한말 미국의 대조선 정책－역사적 교훈과 정책적 함의」, 『국제관계연구』 제12호(2), 2007.9.

황재범, 「한국장로교회의 성서문자주의」, 『종교연구』 제71집, 2013.6.

황준헌, 김승일 편역, 『조선책략』, 범우사, 2007.

Clark, Allen ☞ 곽안련

Gale, James S., *Korea in transition*, 한국기독교사연구회, 1986.

The Korean Situation 2(1920), 독립운동사편찬위원회 편, 『독립운동사 자료집 제4집』, 1971.

세미나, 발제 등

강인철, 「한국사회와 한국기독교의 과제－한국 교회의 정치 참여에 관한 종교사회학적 분석」, 한국기독교교회협의회 선교훈련원 제1회 에큐메니칼 아카데미 '한국사회와 기독교' 심포지엄에서 발제, 2008.7.17.

김정숙, 「신자유주의 세계화 속의 민중신학」, 한국민중신학회 월례발표회에서 발제, 2009.12.3.

김흥수, 「해방 후 한국전쟁과 이승만 치하의 한국 교회」, 전국목회자정의평화실천협의회 한국 교회와 과거사 극복을 위한 죄책고백 제4차 심포지엄, 2006.1.17.

박명림, 「한국의 국가건설과 국민형성」, 한국사회사학회 한국학중앙연구원 공동주최 제13차 국내학술회의에서 발제, 2009.9.4~5.

백종국, 「기독교인의 정치 참여 어떻게 할 것인가」, 2005 성서한국대회 선택강의, 2005.8.2.

조돈문, 「역사연구의 역사추상형 접근방법－가치중립적 연구와 이데올로기적 공격」, 교수노조, 민주화를위한전국교수협의회, 학술단체협의회, 한국산업사회학회, 한국산업노동학회 긴급학술토론회 국가보안법과 강정구 교수 필화사건에서 발제, 2005.10.15.

이덕주, 「안창호와 손정도」, 흥사단 시민역사강좌 제3강에서 발제, 2011.10.20.

최경환, 「공공신학의 기원, 특징, 최근 이슈들」, 한국복음주의윤리학회 제14차 정기 논문발표회에서 발제, 2014.11.22.

홍상태, 「미국 개신교 근본주의 신학운동과 내한 선교사와의 고찰－세대주의 종말론을 중심으로」, 생명신학협의회 생명신학연구소 제28차 전문위원 세미나에서 발제, 2014.10.11.

국외 논문, 단행본, 학술지

Alfred Burgsmüller, Rudolf Weth, *Die Barmer Theologische Erklärung*, Neukrichlener Verlag, Neukirchen, 1984.

Anderson, Gerald H., "American Protestants in Pursuit of Mission : 1886~1986", in *Bulletin of Missionary Research*, Vol 12, 1988.

Arthur J. Brown, *The Master of the Far East*, New York : Charles Scribner's Sons, 1919.

Barth, K., *Christengemeinde und Bürgergemeinde*, Schriftenmission des Volksmissionarischen Amtes der Evang. Kirche von Westfalen, 1946.

Brown, Robert McAffe, *Theology in a New Key*, The Westminster Press, 1978.

Bull, W. F., *Era of Great Things of Korea*, The Missionary, 1905.

Douglas, J. D., *Let the Earth Hear His Voice : International Congree on World Evangetization, Lausanne, Switzerland*, Minneapolis : World Wide Pub., 1975.

Gale, James S., "Korea's preparation for the Bible", *Korea Mission Field*, Vol.10, No.1, 1914.

Gutiérrez, Gustavo, *A Theology of Liberation : history, politics, and salvation* (tr. and ed. Sister Caridad India and John Eagleson from the Spanish), New York : Orbis Books, 1971.

Handy, Robert T., *A History of the Churches in the United States and Canada*, Oxford University Press, 1977.

Henderson, Harold H. (Acting Secretary) to the Korea Mission, "President Syngman Rhee's Message to the Korean Missions Conference", 1948.12.1, RG 140-2-29, PCUSA, 1.

Ladd, G. T., *In Korea with Marquis Ito*, Charles Scribner's Sons, 1908.

Latourette, K. S., *Christianity in a Revolutionary Age*, Vol.III, London, 1961.

Letter from Arthur J. Brown to Masanao Hanihara (February 16, 1912), in the Presbyterian Library, NewYork.

Martin, Marty E. and Scott, Appleby R., *Fundamentalism and state*, University of Chicago press, 1993.

Mrs. Baird, W. M., "The Spirit among Pyeng Yang Students", *K.M.F.*, Vol.III, No.5.

Rhodes, H. A., *History of the Korea Mission : Presbyterian Church U. S. A., 1884~1934*, Chosen mission Presbyterian church U. S. A., 1934.

Schulzinger, Robert D., *American Diplomacy in the Twentieth Century*, Oxford : Oxford University Press, 1994.

Sharp, C. C., "Motives of Looking for Christ", *K.M.F.(The Korea Mission Field)*, vol.2. No.10, 1906.8.

Smylie, John Edwin, "National Ethos and the Church", *Theology Today* 20, no.3, 1963.10.

Snyder, C. Arnold, *Anabaptist History and Theology : an Introduction*, Ontario : Pandora Press, 1995.

Women's international commission for the investigation of war atrocities committed in Korea

Woodard, William P., *The Allied Occupation of Japan 1945-1952 and Japanese Religions*, E. J. Brill, Leiden, 1972.

"The Awakening of the Students?", *K.M.F.*, Vol.IV, No.6.

『論語』「衛靈公」8.

南原繁,「國家の宗教」,『著作集』1, 岩波書店, 1942.

藤原藤男,『ローマ書研究』, 一粒社, 1943.

통계 공공자료

『1970년대 민주화운동과 기독교』, 한국기독교사회문제연구원, 1983.

『2005 인구주택총조사 전수 [인구부문] 집계 결과』, 통계청.

『2014 인터넷이용실태조사』, 미래창조과학부 및 한국인터넷진흥원.

갈홍기,『대통령 이승만 박사 약전』, 공보실, 1955.

「六. 顧問警察事故報告 (7) 耶蘇敎會立會의 件」,『駐韓日本公使館記錄』24권, 1905.9.7.

『교육통계연보』, 한국교육개발원, 2009.

『舊韓末條約彙纂』中卷.

『기독교연감』, 한국기독교교회협의회, 1972.

기독교윤리실천운동,『2013 한국 교회의 사회적 신뢰도 여론조사』, 2014.

『八. 基督敎狀況 (41) 救世軍ノ布敎狀況救世軍の布敎商況』,『統監府文書』8권, 1909.10.5.

『대통령이승만박사담화집』, 공보처, 1953.

『대한민국 종교 차별 사례집 1945~2011』, 대한불교조계종 자성과쇄신결사추진본부 종교평화위원회, 2012.

민주한국혁명청사편찬위원회,『민주한국혁명청사』, 1963.

半井清,『朝鮮の統治と基督敎』, 조선총독부 학무국, 1921.

『思想彙報』, 조선총독부 고등법원 검사국 사상부, 제25호, 1940.12.

「騷擾事件報告」, 臨時報, 第二二, 朝鮮總督府, 1919.5.22.

『순조실록』권2, 純祖元年 正月 丁亥條.

영등포산업전도회,『1965년 사업보고서』, 2007.

『영락교회 50년사』, 1998.

『육해군 군정 민정 공통편람』.

「陰晴史」,『한국자료총서』제6권(상).

『제1회 국회속기록』제1호, 국회사무처, 1948.

『제4회 국회속기록』제12호, 국회사무처, 1949.

「조선군사령관의 육상에의 보고」,『조선독립운동』제2권.

『조선예수교장로회 제27회 총회록』6항.

『조선예수교장로회 총회 제18회 회록』, 1919.

「태평양미국육군총사령부포고 제1호」,『미군정법령집, 1945-1948』, 內務部治安局, 1956.

통계청,『2005 인구주택총조사 전수 [인구부문] 집계 결과』.

한국기독교사료수집회,『한국기독교연감ー1967년도판』, 백합출판사, 1967.

한신대 학술원 신학연구소,『한국 기독교인의 정치 사회의식 조사』, 한울아카데미, 2004.

선언, 서간, 시 등

「2010 감리교 4·19 선언문」, 기독교대한감리회 청장년선교회, 2010.
'로잔 언약', 1974.
『민족의 통일과 평화에 대한 한국기독교회 선언』, 1988.2.29.
조동진 역, 「웁살라 WCC총회 메시지」, 1968.
호렌스 G. 언더우드, '뵈지 않는 조선의 마음'(기도문), 1885.
『황사영백서』, 천주교원주교구 배론성지, 1801.

정기간행물

「7·11 공개서한—국회의원에게」, 『기독공보』, 1965.7.17.
강은지, 「인혁당 희생자 위해 싸운 오글 목사, 시노트 신부, 문명자 주필의 서울 나들이」, 『민족21』 제
　　20호, 2002.11.
『경향신문』, 1961.11.7, 석간.
『교회연합신보』, 1969.9.14.
『교회연합신보』, 1977.5.1.
국민일보 노사공동비상대책위원회, 「조희준 씨 "아버지 조목사도 내게 이래라 저래라 못해"」, 『국민
　　일보 특보』 2호, 2010.10.3.
「국호는? 정권형태는?」, 『조선일보』, 1947.7.6.
『기독공보』, 1952.8.4.
『기독공보』, 1956.4.30.
『기독공보』, 1961.5.29.
『기독교방송』, 1985.4.
『기독신보』, 1974.11.30.
「기독실업인회 제2차 전국대회 김종필 국무총리 치사」, 『기독신보』, 1974.11.16.
김성원, 「독재자에 저항은 주님 말씀 이루는 것」, 『국민일보』, 2011.3.1.
김준곤, 「기독교와 공산주의의 갈림길에서」, 『크리스챤신문』, 1975.7.26.
김지방, 「'주기철 목사 창씨개명 했다' 칼럼 논란」, 『국민일보』, 2007.5.25.
김진호, 「자본이 된 신, 신이 된 자본」, 『한겨레21』 제864호, 2011.6.8.
＿＿＿, 「개발시대 고통 흡수해 대형 교회를 세우다」, 『한겨레21』 제843호, 2011.1.5.
남경욱, 「다석 유영모 신학세계 속에 한국기독교의 길 있습니다」, 『한국일보』, 2009.3.12.
남찬순, 「세계 50대 교회에 한국 23개」, 『동아일보』, 1993.2.8.
『동아일보』, 1961.6.22, 석간.
『동아일보』, 1963.10.5.
리승만, 「상동청년회의 학교를 설시」, 『신학월보』, 1904.11.
「문목사 처벌방침 비난」, 『한겨레』, 1989.3.30.
「민경배, 이야기교회사 75—수난 받은 한국 교회 찬송가」, 『기독공보』, 2001.10.20.
박재찬 이사야, 「[2014 주요 교단 총회 결산] (1) 교세 위축되는 개신교」, 『국민일보』, 2014.9.29.

박정신, 「신교회인물열전 (22회) 김양선 목사」, 『기독공보』 제2424호, 2003.7.26.
박태균, 「[강정구 교수 파문 어떻게 볼 것인가] 서울대 박태균 교수가 보는 '강 교수 주장'」, 『중앙일보』, 2005.10.24.
배민수, 「협동」, 『농촌통신』, 1935.7.1.
「사랑의 기적으로 세계의 '신화'를」, 『경향신문』, 1973.5.1.
「[사설] 직시해야 할 '베트남전 민간인 학살' 문제」, 『한겨레』, 2015.4.8.
『서울신문』, 1949.10.5.
손동우, 「[손동우가 만난 사람] 제3시대그리스도교연구소 김진호 연구실장」, 『경향신문』, 2011.5.3.
송세영, "다큐 '한경직' 유신독재시절 민주화 요구 비화 담아 무소유 일대기 생생", 『국민일보』, 2012.8.31.
「순수 종교활동만 보장 윤주영 장관 발표」, 『크리스챤신문』, 1974.2.9.
「신앙수호 국가안보에 앞장」, 『크리스챤신문』, 1975.8.2.
신윤동욱, 「종로5가 마피아?」, 『한겨레21』 363호, 2001.6.13.
안성모, 「빚내서 몸 키우는 한국 대형 교회들」, 『시사저널』 제1114호, 2011.7.12.
오세욱, 「기독교사회주의 등장」, 『주간 기독교』 제1886호, 2012.3.25.
오재식, 「[길을 찾아서] 새문안교회 강연서 '전태일 분신' 알려」, 『한겨레』, 2013.3.15.
이광하, 「[223호 권두 대담] 바울복음, 반제국적 읽기는 가능한가」, 『복음과상황』 제223호, 2009.4.
이덕오, 「교회를 비방하는 것에 침묵만 할 수는 없었죠」, 『한국장로신문』 1292호, 2011.10.1.
이만열・손봉호・김진홍・홍정길, 「복음으로 상황을 바라본 4인의 시선」, 『복음과상황』 특별호, 2011.6.
이승만, 「교회경략」, 『신학월보』, 1903.11.
이승만, 「대한 교우들의 힘쓸 일」, 『신학월보』, 1904.8.
이연경, 「한국 교회여 다시 하나님께로!」, 『주간 기독교』 제1657호, 2006.11.12.
『자유신문』, 1950.5.28.
전국언론노조KBS본부, 『KBS본부노보』, 2011.5.18.
전국언론노조KBS본부, 『KBS본부노보』, 2011.10.5.
정녹용・박민식, 「MB정부 총리 장・차관 개신교 33% 불교 5%」, 『한국일보』, 2008.9.2.
정연욱, 「뉴라이트, 침묵에서 행동으로… '자유-시장' 지킬 새그룹 뜬다」, 『동아일보』, 2004.11.8.
『조선일보』, 1948.1.30.
조현, 「이승만, 미군정 이어 개신교를 국가차원서 우대」, 『한겨레』, 2011.7.21.
조현, 「해방 후 월남 기독교인이 교회 장악」, 『한겨레』, 2007.10.23.
「종교빙자단체 노조침투조사」, 『동아일보』, 1979.8.16.
『크리스챤신문』, 1974.12.7.
특별취재반, 「대학 죄경서적하 당의정 속의 '독소'」, 『경향신문』, 1983.12.9.
특별취재반, 「좌경을 직시하자 (7) 해방신학의 망령」, 『경향신문』, 1986.10.24.
편집부, 「권력의 시녀, 경향신문의 실상」, 『월간말』 제18호, 1987.12.
한홍구, 「자유당의 저주는 풀리지 않는가」, 『한겨레21』 제585호, 2005.11.15.
한홍구, 「공산주의자 조작, 프라치도 불행했다」, 『한겨레』, 2012.8.11.
한홍구, 「박정희는 통기타를 어떻게 부숴버렸나」, 『한겨레』, 2012.10.6.
한홍구, 「중정, '유신 반대' 목사 빨갱이 몰기 힘들자 횡령죄 구속」, 『한겨레』, 2009.7.28.

AP합동통신, 「남부조선에 단독정부수립설」, 『동아일보』, 1946.4.7.

인터넷 매체 및 문헌

강아현, 「국기에 대한 맹세, 그 참을 수 없는 시대착오성」, 『프레시안』, 게시일자 : 2007.6.11,
　　　　http://goo.gl/DvxRFL
고석표, 「WCC＝용공, 게릴라 지원단체 주장은 허구」, 『CBS크리스천뉴스』, 게시일자 : 2013.4.10,
　　　　http://goo.gl/g0nIJl
구권효, 「[교단 총회 결산 5] 교세 통계, '교인은 영양실조, 목사는 비만'」, 『뉴스앤조이』, 게시일자 :
　　　　2014.10.10, http://goo.gl/LHCUiN
구권효, 「교회2.0 3년, '대형 교회'와 '스타 목사'를 넘어」, 『뉴스앤조이』, 게시일자 : 2014.10.28,
　　　　http://goo.gl/LIxJPz
김덕련, 「교회 창립자 친일행적 회개합니다」, 『오마이뉴스』, 게시일자 : 2006.1.24,
　　　　http://goo.gl/oW51D7
김세진, 「한국 중·대형 교회 '미국 유학파 목회자 선호' 유난」, 『newsm.com』, 게시일자 : 2010.7.27,
　　　　http://goo.gl/Vcnkhb
김승태, 「'신사참배, 종교가 아니다' 수용」, 『에큐메니안』, 게시일자 : 2008.7.15,
　　　　http://goo.gl/dnppNQ
김준수, 「보수 교회, 정교 분리 참 의미 인식해야」, 『뉴스파워』, 게시일자 : 2014.1.16,
　　　　http://goo.gl/GvIR9d
박인규, 「해방 60주년에 되돌아보는 '이승만의 길'」, 『프레시안』, 게시일자 : 2005.8.6,
　　　　http://goo.gl/35QNqo
서경석, 「서경석 목사의 세상읽기 (제5화) 평양 봉수교회는 가짜입니다」, 서경석의 세상읽기, 게시일
　　　　자 : 2011.7.10, http://goo.gl/2DSZzQ
손미혜, 「한국군의 베트남 민간인 학살 반성이 먼저」, 『뉴스1』, 게시일자 : 2015.4.7,
　　　　http://goo.gl/3QUHtB
손승호, 「베트남 전쟁은 공산주의와의 聖戰?」, 『크로스로』, 게시일자 : 2013.6·25,
　　　　http://goo.gl/6txD5K
양정지건, 「1989년 문익환을 비난하던 사람들, 어디 있을까?」, 『뉴스앤조이』, 게시일자 : 2004.1.19,
　　　　http://goo.gl/c0ub16
여수령, 「고위공직자, 기독교가 불교 6배」, 『불교포커스』, 게시일자 : 2011.2.8,
　　　　http://goo.gl/DJlZtG
오상아, 「유석성 총장 '본회퍼는 그렇게 죽었기 때문에 오늘 이렇게 살아있다'」, 『기독일보』, 게시일
　　　　자 : 2014.6.13, http://goo.gl/choJIG
유연석, 「한기총 초대 총무가 본 2010년 한기총」, 『뉴스앤조이』, 게시일자 : 2010.1.8,
　　　　http://goo.gl/GCOc0V
유헌, 「기독교 바람 타고 청와대에 입성?」, 『뉴스앤조이』, 게시일자 : 2006.1.13,
　　　　http://goo.gl/46n2Hn
윤태곤, 「이명박 대통령 내외, 4일 조간신문 1면 톱 '완전정복'」, 『프레시안』, 게시일자 : 2011.3.4,

http://goo.gl/87mIDd

이기철, 「작은 교회 목회자는 실패자」, 『뉴스앤조이』, 게시일자 : 2010.10.22,
　　　http://goo.gl/xTUzRK

이상규, 「[이상규의 새롭게 읽는 한국교회사] (67) 남한 정치 상황과 정부 수립」, 『국민일보』, 게시일
　　　자 : 2012.6.18, http://goo.gl/RaUr5H

이수강, 「월남자・월북자 숫자는 얼마나 되나」, 『오마이뉴스』, 게시일자 : 2000.11.30,
　　　http://goo.gl/CTKcyV

이승균, 「5공, 진보종교계 와해 공작 실체 드러나」, ¨뉴스앤조이¨, 게시일자 : 2005.5.11,
　　　http://goo.gl/2qtv8l

이승균, 「그들이 진보 종교인? 용공・반체제 세력일 뿐」, 『뉴스앤조이』, 게시일자 : 2005.5.27,
　　　http://goo.gl/DzzsXU

전정희, 「성경번역, 한국어 문자 정착에 크게 공헌」, 『교회와신앙』, 게시일자 : 2011.4.5,
　　　http://goo.gl/7rMojN

정병준, 「제15장 한국 교회의 사회 참여운동(1960-현재)」, 『물길손길』, 게시일자 : 2011.2.2,
　　　http://goo.gl/xX59NM

정병준, 「WCC에 대한 오해와 부정확한 비난들」, ¨누스미션¨, 게시일자 : 2009.5.12,
　　　http://goo.gl/PMZXeJ

조갑제, 「조용기 목사・김정일의 연극에 속지말자」, ¨조갑제닷컴¨, 게시일자 : 2000.6.1,
　　　https://goo.gl/37FHqa

조갑제, 「박정희의 '한국적 민주주의' 검토」, 『조갑제닷컴』, 게시일자 : 2005.8.2,
　　　http://goo.gl/H5FTmK

최경배, "'미군정의 기독교 특혜'는 오해」, 『CBS크리스천뉴스』, 게시일자 : 2005.5.8,
　　　http://goo.gl/isFuQn

성서

출애굽기 20:3
마태오의 복음서 6:10, 8:20, 22:22
사도행전 1:8
로마인들에게 보낸 편지 13:1~7
베드로의 첫째 편지 2:17
에페소인들에게 보낸 편지 4:15~16
야고보의 편지 2:17
요한의 셋째 편지 3:2

표

표1. 켄 윌버의 사분면, 2000.
표2. 『한국 교회 100년 종합조사연구』, 기독교사회문제연구원, 1982.

찾아보기

한국 개신교와 정치